It's wonderful to see my
book catch on with Korean readers.
Money impacts everyone in different ways,
but there are so many common pitfulls
and traits we can learn from each other.

— Morgan Housel

돈의 심리학

돈의 심리학

당신은 왜 부자가 되지 못했는가

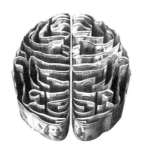

The Psychology of Money

모건 하우절 지음 | 이지연 옮김

INFLUENTIAL
인 플 루 엔 셜

가르침을 주시는 부모님,
길을 안내해주는 그레천,
늘 영감을 주는 마일스와 리스에게
이 책을 바칩니다.

모건 하우절은 삼고초려 끝에 콜라보레이티브 펀드로 영입한 매우 훌륭한 작가다. 이보다 명석한 사람을 본 적이 없으며, 콜랩의 투자 철학을 이끌어주는 동시에 창업자인 크레그와 나에게 매우 좋은 선생님이 되어주고 있다. 창의적인 인사이트로 어려운 문제를 그만의 독특한 시선으로 쉽게 풀어낸 모건의 다른 글처럼 이 책은 단지 돈에 대해서뿐 아니라 삶에 대해 깊은 울림을 가져다준다.

—김정주, NXC(넥슨지주회사) 대표, 콜라보레이티브 펀드 파트너

복리의 마법이 가져다주는 놀라운 수익을 향유하며 오랫동안 부자로 남고 싶은 분들에게 최고의 조언이 담긴 책이다. 자유롭고 행복한 삶을 꿈꾸는 모든 분들에게 일독을 권한다.

—박성진, 이언투자자문 대표

수년 만에 만난 가장 훌륭하고 가장 독창적인 책!

—제이슨 츠바이크, 〈월스트리트저널〉 칼럼니스트

《돈의 심리학》은 흥미로운 아이디어와 실용적인 얘기들로 가득하다. 돈을 잘 쓰는 것에 관심 있는 이들에게 꼭 필요한 책이다. 모두 한 권씩 사서 필독해야 한다.

—제임스 클리어, 《아주 작은 습관의 힘》 저자

금융과 투자에 관한 글을 모건 하우절만큼 우아하고 명료하게 쓰는 사람은 없다.

―다니엘 핑크, 미래학자, 《드라이브》 저자

하우절은 누구도 한 적 없는 논평으로 나를 늘 놀라게 한다.
더욱 놀라운 점은 내가 매번 그 글에 설득되고 만다는 사실이다.

―하워드 막스, 세계적인 가치투자자, 오크트리캐피털 매니지먼트 회장

복잡한 개념들을 소화하기 쉬우면서 눈을 떼지 못할 재미있는 이야기로 바꿔놓는 보기 드문 작가.

―애니 듀크, 《결정, 흔들리지 않고 마음먹은 대로》 저자

모건 하우절은 금융 작가들 사이에서 가장 빛나는 이름 중 하나다.
돈의 심리에 대해 알고 싶다면 누구나 이 책을 들어라. 적극 추천한다.

―제임스 P. 오쇼네시, 오쇼네시 에셋 매니지먼트 회장,
《월가에서 일한다는 것》 저자

단연코 이 책은 2020 최고의 금융서이다!

―블레어 듀크네, 리쏠츠 웰스 매니지먼트 투자전문가

최근 몇 년 만에 최고의 책을 만났다.《돈의 심리학》은 읽은 중 가장 독창적인 투자서이다.

—대런 로벨, 미국 비즈니스 분석가

모건 하우절은 믿을 수 없을 정도로 대단한 스토리텔러다. 그의 스토리에는 '빅레슨'이 담겨 있다.

—테드 세이즈, 히든 브룩 인베스트먼트 파트너

당신이 20세라면 이 책을 읽고 모든 조언을 수용하라. 나중에 50세가 됐을 때 기뻐하게 될 것이다. 당신이 30세라면 이 책을 읽고 성공의 이유, 실패의 원인, 후회를 최소화하는 방법에 대한 관점을 크게 발전시켜라. 당신이 40세라면 이 책을 읽고 할 수 있는 선에서 투자 전략을 수정하라. 시간은 아직 충분히 남아 있다. 당신이 50세 이상이라면 이 책을 읽고 당신이 더 잘할 수 있었던 일, 여전히 잘할 수 있는 일을 배우고, 당신의 20세 아이에게 이 책을 선물하라.

—드류 딕슨, 앨버트 브릿지 캐피털 CIO

나는 자산 관리 회사에서 일하면서 고객에게 돈과 투자에 대해 이야기하는 데 전 경력을 보냈다. 나는 세계 5대 MBA 중 하나를 이수했고, 교과서에서 투자 및 자금 관리에 대한 모든 것을 배우는 데 수년을 보냈다. 그런데 이 모든 것은, 내가 모건 하우절의 블로그와 이 책에서 배운 것과 비교하면 그저 희미하게 퇴색될 뿐이다.

— 아즈레날, 아마존 독자

주식을 적극적으로 거래하든, 월급으로 생계를 유지하든, 현금을 매트리스 밑에 숨기든, 누구든 책을 읽고 큰 도움을 얻을 수 있다. 금융 및 투자에 관한 최고의 책 중 하나다.

—비크라마.D, 아마존 독자

모건 하우절의 책을 오랫동안 기다려왔다. 그의 칼럼을 읽어온 사람이라면 하우절이 오늘날 금융 분야에서 가장 명쾌하고 통찰력 있는 작가임을 알 것이다. 이 책은 재미있다. 생각을 자극한다. 한 평론가는 이 책을 '현대판 고전'이라 칭했다. 동의한다. 나는 피터 린치의 책 옆에 하우절의 책을 꽂아놓았다.

—존 J. 맥스필드, 아마존 독자

역사가 반복되는 것이 아니다.
사람이 반복하는 것이다.

—볼테르

당신은 돈에 대해 얼마나 알고 있는가

대학 시절 LA에 있는 어느 고급 호텔에서 주차 대행 아르바이트를 하던 때의 이야기다. 자주 오던 손님 중에 기술 기업을 경영하는 사람이 있었다. 20대에 이미 와이파이 중계기에 들어가는 핵심 부품을 설계하고 특허를 낸 천재였다. 스타트업 기업을 여러 개 창업해서 팔았다는데, 부와 명예 모든 면에서 어마어마하게 성공한 사람이었다.

그런데 그가 돈과 맺고 있는 관계가 사뭇 특이했다. 불안함과 어리석은 유치함이 묘하게 어우러진 모습이랄까. 그는 100달러짜리 지폐 다발을 뭉치로 들고 다니면서 보고 싶다는 사람 누구에게나 보여주었다. 보고 싶어하지 않는 사람에게도 자주 보여주었다. 대놓고 큰 소리로 자신의 부를 떠벌렸으며, 만취일 때가 많았고 돌발행동도 잦았다.

그는 어느 날 호텔 직원 한 명에게 현금 수천 달러를 건네며 말했다. "요 아래 보석상에 가서 1,000달러짜리 금화 몇 개만 사다줘요." 한 시간 뒤 이 경영자와 친구들은 금화를 손에 쥐고 태평양이 내려다보이는 어느 선착장에 모였다. 그리고 바다에 동전을 던지기 시작했다. 물수제비를 뜨듯이 동전을 던져 누가 더 멀리 보냈는지 다투면서 낄낄거렸다. 재미로 한 일이었다.

며칠 뒤 그가 호텔 식당에 있는 조명을 깼다. 매니저는 500달러짜리라며 새것으로 바꿔줄 것을 요구했다.

"500달러를 원해요?" 그는 믿기지 않는다는 듯이 묻더니 주머니에서 지폐 다발을 꺼내 매니저에게 건넸다. "여기 5,000달러요. 이제 썩 꺼지죠. 다시는 그런 식으로 날 모욕하지 말아요."

이런 기행이 얼마나 오래 계속됐는지 궁금한 사람도 있을 것이다. 길지는 않았다. 그로부터 불과 몇 년 후, 나는 그가 파산했다는 소식을 들었다.

이 책의 기본 전제는 다음과 같다. 돈 관리를 잘하는 것은 당신이 얼마나 똑똑한지와 별 상관이 없다. 중요한 건 당신이 어떻게 행동하느냐이다. 행동은 가르치기가 어렵다. 아주 똑똑한 사람에게조차 말이다.

천재라고 해도 자신의 감정에 대한 제어력을 상실하면 경제적 참사를 불러올 수 있다. 그 반대도 마찬가지다. 아무런 금융 교육을 받지 못한 보통 사람도 몇 가지 행동 요령만 익히면 부자가 될 수 있다. 이 행동 요령들은 지능검사 결과표의 숫자와는 무관하다.

위키피디아에서 내가 가장 좋아하는 항목 하나를 소개할까 한다. 이렇게 시작한다. "로널드 제임스 리드Ronald James Read는 미국의 독지가, 투자자, 잡역부, 주유소 직원이었다." 로널드 리드는 버몬트주 시골에서 태어났다. 가족 중에 처음으로 고등학교를 졸업했으며, 더욱 인상적인 것은 매일 학교까지 히치하이킹을 해서 갔다는 점이다.

사실 로널드 리드를 알았던 사람들은 그에 관해 특별히 언급할 것이 별로 없었다. 자신들 못지않게 리드의 삶 역시 그리 눈에 띄지 않았기 때문이다.

리드는 주유소에서 25년간 자동차를 수리했고 JC페니 백화점에서 17년간 바닥을 쓸었다. 38세에 방 두 개짜리 집을 1만 2,000달러에 사서 죽을 때까지 그곳에서 살았으며, 50세에 홀아비가 되어 다시는 결혼하지 않았다. 어느 친구의 회상에 따르면 리드의 가장 큰 취미는 장작 패기였다고 한다. 2014년 리드는 92세의 나이로 죽었다. 그러고 나서 이 시골의 허름한 잡역부는 국제 뉴스의 헤드라인을 장식했다.

2014년에 죽은 미국인은 281만 3,503명이다. 그중에 세상을 뜰 당시 순자산이 800만 달러가 넘은 사람은 4,000명이 채 되지 않는다. 로널드 리드는 그중 한 명이었다. 유언장에는 의붓자식에게 200만 달러를, 그리고 지역 병원과 도서관에 600만 달러 이상을 남긴다는 내용이 포함되어 있었다. 리드를 알던 사람들은 어리둥절했다. 대체 그 돈이 다 어디서 난 거야?

별다른 비밀은 없었다. 그는 복권에 당첨된 적도 없고, 유산을 물려받은 적도 없었다. 자신이 번 얼마 안 되는 돈을 저축했고 그 돈을 우량 주식에 투자했다. 그리고 기다렸다. 수십 년간 말이다. 그러는 동안 쥐꼬리만 한 저축이 복리로 불어나 800만 달러가 넘는 돈이 됐다. 그게 전부다. 그렇게 잡역부가 독지가가 된 것이다.

로널드 리드가 죽기 몇 달 전, 뉴스에 등장한 또 다른 남자가 있다. 리처드 퍼스콘Richard Fuscone이라는 사람이었다. 로널드 리드와는 손톱만큼도 닮은 점을 찾을 수 없는 이였다. 하버드 대학교를 졸업한 후 MBA 학위를 따고 메릴린치의 중역을 지낸 퍼스콘은 금융 분야에서 대단히 크게 성공을 거두어 40대에 이미 자선사업가가 됐다. 한때 메릴린치의 CEO였던 데이비드 코만스키David Komansky는 퍼스콘을 이렇게 칭송했다. "그는 비즈니스에 통달하고, 리더십이 있으며, 건전한 판단력과 개인적 진실성을 지닌 사람이다."[1] 비즈니스 매거진 〈크레인스Crain's〉는 한 때 퍼스콘을 '40세 이하 40인의 성공한 비즈니스맨'으로 선정하기도 했다.[2]

그러다가 금화로 물수제비를 뜨던 기술 기업 경영자처럼 모든 게 무너져내렸다. 퍼스콘은 2000년대 중반에 큰돈을 빌려 코네티컷주 그리니치에 있는 1만 8,000평방피트 규모의 자택을 구입해 확장 공사를 했다. 화장실 11개, 엘리베이터 두 개, 수영장 두 개, 차고 일곱 개가 있는, 한 달 유지비만 9만 달러가 드는 대저택이었다.

그러다 2008년 금융위기가 터졌다. 경제적으로 타격을 입지 않은 사람이 거의 없을 정도였다. 퍼스콘의 재산은 순식간에 먼지가 됐다. 큰 부채와 비유동자산을 보유하고 있던 퍼스콘은 파산했다. 2008년 파산법원에서 그는 이렇게 말했다고 전해진다. "현재 저는 수입이 전혀 없습니다."

가장 먼저 팜비치에 있던 그의 집이 압류됐고, 2014년에는 그리니치의 저택이 압류됐다. 로널드 리드가 자선단체에 재산을 남기기 다섯 달 전, 리처드 퍼스콘의 집(방문객들은 "저택의 실내 수영장을 뒤덮은 투명 천장 위에서 식사하고 춤을 추는 게 스릴 만점이었다."고 회상했다)은 저당물 경매에서 보험회사가 산정한 가치의 75퍼센트도 되지 않는 금액에 팔렸다.[3]

로널드 리드는 인내했다. 리처드 퍼스콘은 탐욕을 부렸다. 바로 이것이 두 사람 인생에서 교육과 경험으로 생긴 엄청난 격차를 무색하게 만들었다.

여기서 리드를 닮고 퍼스콘은 닮지 말자는 교훈을 얻자는 게 아니다. 물론 그것도 썩 괜찮은 조언이지만 말이다. 정말로 흥미로운 부분은 두 사람이 금융에 대해 가지고 있던 독특한 태도다. 대학 졸업장, 교육, 배경, 경험, 연줄 등이 없는 사람이 최고의 교육을 받고 최고의 연줄을 가진 사람보다 훨씬 더 나은 결과를 낼 수 있는 분야가 또 어디 있을까? 나로서는 떠오르지 않는다.

로널드 리드가 하버드 대학교를 졸업한 의사보다 심장이식 수술을 잘했다는 이야기는 상상할 수 없다. 최고의 교육을 받은 건축가보다 고층 빌딩을 더 잘 설계했다는 스토리 역시 마찬가지다. 잡역부가 세계 최고의 원자력 엔지니어보다 나은 성과를 냈다는 뉴스는 과거에도 없었고 앞으로도 절대 나오지 않을 것이다. 그러나 투자의 세계에서는 이런 것이 가능하다.

로널드 리드가 리처드 퍼스콘과 공존할 수 있다는 사실은 두 가지로 설명해볼 수 있다. 하나는 금융 성과가 지능, 노력과 상관없이 운에 좌우된다는 것이다. 어느 정도 맞는 말이고 이 부분에 대해서는 뒤에서 자세히 이야기할 것이다. 두 번째는 금융 성공은 대단한 과학이 아니라는 사실이다(나는 이게 더 흔하다고 생각한다). 금융은 소프트 스킬*soft skill*이고, 소프트 스킬에서는 아는 것보다 행동이 더 중요하다.

이 소프트 스킬을 가리켜 나는 '돈의 심리학'이라 부른다. 이 책의 목표는 여러 개의 짧은 이야기를 통해 돈의 기술적 측면보다 소프트 스킬이 더 중요함을 전달하는 것이다. 그렇게 해서 리드와 퍼스콘 같은 사람은 물론이거니와, 그 사이에 위치할 모든 사람들이 더 나은 의사결정을 내릴 수 있기를 바란다.

나는 소프트 스킬들이 제대로 된 평가를 받지 못하고 있음을 알게 됐다. 우리는 금융을 수학을 기반으로 하는 분야로 배우는 경우가 많다. 공식에 데이터를 넣으면 공식이 우리가 뭘 해야 하는지 알려주고, 그러면 우리는 그냥 그대로 해야 하는 것으로 알고 있다.

개인금융에서는 맞는 말이다. 개인금융에서는 6개월 치 비상 자금이 있어야 하며 월급의 10퍼센트를 저축하라고 말한다. 투자에서도 맞는 말이다. 이미 우리는 투자에서 이자율과 가치평가 사이의 역사적 상관관계를 잘 알고 있다. 기업 재무에서도 맞는 말이다. 기업의 최고재무책임자*CFO*는 정확한 자본 비용을 측정할 수 있다.

이런 것들이 하나라도 나쁘다거나 틀렸다는 얘기가 아니다. 다만 '뭘 해야 할지 아는 것'만으로는 당신이 그것을 시도할 때 머릿속에서 일어나는 일을 전혀 알 수가 없다.

　관심이 있든 없든 누구나 영향을 받는 주제가 두 가지 있다. 바로 건강과 돈이다. 현대 과학의 발전으로 의료 보건 업계도 큰 업적을 이루었다. 전 세계적으로 기대 수명이 늘어나고 있고, 인체의 원리에 대한 생각은 여러 가지 새로운 과학적 발견으로 대체됐다. 그 덕분에 사실상 모든 사람이 더 건강해졌다.

　하지만 돈을 다루는 업계, 다시 말해 투자와 개인금융, 사업 기획 등을 다루는 업계는 이야기가 좀 다르다. 지난 20년간 금융 업계는 최고 대학 출신의 가장 똑똑한 사람들을 무더기로 쓸어갔다. 10년 전, 금융공학은 프린스턴 대학교 공과대학에서 가장 인기 있는 전공이었다. 그러나 금융공학이 우리를 더 나은 투자자로 만들어주었다는 증거가 하나라도 있을까? 나는 보지 못했다.

　우리는 그동안 집단적 시행착오를 통해 더 훌륭한 농부, 더 유능한 배관공, 더 발전된 화학자가 되는 법을 알아냈다. 그러나 시행착오가 우리에게 개인금융을 개선하는 법을 알려주었을까? 우리는 빚에 덜 허덕이게 됐을까? 만약을 대비해 더 많이 저축하고 있을까? 은퇴를 더 잘 준비하고 있을까? 돈이 행복을 위해 무엇을 할 수 있고 무엇은 못 하는지에 대한 더 현실적인 관점을 갖게 됐을까?

나는 이에 대한 설득력 있는 증거를 발견하지 못했다. 그 이유는 우리가 돈을 물리학(규칙과 법칙이 있다)과는 비슷하다고 생각하는 반면, 심리학(감정과 뉘앙스가 있다)과는 비슷하지 않다고 여기기 때문이다. 실제로 우리는 그렇게 배워왔다. 이는 너무나 중요한 문제로, 나에게는 대단히 매력적으로 느껴졌다.

돈은 사방에 있다. 우리 모두에게 영향을 미치고 대부분의 사람을 혼란스럽게 만든다. 돈을 생각하는 방식은 누구나 조금씩 다르다. 돈은 리스크나 신뢰, 행복처럼 삶의 다른 많은 영역에도 적용할 수 있는 교훈을 준다. 사람들이 왜 그렇게 행동하는지를 설명하는 데 돈보다 더 강력한 확대경을 제공하는 것은 없다.

내가 금융에 관한 글을 쓰기 시작한 2008년 초는 금융위기와 함께 80년 만에 최악의 경기침체가 막 시작되던 때였다. 이 문제에 관해 10년 이상 글을 쓰면서 나는 돈의 심리학에 대해 깊이 생각했다.

글을 쓰기 위해 나는 지금 무슨 일이 일어나고 있는지를 알아보려 했다. 그러나 금융위기 이후 가장 먼저 알게 된 것은 도대체 어떻게 벌어진 일인지, 혹은 왜 이런 일이 일어났는지를 아무도 정확하게 설명하지 못한다는 사실이었다. 앞으로 어떻게 해야 할지는 말할 것도 없었다. 그럴듯한 설명이 하나 나올 때마다 똑같이 설득력 있는 반박이 나왔다.

공학자들이 다리가 붕괴된 원인을 규명할 수 있는 것은 특정 부위에 어느 정도의 힘이 가해지면 그 부위가 부러질 거라는 데 일치된 의견이 있기 때문이다. 물리학은 논란을 일으키지 않는다. 법칙을 따르기 때문이다. 하지만 금융은 다르다. 금융은 사람들의 행동을 따른다. 나의 행동이 스스로에게는 합리적으로 보여도 당신에게는 미친 것처럼 보일 수도 있다.

금융위기에 관해 공부를 하면 할수록, 글을 쓰면 쓸수록 나는 금융위기가 금융이라는 렌즈가 아닌, 심리학과 역사의 렌즈를 통해서 볼 때 더 잘 이해된다는 사실을 깨달았다. 사람들이 왜 빚에 허덕이는지 이해하려면 이자율을 공부할 것이 아니라 탐욕과 불안, 낙천주의의 역사를 공부해야 한다. 투자자들이 왜 약세장 바닥에서 자산을 팔아버리는지 이해하려면 미래의 기대수익 계산법을 공부할 것이 아니라, 가족들을 지켜보아야 한다. 나의 투자가 우리의 미래를 위험하게 만들고 있는 건 아닌지 의구심을 갖고 그 고통을 생각해보아야 하는 것이다.

나는 볼테르의 다음 말을 좋아한다. "역사가 반복되는 것이 아니다. 사람이 반복하는 것이다." 이는 돈에 대한 우리의 행동에도 그대로 적용된다.

2018년, 나는 돈을 다룰 때 사람들에게 영향을 주는 잘못된 행동 원인, 편향, 결함 중에서 가장 중요한 것 20가지를 골라 개략적으로 설명한 보고서를 썼다. 백만 명이 넘는 사람들이 이 '돈의 심리학'이라는 보고서를 읽었고, 뜨거운 호응을 보였다. 이 책은 같은 주제를 더 심도 있게 파고들어 쓴 것이다. 해당 보고서의 몇몇 짧은 단락은 책에 그대로 등장하기도 한다.

이 책은 총 20장으로 구성되어 있다. 각 장은 돈의 심리학과 관련한 가장 중요한 특징, 또는 종종 우리의 상식에 반한다고 생각되는 내용을 담았다. 모든 장을 관통하는 공통의 테마도 있지만 각 장은 독립적이므로 따로따로 읽어도 무방하다. 지금부터 바로 시작해보자.

story

1

아무도 미치지 않았다

No One's Crazy

돈에 대한 당신의 경험은
세상에서 실제로 일어난 일 0.00000001퍼센트와
당신이 머릿속으로 세상의 원리라고 '생각하는' 내용 80퍼센트로
구성되어 있을 것이다.

사람들은 가끔 돈으로 미친 짓을 한다. 하지만 미친 사람은
아무도 없다. 문제는 이렇다. 사람들은 각각 세대가 다르고, 서
로 다른 나라에서 소득과 가치관이 다른 부모 밑에서 자란다.
태어난 당시의 경제 상황도 다르고, 인센티브가 다른 고용시장
을 경험하며, 누리는 행운의 정도도 다르기 때문에 서로 아주
다른 교훈을 배운다.

사람들은 세상의 원리에 대해 저마다의 경험을 갖고 있다.
내가 겪은 일은 간접적으로 아는 내용보다 훨씬 더 강한 설득

력을 가진다. 그래서 우리 모두는(당신도, 나도, 누구나) 돈의 원리에 대한 일련의 관점을 닻으로 삼아 인생을 살아가는데, 이 관점은 사람마다 크게 다르다. 당신한테는 미친 짓처럼 보이는 일이 나에게는 이해가 되는 일일 수도 있다.

부유한 은행가의 자녀는 빈곤 속에 자란 사람의 리스크와 수익에 대한 생각을 짐작조차 할 수 없다. 인플레이션이 높을 때 자란 사람은 안정적인 시절에 자란 사람이 겪을 필요가 없는 일들을 경험한다. 대공황기의 증권 중개인은 1990년대 말의 영광을 온몸으로 누린 기술 노동자가 상상조차 하지 못할 일들을 겪고 모든 것을 잃었다. 30년 동안 경기침체라는 것을 목격한 적이 없는 호주인의 경험을 그 어떤 미국인도 이해하지 못했다. 계속 이야기할 수 있다. 이처럼 경험의 목록은 끝이 없다.

돈에 관해 당신은 내가 모르는 것들을 알고 있을 테고, 그 점은 나도 마찬가지다. 당신은 나와는 다른 신념, 목표, 전망을 가지고 살아간다. 우리 둘 중에 누가 더 똑똑하거나 더 나은 정보를 갖고 있어서가 아니다. 똑같이 설득력 있는, 서로 다른 경험을 통해 형성된 서로 다른 삶을 살아왔기 때문이다.

돈에 대한 당신의 경험은 아마도 세상에서 실제로 일어난 일 0.00000001퍼센트와 당신이 머릿속으로 세상의 원리라고 '생각하는' 내용 80퍼센트로 구성되어 있을 것이다. 그러니 똑같이 똑똑한 사람도 경기침체가 왜 일어나는지, 돈을 어디에 투자해야 하는지, 무엇이 우선순위인지, 투자위험은 얼마나 감수해야 하는지 등등에 대해 의견이 다를 수 있다.

프레더릭 루이스 앨런Frederick Lewis Allen은 1930년대 미국에 관한 책에서 대공황이 "수백만 명의 미국인에게 평생 지워지지 않을 흔적을 남겼다."라고 썼다. 그러나 경험은 다양하다. 25년 뒤 대통령 선거에 출마한 존 F. 케네디John F. Kennedy는 대공황을 어떻게 기억하느냐는 기자의 질문에 다음과 같이 말했다.

>>>> 저는 대공황을 직접적으로 알지는 못합니다. 제 가족은 전 세계에서 가장 부유한 집안 중 하나였고, 당시 재산의 가치는 그 어느 때보다 컸습니다. 집도 더 크고, 하인도 더 많고, 여행도 더 많이 다녔죠. 유일하게 제가 직접 목격한 것은 아버지가 굳이 필요하지도 않은 정원사를 몇 명 더 고용했다는 사실입니다. 그 사람들이 먹고살 수 있게 일자리를 주려고 하신 거죠. 저는 대공황에 대해서는 잘 모르고 있다가 하버드 대학교에 가서 책으로 관련 내용을 읽었습니다.

이 문제는 1960년 미국 대통령 선거에서 큰 쟁점이었다. 사람들은 지난 세대의 가장 큰 경제 스토리를 전혀 이해하지 못하는 사람이 어떻게 경제를 책임질 수 있냐고 얘기했다. 여러

모로 이 부분을 극복하게 만들어준 유일한 경험은 JFK의 제2차 세계대전 참전이었다. 제2차 세계대전은 이전 세대가 가장 널리 공유하고 있는 또 다른 정서적 경험으로, JFK의 경쟁자였던 허버트 험프리Hubert Humphrey는 가지지 못한 것이었다.

우리에게 이 문제가 쉽지 않은 이유는 아무리 열심히 공부를 하고 마음을 열어도 공포와 불확실성이 얼마나 강력한 힘을 갖는지 제대로 재현할 수 없기 때문이다. 대공황기에 모든 것을 잃는다는 게 어떤 뜻인지 책으로는 읽을 수 있다. 하지만 그 일을 실제로 겪은 사람들에게 남은 정서적 흉터는 나에게 없다. 그리고 그 시대를 직접 겪은 사람은 나 같은 사람이 왜 주식을 보유하고도 무사태평해 보이는지 도무지 짐작할 수 없을 것이다. 이렇게 우리는 서로 다른 렌즈를 가지고 세상을 본다.

주식시장의 큰 하강기가 역사적으로 얼마나 자주 나타났는지 스프레드시트에 나타낼 수는 있다. 그러나 내가 혹시 자녀들의 인생을 뒤흔들 실수라도 저지른 것은 아닐까 고민하는 게 어떤 기분인지를 스프레드시트에 나타낼 수는 없다. 역사를 공부하면 내가 뭔가 아는 것 같은 느낌이 든다. 하지만 직접 살아보고 결과를 느껴보기 전에는 내 행동이 바뀔 만큼 그 시대를 이해하지 못할 수도 있다.

누구나 내가 세상의 원리를 알고 있다고 생각한다. 그러나 우리는 세상의 아주 작은 한 조각을 경험해보았을 뿐이다. 투자가 마이클 배트닉_{Michael Batnick}은 이렇게 말했다. "겪어봐야만 이해할 수 있는 교훈도 있다." 우리 모두는 각자 다른 방식으로 이런 진실의 피해자일지 모른다.

~~

2006년 미국경제조사원 소속의 경제학자 울리케 말멘디어_{Ulrike Malmendier}와 스테판 나겔_{Stefan Nagel}은 50년간의 미국 소비자 금융실태 조사 결과를 파고들었다. 미국인들이 돈을 어떻게 다루는지 자세히 들여다볼 수 있는 자료였다.[4]

이론상 사람들은 자신의 목표에 따라, 그리고 해당 시점에 이용 가능한 투자 옵션의 성격에 따라 투자 의사결정을 내려야 한다. 하지만 사람들은 그렇게 하지 않았다. 두 경제학자가 발견한 사실에 따르면 사람들의 투자 의사결정은 본인 세대의 경험, 특히 성인기 초기의 경험에 크게 좌우됐다.

인플레이션이 높을 때 성장한 사람은 인플레이션이 낮을 때 성장한 사람에 비해 인생 후반에 가서도 채권에 크게 투자하지 않았다. 우연히도 주식시장이 강세일 때 성장한 사람은 주식시장이 약세일 때 성장한 사람에 비해 인생 후반에 가서도 주식에 더 많이 투자했다.

두 경제학자는 이렇게 말했다. "우리가 발견한 바에 따르면 개별 투자자의 위험 선호도는 개인의 경험에 좌우되는 것으로 보인다." 지능도, 교육도, 세상 경험도 아니었다. 순전히 언제, 어디서 태어났느냐 하는 우연에 좌우된 것이다.

2019년 〈파이낸셜타임스Financial Times〉는 유명한 채권매니저 빌 그로스Bill Gross를 인터뷰했다. 기사에는 다음과 같은 내용이 실렸다. "그로스는 자신이 10년 전 혹은 10년 후에 태어났다면 아마 지금과 같은 자리에 있지 못할 거라고 인정했다." 그로스의 커리어는 채권 가격에 순풍을 달아준 당대의 이자율 폭락과 시기적으로 거의 완벽히 일치한다. 이런 종류의 일은 우리가 만나게 되는 기회에만 영향을 주는 것이 아니라, 내 앞에 펼쳐진 기회를 생각하는 방식에도 영향을 미친다. 그로스에게는 채권이 부를 만들어내는 장치였다. 그러나 인플레이션이 더 높았던 그로스의 아버지 세대에게는 채권이 부를 불살라버리는 장치처럼 보였을 것이다.

돈을 경험하는 방식의 차이는 작지 않다. 이는 우리 생각에 아주 비슷할 것 같은 사람들 사이에서도 마찬가지다.

주식을 예로 들어보자. 1970년에 태어난 사람의 경우에는 10대와 20대를 지나는 동안 S&P500지수가 물가상승률을 감안해도 거의 10배가 뛰었다. 놀랄 만한 수익률이다. 1950년에 태어난 사람의 경우에는 10대와 20대 기간의 물가상승률을 감안했을 때 시장이 말 그대로 지지부진이었다. 태어난 해에 따라 나

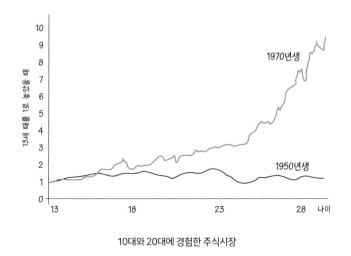

10대와 20대에 경험한 주식시장

뉘는 이 두 집단은 주식시장의 원리에 대해 전혀 다른 관점을 가지고 평생을 살아간다.

인플레이션을 생각해도 마찬가지다. 1960년대 미국에서 태어난 사람은 10대와 20대를 거치는 동안(어리고 여러 가지 깊은 인상을 받으며 경제 원리에 대한 지식의 토대를 형성하는 시기) 물가가 3배 이상 뛰었다. 엄청난 상승이다. 주유소 앞에 늘어선 차량 행렬과 월급을 받는 줄이 이전보다 훨씬 짧았던 것을 기억한다. 그러나 1990년에 태어났다면 평생 물가상승률이 워낙 낮았기 때문에 그런 것은 생각조차 해본 적이 없을 것이다.

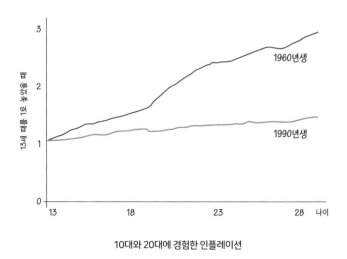

그래프 세로축 레이블: 13세 때를 1로 했을 때

그래프 가로축 레이블: 13   18   23   28   나이

1960년생

1990년생

10대와 20대에 경험한 인플레이션

2009년 11월 미국의 전국 실업률은 10퍼센트 근처였다. 그러나 고등학교 졸업장이 없는 흑인 남성의 실업률은 49퍼센트였다. 대학 졸업장이 있는 45세 이상 백인 여성의 실업률은 4퍼센트였다.

독일과 일본의 주식시장은 제2차 세계대전으로 초토화됐다. 전 지역이 폭격으로 파괴됐다. 전쟁이 끝났을 때 독일 농장은 국민들에게 하루 1,000칼로리를 공급할 수 있는 수준의 식량밖에 생산하지 못했다. 반면 미국에서는 1941년부터 1945년 말까지 주식시장이 두 배 이상으로 커졌고, 경제는 20년 만에 최대 호황을 누렸다.

이 두 집단의 사람들이 남은 평생 인플레이션에 대해 같은 생각을 가졌을 리는 만무할 것이다. 주식시장에 대해서도 마찬가지다. 실업에 대해서도, 일반적인 돈에 대해서도 말이다.

절대로 이들이 금융 정보에 같은 방식으로 반응할 거라고 기대해서는 안 된다. 절대로 이들이 동일한 인센티브에 움직일 거라고 생각해서는 안 된다. 절대로 이들이 동일한 출처의 조언을 신뢰할 거라고 기대해서는 안 된다. 무엇이 중요하고, 무엇이 그만한 가치가 있고, 다음에 무슨 일이 벌어질 것 같고, 최선의 대책은 무엇인지에 대해 이들이 같은 생각을 가졌을 거라고 절대로 기대해서는 안 된다.

이들은 서로 다른 세상에서 돈에 대한 관점을 형성했다. 이런 경우 어느 한 집단의 사람들이 터무니없다고 생각하는 돈에 대한 관점이, 다른 집단의 사람들에게는 완벽히 합리적일 수도 있다.

몇 년 전 〈뉴욕타임스The New York Times〉에서 타이완의 전자제품 제조업체 폭스콘Foxconn의 근무 여건에 대한 기사를 다뤘다. 근무 여건은 악랄한 수준이었고 독자들이 흥분하는 게 당연해 보였다. 그러나 이 기사에 대해 아주 흥미로운 반응을 내놓은 사람은 어느 중국 노동자의 조카였다. 그는 독자 의견란에 이렇게 적었다.

≪≪≪ 미국인들이 소위 '노동 착취 공장'이라 부르는 곳에서 우리 이모가 수년간 일했다. 고된 곳이었다. 근무 시간도 길고 임금도 '적었으며' 근무 여건도 '형편없었다'. 그런 공장에서 일하기 전에 이모는 무슨 일을 했을까? 이모는 원래 매춘부였다.

이모의 옛날 생활에 비하면 '노동 착취 공장'에서 일하는 것이 더 발전적이라고 생각한다. 이모는 분명 돈 몇 푼에 여러 남자에게 몸을 착취당하느니 사악한 자본가 사장 밑에서 2달러를 받고 '착취당하는' 쪽을 택한 것이다.

그래서 나는 수많은 미국인들의 사고방식에 화가 난다. 중국인들은 서양과 똑같은 기회를 누리고 있지 않다. 우리의 정부 인프라는 당신네와 다르다. 나라가 다르다. 그렇다. 공장 노동은 힘들다. 개선의 여지가 있을까? 물론이다. 하지만 그건 오직 미국인들의 일자리와 비교했을 때의 이야기다.

이것을 어떻게 생각해야 할지 모르겠다. 한편으로는 격하게 반론을 제기하고 싶으면서도, 다른 한편으로는 이해하고 싶은 마음이 든다. 어쨌든 이 이야기는 어느 한쪽이 직관적으로 흑백의 문제라 생각하는 주제에 있어서도, 경험이 다르면 전혀 다른 관점을 가질 수 있음을 보여준다.

세상의 원리에 대한 그 사람만의 정신 모형 속에 그 사람이 당시 보유한 정보를 집어넣어보면, 사람들이 돈에 대해 내리는 의사결정은 모두 타당하다. 이 사람이 잘못된 정보를 입수할 수도 있다. 불완전한 정보를 가질 수도 있다. 수학을 잘 못할 수도 있다. 썩어빠진 마케팅에 넘어갈 수도 있다. 뭔지 모르면서 일을 저지를 수도 있다. 자기 행동의 결과를 잘못 판단할 수도 있다. 언제든 그럴 수 있다.

그러나 모든 금융 의사결정은 그 순간 판단을 내리는 그 사람에게는 타당한 것이다. 그래서 확인란에 모두 체크 표시를 하는 것이다. 의사결정자는 내가 지금 뭘 하고 있는지, 왜 하고 있는지 스스로에게 들려주는 이야기가 있다. 그리고 그 이야기는 그동안 그 사람만의 경험을 통해 형성된 것이다.

간단히 예를 들어보자. 미국인들이 복권을 사는 데 쓰는 돈은 그들이 영화와 비디오 게임, 음악, 스포츠 경기, 책에 쓰는 돈을 모두 합친 것보다 더 많다. 그러면 복권은 누가 살까? 대부분 가난한 사람들이다.

미국의 최저소득 가구는 1년간 복권을 사는 데 평균 412달러를 쓴다. 최고소득 집단과 비교하면 4배나 많은 금액이다. 미국인의 40퍼센트는 비상금 400달러도 없다. 그렇다면 1년에 400달러어치 복권을 사는 사람들은 대체로 비상금 400달러도 없다고 말하는 바로 그 사람들이다. 이들은 크게 당첨될 확률이 100만 분의 1밖에 되지 않는 곳에 자신의 대비책을 날려버리고 있다.

내가 보기에 이건 미친 짓이다. 아마 당신 생각에도 그럴 것이다. 하지만 나는 최저소득 집단이 아니다. 그렇다면 우리들 다수는 저소득 복권 구매자의 무의식적인 추론 과정을 직관적으로 이해하기 어렵다.

하지만 억지로 생각해보면 다음과 같은 사고가 진행된다고 상상할 수 있다.

《《《《 우리는 하루를 벌어 하루를 먹고산다. 저축은 불가능해 보인다. 지금보다 훨씬 높은 임금을 받는 것도 불가능해 보인다. 멋진 곳으로 휴가를 갈 수도 없고, 새 차를 살 수도 없고, 건강보험을 들거나 안전한 동네에 집을 마련할 수도 없다. 감당 못 할 빚을 지지 않고서야 자녀들을 대학에 보낼 수도 없다. 금융 서적을 읽고 있는 당신들이 지금 갖고 있는 많은 것들 혹은 가질 확률이 높은 많은 것들을 우리는 가질 수 없다. 복권을 사는 것은 구체적으로 꿈을 꿔볼 수 있는 시간을 준다. 우리 삶에서 유일하게, 당신이 이미 가지고 있고 당연시하는 좋은 것들을 나도 가질 수 있다는 꿈 말이다. 우리는 돈을 주고 꿈을 사는 것이다. 당신이 이해하지 못하는 것은 아마 당신이 이미 꿈을 현실로 이루어 살고 있기 때문일 것이다. 우리가 당신들보다 복권을 더 많이 사는 것은 그 때문이다.

이런 추론 과정에 동의할 필요는 없다. 파산 상태인데 복권을 사는 것은 여전히 좋은 생각이 아니다. 하지만 나는 복권이 왜 꾸준히 팔리는지는 이해할 수 있다. 그리고 바로 그런 생각, '당신이 하는 일이 내 눈에는 미친 짓 같지만 당신이 왜 그러는지는 이해할 수 있다.'는 생각은 우리의 수많은 금융 의사결정이 어디에 뿌리를 두고 있는지를 보여준다.

순전히 스프레드시트만 가지고 금융 의사결정을 내리는 사람은 거의 없다. 사람들은 저녁 식탁에서, 회사에서 회의를 하다가 금융 의사결정을 내린다. 개인적인 경험과 나만의 세계관, 자존심, 자부심, 마케팅, 괴상한 이유들이 전부 합쳐져 나에게만은 옳은 하나의 내러티브가 만들어진다.

~~

돈에 관한 의사결정이 이토록 어려운 이유, 그처럼 많은 실수가 일어나는 또 하나의 이유는 이 주제가 우리에게 너무 새롭기 때문이다.

돈이 생긴 지는 오래됐다. 지금은 터키의 일부가 된 리디아의 알리아테스 왕이 기원전 600년에 최초의 공식 화폐를 만든 것으로 보인다. 그러나 돈에 관한 현대적 의사결정(저축 및 투자)의 기초가 되는 개념들은 사실상 걸음마 단계나 다름없다.

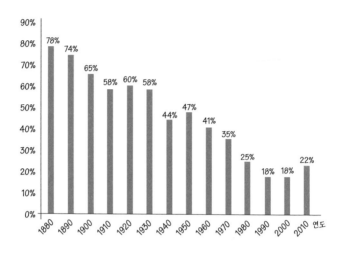

65세 이상 남성의 경제활동 참가율

은퇴를 살펴보자. 2018년 말 현재 미국 퇴직계좌에는 27조 달러가 들어 있다. 이는 평범한 투자자들의 저축에 대한 의사결정, 그리고 투자에 대한 의사결정의 원동력이 되고 있다.[5] 그러나 '은퇴할 자격이 있다.'라는 개념 자체는 기껏해야 2세대 정도밖에 되지 않았다.

제2차 세계대전 이전에는 미국인 대다수가 죽을 때까지 일을 했다. 사람들은 그렇게 기대했고 그게 현실이었다. 1940년대까지 65세 이상 남성의 경제활동 참가율은 50퍼센트 이상이었다.

사회보장제도는 이 부분을 바꾸는 것을 목표로 삼았다. 그러나 당초 사회보장제도의 혜택 수준은 적절한 금액의 연금과는 거리가 멀었다. 미국에서 사회보장제의 첫 번째 수혜자로 알려진 아이다 메이 풀러Ida May Fuller가 1940년 사회보장연금으로 지급된 최초의 수표를 현금으로 바꾼 금액은 22.54달러였다. 물가상승률을 감안해 지금 금액으로 환산해도 416달러다. 물가상승률을 감안했을 때 퇴직자의 사회보장연금 평균액이 월 1,000달러를 넘어선 것은 1980년대 이후부터였다. 인구통계청에 따르면 1960년대 후반이 될 때까지 65세 이상 미국인의 4분의 1 이상이 빈곤 상태에 있는 것으로 분류됐다.

많은 사람들이 '예전에는 모든 사람이 사적 연금을 갖고 있었다.'고 믿는다. 그러나 이는 심한 과장이다. 근로자복지연구소는 다음과 같이 설명한다. "1975년에는 65세 이상 인구의 4분의 1만이 연금소득이 있었다." 운 좋은 그 소수의 사람들도 연금소득은 가계소득의 15퍼센트에 불과했다.

1955년 〈뉴욕타임스〉는 은퇴에 대한 욕구는 계속 증가하고 있으나 사람들이 여전히 그럴 능력이 되지 않는다고 보도했다. "어느 노인은 다음과 같은 취지로 말했다. '다들 은퇴에 관해 떠들어대지만 실제로 은퇴를 위해 뭔가를 하고 있는 사람은 거의 없어 보인다.'"[6]

1980년대에 들어서야 누구나 품위 있게 은퇴를 할 자격이 있고 그래야만 한다는 개념이 제대로 자리 잡기 시작했다. 그리고 그때부터 지금까지 품위 있는 은퇴 방법으로 예상된 것은 모든 사람들이 저축을 하고 돈을 투자하지 않겠는가 하는 것이었다.

〜

이런 생각이 얼마나 새로운 것인지 다시 한번 짚어보자. 미국인의 은퇴를 위한 저축 수단의 근간인 직장가입 퇴직연금 401(k)는 1978년까지는 존재하지도 않았다. 비과세 개인퇴직연금계좌Roth IRA는 1998년에 와서야 탄생했다. 비과세 개인퇴직연금이 사람이라고 치면 이제 겨우 합법적으로 술을 마실 수 있는 나이가 된 셈이다. 그러니 우리가 은퇴를 위한 저축과 투자에 서툰 것은 놀랄 일이 아니다. 우리는 미친 게 아니다. 우리 모두 초보여서 그런 것뿐이다.

25세 이상 미국인 중에서 학사학위를 보유한 사람의 비율은 1940년에는 20명 중에 1명도 되지 않았지만 2015년에는 4명 중 1명 꼴이다.[7] 이 기간 동안 평균 대학등록금은 물가상승률을 감안해도 4배 이상 뛰었다.[8] 이처럼 크고 중요한 문제가 빨리 사회에 닥쳤다는 사실은, 예컨대 지난 20년간 그토록 많은 사람들이 학자금대출과 관련해 잘못된 의사결정을 내린 이유를 설명해준다. 우리가 어떻게든 배워보려고 해도 수십 년간 축적된 경험 따위는 없는 것이다. 그래서 우리는 임기응변으로 대응하고 있다.

인덱스펀드도 마찬가지다. 인덱스펀드가 생긴 것은 50년도 채 되지 않았다. 헤지펀드가 유행한 것은 지난 25년 사이의 일이다. 많이들 사용하는 소비자 부채, 즉 주택담보대출, 신용카드, 자동차 할부 대출 같은 것들도 제대군인원호법GI Bill을 통해 미국인 수백만 명에게 대출을 쉽게 만들어준 제2차 세계대전 이후에나 유행했다.

집에서 개를 키우기 시작한 것은 1만 년 전이지만, 개들은 아직도 야성을 일부 간직하고 있다. 그런데 우리는 불과 20년에서 50년 정도의 경험밖에 없는 현대적 금융 시스템에 완벽히 적응하기를 바라고 있는 것이다.

우리가 팩트가 아닌 감정에 많이 휘둘린다는 주제에 있어 이 점은 분명 문제가 된다. 이는 왜 우리가 돈 문제에 대해서는 예상대로 움직이지 못하는지를 잘 설명해준다.

돈 문제에 있어서 우리는 누구나 미친 짓을 한다. 거의 모두가 이 게임이 처음이기 때문이다. 당신에게는 미친 짓처럼 보이는 일이 나에게는 합리적으로 보일 수 있다. 그러나 실제로 미친 사람은 없다. 누구나 자신만의 경험에 근거해서 주어진 순간에 자신에게 합리적으로 보이는 의사결정을 내릴 뿐이다.

이제 빌 게이츠Bill Gates가 어떻게 부자가 됐는지, 그 이야기를 들려주겠다.

Big Lesson of Investing

당신은 투자에 있어 안전지향적인가, 위험선호형인가?

사람에 따라 왜 이런 차이가 있는가?

두 경제학자가 발견한 사실에 따르면 사람들의 투자 결정은
본인 세대의 경험, 특히 성인기 초기의 경험에 크게 좌우된다고 한다.

"투자자 각자의 위험 선호도는 개인의 경험에 좌우되는 것으로 보인다."

지능도, 교육도 아니었다.

순전히 언제, 어디서 태어났느냐 하는 우연에 좌우될 뿐이다.

story

2

어디까지가 행운이고,
어디부터가 리스크일까

Luck & Risk

겉으로 보이는 것만큼 좋은 경우도,
나쁜 경우도 없다.

행운과 리스크는 한 뿌리에서 나온 것들이다. 행운과 리스크는 인생의 모든 결과가 개인의 노력 외에 여러 힘에 의해 좌우됨을 보여준다. 이와 관련해 뉴욕 대학교의 스콧 갤러웨이Scott Galloway 교수는 자신의 성공 또는 타인의 성공을 판단할 때 유용한 아이디어를 제시했다. '겉으로 보이는 것만큼 좋은 경우도, 나쁜 경우도 결코 없다.'

빌 게이츠는 컴퓨터가 있는 중등학교(우리의 중고등학교가 합쳐진 개념-옮긴이)에 다녔는데, 당시에 이런 학교는 전 세계에 몇 되지 않았다. 시애틀 외곽에 있는 레이크사이드 중등학교에 컴퓨터가 생긴 과정도 놀랍다. 이 학교의 교사였던 빌 두걸Bill Dougall은 원래 제2차 세계대전 당시 해군 조종사였으나 고등학교 수학 및 과학 선생님이 됐다. 빌 게이츠의 동창이자 마이크로소프트를 공동 설립한, 고故 폴 앨런Paul Allen은 그 시절을 이렇게 회상한다. "선생님은 세상 경험 없이 책으로 공부하는 것은 충분하지 않다고 생각하셨다. 또한 선생님은 우리가 대학에 가려면 컴퓨터를 알아야 한다는 사실도 알고 계셨다."

1968년 두걸은 제너럴 일렉트릭GE의 메인프레임 단말기에 연결된 텔레타이프 모델 30Teletype Model 30을 임차하기 위해 자선바자 수익금 3,000달러를 쓰게 해달라고 레이크사이드 어머니회에 요청했다. 빌 게이츠는 이 에피소드를 두고 이렇게 말했다. "임차는 1965년에야 발명된 개념이다. 그는 상당히 앞을 내다보는 분이었다." 근처에 있는 대부분의 대학원조차 빌 게이츠가 중학교 2학년 때 사용한 것과 같은 첨단 컴퓨터를 갖고 있지 않았다. 빌 게이츠는 이 컴퓨터에 흠뻑 빠져들었다.

빌 게이츠는 13세였던 1968년에 학교에서 폴 앨런을 만났다.

폴 앨런 역시 학교 컴퓨터에 매료되어 있었고 둘은 죽이 잘 맞았다. 레이크사이드 중등학교에서 컴퓨터는 일반 교과과정은 아니었고, 독립적인 스터디 프로그램이었다. 빌과 폴은 여가 시간에 이 컴퓨터를 마음껏 갖고 놀며 창의력을 폭발시켰다. 방과 후, 늦은 밤, 주말까지 이어졌다. 두 사람은 금세 컴퓨터 전문가가 됐다.

폴 앨런의 회상에 따르면 그렇게 컴퓨터를 가지고 놀던 어느 날 늦은 밤에 게이츠가 〈포춘Fortune〉 잡지를 보여주며 이렇게 말했다고 한다. "포춘 500대 회사를 운영하면 기분이 어떨까?" 폴 앨런은 잘 모르겠다고 답했고, 빌 게이츠는 다음과 같이 말했다. "언젠가 우리도 컴퓨터 회사를 갖게 될 거야." 마이크로소프트의 시가총액은 이 책을 쓰고 있는 현재 1조 달러가 넘는다.

간단히 계산을 해보자. UN에 따르면 1968년 당시 전 세계에는 대략 3억 300만 명의 중등학교 연령의 인구가 있었다. 그중 미국에 살던 사람은 1,800만 명이고, 여기에서 워싱턴주에 살던 사람은 27만 명이다. 또한 이 중에 시애틀 인근에 살던 사람은 10만 명이 조금 넘고, 레이크사이드 중등학교에 다니던 사람은 겨우 300명 정도였다.

3억 300만 명으로 시작해 300명으로 끝난다. 중등학교 연령대 인구 100만 명 중 한 명은 컴퓨터를 살 만한 현금과 선견지명을 갖춘 고등학교에 다닌 셈이다. 그리고 우연히도 빌 게이츠는 그 300명 중 한 명이었다.

이게 무슨 의미인지에 대해서는 빌 게이츠도 숨길 생각이 없다. "만약 레이크사이드 중등학교가 없었다면 마이크로소프트도 없었을 겁니다." 2005년 이 학교 졸업생들에게 빌 게이츠가 한 말이다.

빌 게이츠는 충격적일 만큼 똑똑하고 그보다 더 열심히 일하는 사람으로, 10대 때 이미 노련한 컴퓨터 회사의 경영자들조차 이해하지 못할 컴퓨터에 대한 비전을 갖고 있었다. 하지만 그는 또한 레이크사이드 중등학교에 다녔기 때문에 100만 명 중 한 명밖에 누리지 못한 유리한 출발점에 서 있었다.

이번에는 빌 게이츠의 친구 켄트 에번스Kent Evans에 관해 이야기해보자. 켄트 역시 폴 앨런처럼 빌 게이츠와 똑같은 힘과 똑같은 강도로 형제지간 같은 사이였다. 마이크로소프트의 성공 덕에 빌 게이츠와 폴 앨런은 누구나 아는 이름이 됐다. 하지만 레이크사이드 시절로 다시 돌아가보면 이 중등학교 컴퓨터 천재 일당 중에는 우리가 잘 알지 못하는 세 번째 멤버가 있었다.

〜

켄트 에번스와 빌 게이츠는 중학교 2학년 때 절친한 사이가 됐다. 빌 게이츠 본인의 설명에 따르면 켄트 에번스는 학급 최고의 학생이었다. 빌 게이츠는 다큐멘터리 〈인사이드 빌스 브레인Inside Bill's Brain〉에서 두 사람이 "전화로 말도 안 될 만큼 많은 얘기를 나누었다."고 회상했다. 빌 게이츠는 이렇게 말한다. "아직도 켄트의 전화번호를 알아요. 525-7851이에요."

켄트 에번스 역시 빌 게이츠와 폴 앨런만큼이나 컴퓨터를 잘 다루었다. 언젠가 수업 시간표 정리로 학교가 혼란스러웠던 적이 있었다. 학생 수백 명의 수업 시간이 서로 충돌하지 않게 정리하는 일은 미로 풀기만큼 복잡했다. 학교 측은 이 과제를 여러모로 보나 어린아이에 불과한 빌과 켄트에게 맡겼다. 컴퓨터 프로그램을 만들어 문제를 해결하도록 말이다. 그리고 문제가 해결됐다.

폴 앨런과 달리 켄트 에번스는 빌 게이츠의 사업가적 마인드와 끝없는 야망을 공유했다. 빌 게이츠는 이렇게 회상한다. "켄트는 늘 변호사들이 쓰는 것 같은 커다란 서류가방을 가지고 다녔습니다. 우리는 늘 5, 6년 후에 뭘 하고 있을지 그림을 그렸죠. CEO가 되어 있을까? 우리가 세상에 어떤 충격을 줄 수 있을까? 군 장성이 되어야 하나? 외교관이 되어야 하나?" 뭐가 됐든 빌과 켄트는 앞으로 둘이 함께할 것이라 믿었다.

켄트와의 우정을 추억하던 빌 게이츠는 이내 말소리가 작아진다. "우리는 계속 함께 일했을 거예요. 대학도 분명 같이 갔을 겁니다." 켄트 에번스는 빌 게이츠, 폴 앨런과 함께 마이크로소프트의 공동 설립자가 될 수도 있었다.

하지만 그런 일은 일어나지 않았다. 켄트는 고등학교를 졸업하기 전 등반 사고로 세상을 떠났다. 미국에서는 매년 35명 내외의 사람들이 등반 사고로 숨진다.[9] 그리고 중등학교 때 산에서 숨질 확률은 대략 100만 분의 1 정도다.

빌 게이츠가 레이크사이드 중등학교에 다닌 것은 100만 분의 1의 확률에 해당하는 행운이다. 켄트 에번스가 빌 게이츠와 함께 이루기로 한 일을 끝내지 못한 것은 100만 분의 1의 확률에 해당하는 리스크다. 똑같은 힘이 똑같은 강도로 서로 반대 방향으로 작용했다.

행운과 리스크는 한 가지 분명한 사실을 말해준다. 우리가 살면서 맞닥뜨리는 모든 결과가 단순히 개인의 노력 말고도 여러 가지 힘에 의해 좌우된다는 현실을 보여준다. 두 가지는 워낙에 비슷하기 때문에 한 가지를 믿으려면 다른 한 가지도 같은 정도로 존중해야 한다. 이 두 가지가 발생하는 이유는 다음과 같다. 100퍼센트 우리의 행동이 100퍼센트 우리의 결과를 좌우하기에는 세상이 너무 복잡하기 때문이다.

행운과 리스크를 만들어내는 힘은 동일하다. 우리가 참여한 이 게임은 70억 명의 사람들과 끊임없이 움직이는 여러 부분으로 구성되어 있다. 나의 통제를 벗어난 행동의 우연한 효과가 내가 의식적으로 취한 행동보다 더 큰 영향을 미칠 수 있다.

그러나 행운도, 리스크도, 측정하기는 너무나 어렵고 받아들이기도 쉽지 않아서 간과되는 경우가 많다. 빌 게이츠가 한 명 있을 때마다, 똑같은 재주와 의지를 가졌으나 인생이라는 룰렛의 반대편에서 끝난 켄트 에번스가 한 명씩 있다.

우리가 행운과 리스크를 제대로 존중한다면 (나의 것이든 남의 것이든) 사람들의 경제적 성공을 판단할 때 겉으로 보이는 것만큼 좋은 경우도, 나쁜 경우도 결코 없음을 깨닫게 될 것이다.

～

오래전에 나는 노벨 경제학상을 수상한 경제학자 로버트 실러_Robert Shiller_에게 이렇게 물었다. "투자와 관련해 우리가 알 수 없는 것들 중 당신이 가장 알고 싶은 것은 무엇인가요?" 그는 이렇게 답했다. "결과가 성공적일 때 행운의 정확한 역할이요."

나는 이 대답이 아주 마음에 든다. 사실 경제적 성공에서 행운이 아무 역할도 하지 않는다고 생각하는 사람은 없다. 그러나 행운을 수치화하는 것은 어렵고, 또 누군가의 성공이 행운 덕분이라 암시하는 것은 무례한 일이기 때문에 우리는 은연중에 성공의 한 요인으로 행운을 무시하는 입장을 취하곤 한다.

만약 "세상에는 10억 명의 투자자가 있습니다. 그중 10명이 순전히 우연에 의한 압도적인 행운 덕에 억만장자가 될 수 있다고 생각하십니까?”라고 묻는다면, 당신은 이렇게 대답할 것이다. “당연하죠.” 하지만 내가 그들의 면전에 대고 그렇게 성공한 투자자의 이름을 말해보라고 하면 당신은 아마 물러날 것이다.

남들을 판단할 때 성공을 행운 덕으로 돌리면 질투에 차고 야비한 사람으로 보인다. 우리가 행운이 존재함을 잘 알고 있다 해도 말이다. 또한 스스로를 판단할 때 성공을 행운 덕으로 돌리는 것은 너무 기가 죽는 일이어서 쉽게 받아들이기가 어렵다.

경제학자 바스카르 마줌더Bhaskar Mazumder는 형제들 간에 키, 몸무게보다 소득의 상관성이 더 크다는 사실을 보여주었다. 만약 당신이 부자이고 키가 크다면 당신의 형제는 키가 클 확률보다 부자일 확률이 더 높다. 나는 이것이 사실임을 대부분의 사람들이 이미 직관적으로 알고 있으리라 생각한다. 교육의 질이나 기회의 문은 부모의 사회경제적 지위와 크게 관련된다. 그러나 정작 부자인 형제 둘을 데려다 놓는다면, 이 연구 결과가 자신들에게는 적용되지 않는다고 생각할 것이다.

성공과 마찬가지로 실패 역시 제대로 된 대접을 받지 못한다. 파산에서부터 개인적 목표를 이루지 못하는 것까지 어떤 종류의 실패든 말이다.

실패한 사업가는 충분히 노력을 하지 않았을까? 깊이 생각하지 않아서 잘못된 투자 결정을 한 걸까? 커리어가 길을 잃은 것은 게으르기 때문일까? 물론 그럴 때도 있다. 하지만 얼마나 자주 그런 걸까? 알기가 어렵다. 추구할 만한 가치가 있는 모든 것들은 100퍼센트 미만의 성공 확률을 갖고 있고, 리스크란 그 등식에서 불운한 쪽으로 끝났을 때 벌어지는 일에 불과하다. 행운의 경우와 마찬가지로 리스크 역시 결과 중 얼마만큼이 의식적인 의사결정이었고, 얼마만큼이 리스크였는지 구분해보려 하면, 그 스토리는 너무 어렵고 혼란하고 복잡해진다.

〜〜

내가 주식을 하나 샀는데 5년이 지나도 지지부진하다고 해보자. 애초에 내가 그 주식을 산 것부터가 잘못된 의사결정일 수 있다. 하지만 나는 돈을 벌 확률이 80퍼센트인 훌륭한 의사결정을 내렸는데 어쩌다 보니 불운한 20퍼센트의 경우로 끝난 것일 수도 있다. 어느 게 어느 쪽인지 내가 어떻게 알겠는가? 내가 실수를 저지른 것일까, 아니면 나는 그냥 리스크라는 현실을 경험한 것뿐일까?

어떤 의사결정이 현명했는지 통계적으로 측정하는 것은 가능하다. 그러나 우리는 그날그날의 현실 세계에서 그런 것을 측정하지 않는다. 측정하기가 너무 어렵기 때문이다. 우리는 단순한 스토리를 선호한다. 그리고 단순한 스토리는 알기 쉽지만 지독하게 잘못된 방향을 알려줄 때도 많다.

투자자와 기업가 주변에서 오랜 세월을 보내고 나니, 나는 다른 누군가의 실패는 보통 잘못된 의사결정 탓이고, 나 자신의 실패는 보통 리스크의 어두운 면 때문임을 깨달았다. 내가 당신의 실패를 판단할 때는 깔끔하고 단순한 원인과 결과를 가진 스토리를 선호할 가능성이 크다. 왜냐하면 나는 당신 머릿속에서 벌어지는 일을 알지 못하기 때문이다. "결과가 나쁜 것을 보니 당신의 잘못된 의사결정이 원인이었던 게 틀림없다."라는 게 나에게는 가장 합리적인 스토리다. 그러나 나 자신을 판단할 때는 나의 과거 의사결정을 정당화하고 나쁜 결과를 리스크 탓으로 돌릴 수 있는 엄청난 내러티브를 만들어내는 것이 가능하다.

훌륭한 의사결정을 내렸으나 우연히도 리스크의 불운한 측면을 경험한 가난한 투자자는 〈포브스_Forbes〉 표지에 실리지 않는다. 그러나 그럭저럭 괜찮은 혹은 심지어 무모한 의사결정을 내렸으나 우연히도 운이 좋았던 부자 투자자는 분명 표지에 실린다. 두 사람은 똑같은 동전을 던졌는데 우연히도 서로 다른 면이 나왔을 뿐이다.

여기서 위험한 부분은, 우리 모두가 돈과 관련해서 무엇이 효과가 있고 무엇이 효과가 없는지를 알아내려고 한다는 점이다. 어떤 투자 전략이 효과가 있는가? 효과가 없는 것은 무엇인가? 어떤 사업 전략이 효과가 있는가? 효과가 없는 것은 무엇인가? 어떻게 해야 부자가 되는가? 어떻게 해야 가난해지는 것을 피할 수 있는가?

우리는 성공과 실패를 관찰함으로써 '이 여자가 했던 것은 하고, 저 남자가 했던 것은 피하라.'라며 교훈을 찾으려는 경향이 있다. 만약 우리에게 요술 지팡이가 있다면 정확히 어느 만큼이 따라 할 수 있는 행동에 의한 것이고, 어느 만큼이 그런 행동들을 이리저리 쥐고 흔든 무작위적인 리스크와 행운의 역할인지 알아낼 수 있을 것이다. 그러나 우리에게는 요술 지팡이가 없다. 우리가 가진 뇌는 복잡한 것은 꺼리고 쉬운 답을 원한다. 그러니 우리가 따라 하거나 피해야 할 특징들을 알아내는 것은 고통스러울 만큼 어려울 수 있다.

또 다른 사람의 얘기를 해보려고 한다. 빌 게이츠처럼 대단히 성공했지만 그 성공이 행운 덕분인지 재주 덕분인지 콕 집어 말하기 어려운 사람이다.

～

미국의 사업가 코르닐리어스 밴더빌트 Cornelius Vanderbilt 는 이제 막 일련의 사업 거래를 마무리 짓고 그의 철도 제국을 확장한 참이었다. 그런데 사업 자문가 중 한 사람이 그가 체결하기로 한 모든 거래가 법률 위반이라고 알려주었다. 그러자 밴더빌트가 말했다. "맙소사, 존. 설마 뉴욕주 법령을 다 지켜가면서 철도 사업을 운영할 수 있다고 생각하는 건 아니죠?"[10]

이 글을 처음 읽었을 때 내 생각은 이랬다. '바로 저런 태도 때문에 밴더빌트가 그토록 성공했구나.' 밴더빌트 시절의 법률은 철도 여건에 적합하지 않았다. 그래서 밴더빌트는 "될 대로 되라지."라고 말하며 법과 상관없이 사업을 추진했다.

밴더빌트는 어마어마한 성공을 거뒀다. 그러니 법을 무시하는 그의 태도(이것으로 악명이 높았고 그런 태도가 성공에 결정적이었다)를 현명한 지혜로 보고 싶은 유혹이 일 만도 하다. '저 선지자는 아무것도 자신의 앞길을 막게 놔두지 않았어!' 하고 말이다.

하지만 이 얼마나 위험한 분석인가? 제정신을 가진 사람이라면 이처럼 명백한 범죄를 추천하지는 않을 것이다. 실제로 우리는 전혀 다르게 끝나는 버전의 밴더빌트 스토리를 쉽게 상상할 수 있다. 어느 무법자가 세운 회사가 얼마 지나지 않아 법원의 명령으로 붕괴되는 스토리 말이다.

법을 무시한 밴더빌트는 열렬히 칭찬하면서, 같은 이유로 엔론Enron(2001년 파산한 미국의 에너지 회사)은 비난하는 것이 타당할까? 아마도 한 명은 운이 좋아 법망을 피해가고, 다른 한 명은 리스크의 편에서 끝났을 텐데 말이다.

존 D. 록펠러John D. Rockefeller도 비슷한 경우다. 역사가들은 그가 자주 법망을 요리조리 피해간 것(어느 판사는 그의 회사가 "도둑놈보다 하나도 나을 게 없다."고 말했다)을 흔히 교활한 사업 수완으로 묘사한다. 그랬을 수도 있다. 그러나 '시대착오적인 법률이 혁신을 가로막지 못하게 했다.'라는 내러티브가 '당신은 범죄를 저질렀다.'로 바뀌는 것은 대체 언제일까? 스토리가 아주 조금만 달랐어도 '록펠러는 천재이니 그의 성공으로부터 배우도록 노력하라.'는 내러티브가 '록펠러는 범죄자이니 그의 사업 실패로부터 배우도록 노력하라.'는 내러티브로 바뀌지 않았을까? 두 스토리는 거의 차이가 나지 않았을 것이다.

언젠가 밴더빌트는 이렇게 말했다. "내가 왜 법률을 신경 써? 힘을 가진 사람은 난데?" 실제로 그는 힘이 있었고 그의 방식은 효과적이었다. 그러나 이 발언이 전혀 다른 결과를 가진 스토리의 마지막 대사가 되는 것도 쉽게 상상할 수 있다. 대담함과 무모함을 가르는 선은 아주 얇다. 우리가 행운과 리스크에게 제대로 된 자리를 찾아주지 않으면, 그 선은 종종 눈에 보이지 않게 된다.

벤저민 그레이엄Benjamin Graham은 전 시대를 통틀어 가장 위대한 발명가 중 한 명이자 가치투자의 아버지, 그리고 워런 버핏Warren Buffett의 초창기 멘토로 알려져 있다. 그러나 벤저민 그레이엄의 투자 성공 대부분은 그가 보험회사 가이코GEICO의 주식을 다량 보유하고 있던 덕분이었다. 본인도 인정했듯이 가이코는 그레이엄 자신이 설계한 수익 다각화 법칙을 거의 다 어겼다. 여기서 대담함과 무모함을 가르는 선은 어디에 있는 걸까? 나는 모르겠다. 그레이엄은 가이코로 대박을 낸 것에 관해 이렇게 썼다. "어쩌다 한번 운이 좋았을까, 아니면 대단히 기민한 의사결정이었을까? 우리가 과연 두 가지를 구분할 수 있을까?" 쉽지는 않을 것이다.

⌣

비슷한 사례로 우리는 2006년 야후의 10억 달러 매수 제안을 거절한 마크 저커버그Mark Zuckerberg를 천재라고 칭찬한다. 미래를 내다보고 자신의 입장을 고수했다고 말이다. 그러나 반대로 2008년 마이크로소프트의 대형 인수 제안을 거절한 야후는 열렬하게 비난한다. "바보들아, 팔 수 있을 때 팔고 나왔어야지!" 여기서 기업가들은 어떤 교훈을 배워야 할까? 나는 도무지 모르겠다. 리스크와 행운을 정확히 집어내는 것은 너무나 어렵다.

이런 예는 수없이 많다. 레버리지(빚을 내어 투자수익을 극대화하는 전략-옮긴이)로 수많은 사람이 떼돈을 벌고 수많은 사람이 실패했다.

최고의 매니저도, 최악의 매니저도 직원들을 최대한 닦달한다. '고객은 언제나 옳다.'와 '고객은 자신이 뭘 원하는지 모른다.'는 둘 다 현명한 사업상의 지혜로 받아들여진다. '멋있게 대담한'과 '바보같이 무모한' 사이에 그인 선은 너무 얇아서, 모든 일이 끝난 후에만 눈에 보이기도 한다.

리스크와 행운은 도플갱어다. 쉽게 풀 수 있는 문제가 아니다. 어디까지가 행운이고, 어디까지가 재주이고, 어디부터가 리스크인지 알아내기 쉽지 않다. 이 점은 우리가 돈을 경영하는 최선의 방법을 알아내고 싶을 때 마주치는 가장 큰 문제점 중 하나다.

하지만 조금 더 나은 방향을 알려줄 수 있는 두 가지 조언이 있다.

누구를 칭송하고 누구를 무시할지 신중하게 결정하라.

누구를 칭송하고 우러러볼지, 반대로 누구를 무시하면서 저런 꼴만은 피하고 싶다고 여길지 신중하게 결정하라. 섣불리 결정할 수 없는 문제다. 또한 결과가 100퍼센트 노력이나 의사결정으로 이루어진다고 생각할 때를 조심하라. 갓 태어난 아들에게 내가 쓴 편지에는 다음과 같은 내용이 있다.

≪≪≪ 어떤 사람은 교육을 권하는 가정에서 태어나고, 어떤 사

람은 교육을 반대하는 가정에서 태어난다. 어떤 사람은 모험 정신을 장려하는 경제 번영기에 태어나고, 어떤 사람은 전쟁과 결핍의 시대에 태어난다. 나는 네가 성공하기를 바라고, 네 힘으로 그렇게 되기를 원한다. 하지만 모든 성공이 노력 덕분도 아니고 모든 빈곤이 게으름 때문도 아니라는 사실을 꼭 알아두어라. 너 자신을 포함해, 누군가를 판단할 때는 이 점을 반드시 기억해라.

특정 개인이나 사례에 초점을 맞추기보다는 더 큰 패턴에 주목하라.

특정 개인을 연구하는 것이 위험한 이유는 우리가 억만장자, CEO 혹은 뉴스를 장악한 엄청난 실패 사례처럼 극단적인 경우를 연구하는 경향이 있기 때문이다. 극단적인 사례는 그 복잡성을 감안하면 다른 상황에는 적용하기 힘든 경우가 많다. 결과가 극단적일수록 거기서 얻은 교훈을 나 자신의 삶에 적용하기는 더욱 어렵다. 그런 결과는 극단적인 행운이나 리스크의 영향을 받았을 가능성이 크기 때문이다.

성공이나 실패의 큰 패턴을 찾다 보면 실천 가능한 교훈에 더 가까이 다가설 수 있다. 패턴이 흔할수록 내 삶에 적용하기 더 쉬울지도 모른다. 워런 버핏의 성공 투자를 흉내 내기 어려운 이유는, 결과가 그토록 극단적이면 그의 한평생 성과에 행운이 크게 작용했을 가능성이 매우 높기 때문이다. 또한 행운이란 우리가 안정적으로 흉내 낼 수 있는 무언가가 아니기 때문이다. 그러나 앞으로의 시간을 잘 통제할 수 있는 사람이 더 행복한 인생을 사는 경향이 있음을 깨닫는다면, 그리고 그처럼 폭넓고 흔한 관찰 결과를 바탕으로 삼는다면, 우리도 뭔가 해 볼 수 있을지도 모른다.

내가 가장 좋아하는 역사가 프레더릭 루이스 앨런은 평범한 중간 계층에 있는 미국인의 삶을 묘사하는 데 커리어를 바쳤다. 이들이 어떻게 살고, 어떻게 변하고, 어떤 일을 하고, 저녁에 무엇을 먹는지 하는 것들 말이다. 뉴스를 장악하는 극단적 인물들을 연구하는 것보다 이런 종류의 폭넓은 관찰을 통해 배울 때 우리는 더 중요한 교훈을 얻을 수 있다.

～

언젠가 빌 게이츠는 이렇게 말했다. "성공은 형편없는 스승이다. 똑똑한 사람들을 꾀어내어 자신은 절대 실패하지 않는다고 믿게 만든다."

상황이 극히 잘 돌아가고 있다면 다음의 사실을 깨달아야 한다. 어쩌면 당신이 생각하는 것만큼 상황은 좋지 않을 수도 있다. 당신은 무적이 아니다. 행운이 당신에게 성공을 가져다준 사실을 인정한다면, 행운의 사촌격인 리스크의 존재 역시 믿어야 한다. 리스크는 당신의 스토리를 단숨에 역전시킬 수 있다.

반대 방향도 마찬가지다. 실패는 형편없는 스승이다. 똑똑한 사람들을 꾀어내어 자신이 끔찍한 의사결정을 내린 탓이라고 믿게 만든다. 때로 그저 리스크의 가차 없는 현실을 보여주는 것뿐인데 말이다. 실패를 대할 때 중요한 것이 있다. 이때는 투자를 잘못했고 저때는 목표 달성을 못 했다는 식으로 자신의 금전 인생을 정리하려 들지 마라. 그렇게 정리한다고 해서 기록이 모두 없어지는 게 아니다. 또한 확률이 나에게 유리해질 때까지 계속 게임을 할 수 있는 것도 아니다.

더 중요한 것은, 성공에서 행운이 차지하는 역할을 인정한다면, 리스크의 존재는 우리가 실패를 판단할 때 나 자신을 용서하고 이해의 여지를 남겨야 한다는 뜻임을 아는 것이다. 겉으로 보이는 것만큼 좋은 경우도, 나쁜 경우도 없다.

다음 장에서는 자신의 행운을 시험했던 두 남자의 이야기를 해보려 한다.

Big Lesson of Investing

성공한 사람이 있고, 실패한 사람이 있다.

두 사람의 투자 결과는 달랐고, 사람들은 이렇게 평했다.

멋있게 대담했다. vs. 바보같이 무모했다.

어떤 차이가 있을까?

어디까지가 행운이고, 어디까지가 노력과 재주이며,
어디부터가 리스크일까?

누구도 정확하게 알 수 없다.

다만 확실한 것은 어떤 결과가 100퍼센트
노력이나 의사결정으로 이루어진다고 생각해선 안 된다는 것.

어느 순간 당신 앞에 행운의 지렛대가 움직일지
리스크의 지렛대가 움직일지는 아무도 알 수 없다.

story
3

결코 채워지지 않는 것

Never Enough

당신에게 중요하지 않은 무언가를 위해
당신에게 중요한 무언가를 건다는 것은
그냥 말도 안 되는 짓이다.

미국의 자산운용사 뱅가드Vanguard의 설립자 존 보글John Bogle
은 그의 생전에 돈에 관한 이야기를 하나 들려주었다. 이야기
는 우리가 미처 생각하지 못하는 부분에 주목하게 한다.

《《《《 어느 백만장자가 셸터아일랜드에서 파티를 열었다. 커트
보니것Kurt Vonnegut은 친구인 소설가 조지프 헬러Joseph Heller에게
이렇게 말했다. "이 파티 개최자인 헤지펀드매니저가 하루에 번
돈이 자네가 인기 소설《캐치 22Catch-22》를 통해 평생 벌어들인

돈보다 더 많다는군." 그러자 헬러는 이렇게 대꾸했다. "그렇군, 하지만 나는 그가 결코 충분히… 가질 수 없는 것을 가졌지."

'충분히'. 순간 나는 이 말이 얼마나 많은 것을 얘기하는지를 깨닫고 소스라치게 놀랐다. 두 가지 이유에서였다. 첫째, 내가 내 삶에서 너무나 많은 것을 받아왔음을 깨달았기 때문이다. 둘째, 조지프 헬러의 말이 더 이상 정확할 수 없을 만큼 정확했기 때문이다.

오늘날에는 도대체 어디까지 가져야 '충분한'지, 도무지 한계라는 것이 없어 보인다. 이는 우리 사회를 구성하는 정말 중요한 특징이고, 아무리 돈 많고 힘 있는 사람도 이 문제로부터 자유롭지 않다.

정말 명쾌하고 힘 있는 이야기다. 만족을 모르는 것이 왜 위험한 걸까. 두 사례를 통해 알아보자.

～⁀～

인도의 콜카타에서 태어난 라자트 굽타 _{Rajat Gupta} 는 10대에 고아가 됐다. 사람들은 흔히 3루에서 인생을 시작하는 소수의 특권층에 관해 이야기하지만, 라자트 굽타에게는 야구장이 보이지도 않았다.

하지만 그런 곳에서 출발해 그가 이뤄낸 것들을 보면 그저 대단하다는 말밖에 나오지 않는다. 굽타는 40대 중반에 전 세계에서 가장 저명한 컨설팅 회사 매킨지Mckinsey의 CEO가 됐다. 2007년에 은퇴한 그는 UN과 세계경제포럼에서 직책을 맡았고, 빌 게이츠와 함께 자선사업도 추진했으며 상장기업 5곳의 이사회 구성원이 됐다. 굽타는 콜카타의 빈민가에서 시작해 말 그대로 세상에서 가장 성공한 비즈니스맨이 됐다.

성공과 함께 어마어마한 부도 따라왔는데, 2008년 보도된 바에 따르면 굽타의 재산 가치는 무려 1억 달러에 달했다고 한다.[11] 대부분의 사람들에게는 감조차 잡을 수 없는 금액이었다. 만약 이 돈의 연간 수익률이 5퍼센트라면 시간당 600달러씩 하루 24시간 내내 돈이 만들어진다는 뜻이다.

그런데 그의 주위 사람들 얘기를 종합해보면 그가 바란 것은 1억 달러짜리 부자가 아니었다. 라자트 굽타는 10억 달러짜리 부자가 되고 싶었다. 너무나 간절히 되고 싶었다.

굽타는 골드만삭스Goldman Sachs 이사회의 구성원이 됐고, 덕분에 주위에는 세계에서 가장 부유한 투자자들이 있었다. 투자자 중 한 명은 사모펀드계 거물들이 버는 돈을 언급하며 굽타에 대해 이렇게 설명했다. "제 생각에는 아마 그 집단에 들어가고 싶어한 것 같아요. 10억 달러 이상 가진 사람들만 있는 집단이잖아요. 그에 비하면 골드만삭스는 수억 달러면 되는 곳이고

요."[12] 그렇다. 그래서 굽타는 돈이 되는 부업을 찾아냈다.

2008년 골드만삭스가 금융위기의 위기에 직면했을 때 워런 버핏은 골드만삭스를 구조하는 데 50억 달러를 투자할 계획을 세웠다. 골드만삭스의 이사회 구성원이던 굽타는 내용이 공개되기 전에 이 사실을 알 수 있었다. 가치가 큰 정보였다. 당시에는 골드만삭스가 살아남을 수 있을지 의심스러운 상황이었고, 버핏이 지원에 나선다고 하면 주가는 폭등할 것이 분명했다.

거래가 곧 체결된다는 소식을 접하고 16초 뒤, 골드만삭스 이사회에 전화를 한 굽타는 전화를 끊은 뒤 라지 라자라트남Raj Rajaratnam이라는 헤지펀드매니저에게 연락을 취했다. 통화 내용은 녹음되지 않았다. 그러나 라자라트남이 즉시 골드만삭스 주식 17만 5,000주를 샀으니 두 사람 사이에 무슨 이야기가 오갔을지는 충분히 짐작할 수 있다. 몇 시간 후 워런 버핏과 골드만삭스 사이의 거래가 발표됐고, 골드만삭스의 주식은 급등했다. 라자라트남은 금세 100만 달러를 벌었다.

이는 한 사례에 불과하다. 이와 유사한 일이 더 있었다는 주장도 있다. 미국증권거래위원회SEC는 굽타의 내부 정보로 인해 1,700만 달러의 불법 이득이 발생했다고 주장한다. 쉽게 번 돈이었다. 하지만 검사들 또한 쉽게 이길 수 있는 사건이기도 했다. 결국 굽타와 라자라트남은 내부자 거래로 감옥에 갔고, 두 사람의 커리어와 명성은 돌이킬 수 없게 파괴됐다.

이번에는 희대의 사기꾼이라 불리는 버니 매도프Bernie Madoff
를 생각해보자. 매도프의 범죄는 잘 알려져 있다. 희대의 사기
극을 펼친 찰스 폰지Charles Ponzi 본인 다음으로 악명 높은 폰지
사기(다단계 금융사기)꾼이기 때문이다. 매도프는 무려 20년 동
안 투자자들에게 사기를 친 후에야 범죄가 들통났다. 아이러니
하게도 굽타의 시도가 있은 지 겨우 몇 주 뒤였다.

사람들이 흔히 간과하는 점이 하나 있는데 굽타와 마찬가지
로 매도프 역시 단순한 사기꾼 이상이었다는 것이다. 매도프를
유명하게 만들어준 폰지 사기 이전에, 그는 크게 성공한 합법
적 사업가였다. 그는 시장조성자로서 주식 매수인과 매도인을
연결해주었다. 매도프는 유능했다. 아래는 〈월스트리트저널The
Wall Street Journal〉이 1992년에 매도프의 시장조성 회사를 묘사한
내용이다.

> 그는 버나드 L. 매도프 투자증권사Bernard L. Madoff Investment
> Securities라는 고수익 증권사를 세웠다. 이 회사 때문에 엄청난 양
> 의 주식 거래가 뉴욕증권거래소에서 빠져나갔다. 해당 거래를 통
> 해 매도프의 회사가 전자 처리하는 일일 평균 거래량 7억 4,000만
> 달러는 뉴욕증권거래소 거래 규모의 9퍼센트에 해당한다. 매도

프의 회사가 거래를 어찌나 싸고 빠르게 처리하는지, 실제로 그의 회사는 다른 증권사에 주당 1페니의 비용을 지불하고 고객들의 주문 처리를 맡긴다. 그러면서 대부분의 주식이 거래되는 매수호가와 매도호가 사이의 마진으로 이윤을 내고 있다.

저널리스트가 아직 발각되지 않은 사기를 부정확하게 묘사한 것이 아니다. 사실 매도프의 시장조성 사업은 합법이었다. 전직 직원의 말에 따르면 매도프의 사업에서 시장조성 부문은 연간 2,500만 달러에서 5,000만 달러 정도를 벌어들였다. 버니 매도프의 사기가 아닌 적법한 사업은 여러모로 엄청난 성공이었고, 그를 대단한 그리고 합법적인 부자로 만들어주었다. 그런데도 사기를 친 것이다.

굽타와 매도프 두 사람 모두와 관련해 우리가 물어야 할 것이 있다. 바로 수억 달러의 자산을 가진 사람이 왜 그토록 필사적으로 더 많은 돈을 원했는가 하는 점이다. 자신이 가진 모든 것을 잃을 리스크까지 떠안으면서 말이다.

이는 생존의 벼랑 끝에 선 사람들이 저지르는 범죄와는 다르다. 나이지리아의 한 사기꾼은 〈뉴욕타임스〉에 이렇게 말한 적이 있다. 남들에게 상처를 준 것에 대해서는 죄책감을 느끼지만 "가난해지면 고통을 느끼지 못할 것."이라고 말이다.[13]

굽타와 매도프가 한 짓은 이와 다르다. 그들은 이미 모든 것을 갖고 있었다. 상상도 못할 만큼의 부와 명성, 권력, 자유까지 있었다. 두 사람이 그 모두를 내던진 것은 더 많이 바랐기 때문이다. 두 사람은 '충분'이라는 것을 몰랐다.

물론 이는 극단적 사례다. 그러나 이런 행동이 범죄가 아닌 버전도 있다. 롱텀 캐피털 매니지먼트Long-Term Capital Management라는 헤지펀드가 있었다. 이 헤지펀드의 직원들은 개인적으로 각자 수억 달러를 보유한 트레이더였다. 이들은 재산 대부분을 자신들의 펀드에 투자했다. 더 많은 것을 가지기 위한 여정에서 이들은 너무 많은 리스크를 무릅썼고 결국 모든 것을 잃었다. 역사상 가장 경제가 튼튼하고 가장 큰 강세장이 섰던 1998년에 말이다. 이를 두고 워런 버핏은 다음과 같이 말했다.

≪≪≪ 가지고 있지도 않고 필요하지도 않은 돈을 벌기 위해서 그들은 자신이 가진 것, 필요한 것을 걸었다. 이는 바보 같은 짓이다. 그냥 순전히 바보 같은 짓이다. 당신에게 중요하지 않은 무언가를 위해 당신에게 중요한 무언가를 건다는 것은 그냥 말도 안 되는 짓이다.

'내가 가지지 못한 것, 내가 필요하지 않은 것을 위해 내가 가진 것, 내가 필요로 하는 것을 걸 이유는 전혀 없다.' 이는 너무나 명백한 사실이나 그만큼 쉽게 간과하는 진실이기도 하다.

우리 중 굽타나 매도프처럼 1억 달러를 가질 사람은 몇 안될 것이다. 그러나 이 책을 읽는 사람들 중 꽤 많은 이들이 언젠가 자신에게 필요한 적정 수준의 것들과 자신이 원하는 많은 것들을 살 만큼의 돈을 갖거나 월급을 받을 것이다. 당신이 그들 중 한 사람이 된다면 다음 몇 가지를 기억하길 바란다.

가장 어려운 것은 멈출 수 있는 골대를 세우는 일이다.

스스로를 멈추게 하는 골대, 즉 목표를 세우는 것, 이는 가장 중요한 일 중 하나다. 결과와 함께 기대치가 상승한다면 아무 논리도 없이 더 많은 것을 얻으려 분투하게 되기 때문이다. 더 많은 노력을 쏟아부어도 느낌은 같을 것이다. 더 많은 것(더 많은 돈, 더 많은 권력, 더 많은 명성)을 얻고 싶은 바람이 만족보다 야망을 더 빨리 키운다면 위험해질 수밖에 없다. 그 경우 한 걸음 앞으로 나가면 골대는 두 걸음 멀어진다. 그러다 나 자신이 뒤처진 것처럼 느껴진다면, 그걸 따라잡을 길은 점점 더 많은 리스크를 감수하는 것밖에 없다.

현대 자본주의는 두 가지를 좋아한다. 부를 만들어내는 것과 부러움을 만들어내는 것. 아마 두 가지는 서로 함께 갈 것이다. 또래들을 넘어서고 싶은 마음은 더 힘들게 노력하는 동력이 될 수 있다. 그러나 '충분함'을 느끼지 못한다면 삶은 아무 재미가 없다. 사람들이 흔히 말하듯이, 결과에서 기대치를 뺀 것이 행복이다.

문제는 남과 비교하는 것이다.

연봉 50만 달러를 받는 신인 야구선수가 있다고 생각해보자. 무슨 기준으로 보더라도 그는 부자다. 그런데 그가 뛰는 팀에 메이저리그 최고의 선수 마이크 트라우트Mike Trout가 있다고 해보자. 트라우트는 12년간 4억 3,000만 달러를 받는 계약을 맺었다. 트라우트와 비교를 하는 순간 이 신인 선수는 파산한 것이나 마찬가지다.

이번에는 마이크 트라우트 입장을 생각해보자. 1년에 약 3,600만 달러는 말도 안 되는 큰돈이다. 하지만 2018년 헤지펀드매니저 연봉순위 10위 안에 이름을 올리려면 연간 최소 3억 4,000만 달러는 벌어야 한다.[14] 트라우트 같은 사람은 그런 이들과 자신의 소득을 비교할지도 모른다.

그리고 연간 3억 4,000만 달러를 버는 헤지펀드매니저는 헤지펀드매니저 연봉순위 5위 안에 든 사람들과 자신을 비교한다. 그들은 2018년에 최소 7억 7,000만 달러를 벌었기 때문이다.

최고 순위에 있는 헤지펀드매니저들은 워런 버핏 같은 사람을 의식할 것이다. 버핏의 개인 재산은 2018년에 35억 달러가 늘었다. 그리고 버핏 같은 사람은 아마존의 제프 베조스Jeff Bezos를 바라볼지도 모른다. 2018년에만 240억 달러가 늘어난 베조스의 순자산 전체는 '부자' 신인 선수가 1년 내내 번 돈보다 분당 더 큰 액수를 기록했다.

이렇게 다른 사람과 자신을 비교하면 그 천장은 너무 높아서 사실상 아무도 닿을 수 없다. 절대로 이길 수 없는 싸움이다. 유일하게 이기는 방법은 처음부터 싸움을 하지 않는 것이다. 이 정도면 충분하겠다고 받아들이는 것이다. 내가 가진 게 주변 사람들보다 적더라도 말이다.

내 친구 중 한 명은 매년 연례행사처럼 라스베이거스를 방문한다. 한번은 친구가 딜러에게 물었다. "그쪽은 어떤 게임을 하시나요? 어느 카지노에서 하세요?" 딜러는 돌처럼 차가운 얼굴로 심각하게 대답했다. "라스베이거스에서 이기는 유일한 방법은 들어오자마자 나가는 겁니다."

타인의 부를 따라잡으려고 하는 게임도 이와 똑같다.

'충분한' 것도 결코 적은 것은 아니다.

'충분하다'는 개념이 보수적으로 보일지도 모른다. 마치 기회와 잠재력을 방치하는 것처럼 보일 수도 있다. 하지만 나는 그렇게 생각하지 않는다. '충분하다'는 것은 그 반대로 했다가는 (즉 더 많은 것을 향한 채울 수 없는 갈증을 계속 느꼈다가는) 후회하리라는 사실을 깨달았다는 뜻이다.

내가 음식을 얼마나 먹을 수 있는지 아는 유일한 방법은 아플 때까지 먹어보는 것이다. 하지만 이를 시도하는 사람은 거의 없다. 어떤 맛있는 식사보다도 구토할 때의 고통이 더 크기 때문이다. 그런데 어찌된 영문인지 사람들은 이와 똑같은 논리를 비즈니스와 투자에 대입하진 않는다. 그래서 사람들은 파산하거나 어쩔 수 없는 상황이 되어야만 더 많이 추구하는 것을 멈춘다. 물론 이것은 직장에서 번아웃 상태가 되거나, 위험한 투자 배분을 계속해가는 것처럼 사회적 범죄는 아닐 수 있다. 그러나 세상 반대편에는 라자트 굽타나 버니 매도프 같은 사람들이 있다. 이들이 도둑질에 의존하는 이유는 결과에 관계없이 단돈 1달러라도 손을 뻗을 가치가 있기 때문이다. 뭐가 됐든 잠재적 1달러를 거부하지 못하면 결국에는 대가를 치르게 될 것이다.

잠재적 이익이 있더라도 위험을 감수할 가치가 없는 것도 있다.

감옥에서 석방된 라자트 굽타는 교훈을 하나 배웠다며 〈뉴욕타임스〉에 다음과 같이 말했다.

≪≪≪ 뭐가 됐든 지나치게 집착하지 마세요. 명성이든 업적이든, 뭐든지요. 지금 생각해보면 그게 뭐가 중요한가요? 그래요, 이번 일이 부당하게 내 명성을 파괴한 건 맞죠. 하지만 그게 문제가 된다면 그건 내가 명성에 지나치게 집착하기 때문일 거예요.

그의 경험에서 얻을 수 있는 최악의 교훈인 듯하다. 그저 너무나 간절히 명성을 원했지만 이제는 사라지고 없음을 깨달은 한 남자의 자기 위로이자 자기 정당화로 보인다.

명성이란 말할 수 없이 귀중한 것이다. 자유와 독립은 말할 수 없이 귀중한 것이다. 가족과 친구는 말할 수 없이 귀중한 것이다. 날 사랑해주기를 바라는 사람들로부터 사랑받는 일은 말할 수 없이 귀중한 것이다. 행복은 말할 수 없이 귀중한 것이다.

이것들을 지키는 최선의 방법은 리스크를 언제 멈춰야 할지 아는 것이다. 내가 '충분히' 가졌다는 사실을 아는 것이다.

좋은 소식이 하나 있다면 '충분함'을 만드는 가장 강력한 툴이 놀랄 만큼 간단하다는 사실이다. 그리고 어떤 리스크도 감수할 필요가 없다. 다음 장에서 여기에 대해 자세히 알아보자.

Big Lesson of Investing

당신이 부자가 됐을 때 다음 네 가지 질문을 던져보라.

하나, 얼마나 더 벌고 싶은가?

둘, 누군가와 비교하고 있진 않은가?

셋, 충분하다고 느끼는가?

넷, 돈보다 중요한 것은 무엇인가?

현대 자본주의는 두 가지를 좋아한다.

부를 만들어내는 것, 부러움을 만들어내는 것.
누구도 여기에서 자유로울 수 없다.

기억하자.

라스베이거스에서 이기는 유일한 방법은
들어오자마자 나가는 것이다.

story

4

시간이 너희를 부유케 하리니

Confounding Compounding

어마어마한 결과를 가져오기 위해
반드시 어마어마한 힘이 필요한 것은 아니다.

종종 한 분야의 교훈은 전혀 관련 없는 분야에도 중요한 무언가를 알려준다. 수십억 년 빙하기 역사를 보라. 빙하기는 돈을 키우는 방법에 관해 우리에게 무엇을 알려줄 수 있을까?

지구에 대한 우리의 과학 지식은 생각만큼 오래되지 않았다. 세상 원리를 이해하려면 종종 그 표면 아래로 깊이 파고들어야 할 때가 있는데, 이는 아주 최근에서야 가능해졌다. 뉴턴이 별들의 움직임을 계산하고 수백 년이 흐른 뒤에야 우리는 지구에 대해 그저 기초적인 사항의 일부를 이해했을 뿐이다. 19세기가되어서야 과학자들은 지구가 과거에 여러 번 얼음으로 뒤덮여있었다는 데 의견 일치를 보았다.[15] 달리 주장하기에는 지구 곳곳에 얼음 세상의 흔적이 많이 남아 있었다. 장소를 불문하고반들반들해진 거대 바위들이 흩어져 있고, 암반이 얇은 층만남도록 긁혀나가 있었다. 한 번이 아니라 다섯 번의 빙하기가있었다는 증거가 명확했다.

지구를 얼리고, 녹이고, 얼리고, 다시 한번 녹이는 데 들어가는 에너지 양은 어마어마하다. 대체 무엇이 이런 사이클을 유발했을까? 뭐가 됐든 지구상에서 가장 강력한 힘임에 틀림없고 실제로 그랬다. 다만 누구도 예상하지 못한 방식이었다.

빙하기가 왜 발생했는가에 대해서는 수많은 이론이 있었다. 산맥이 위로 치솟으면서 지구의 바람이 심하게 바뀌어 기후가변했을지 모른다는 의견이 있었다. 어떤 이들은 얼음이 자연적인 상태이고 종종 거대한 화산 폭발이 일어나 지구를 따뜻하게 만들었다는 아이디어를 주장하기도 했다. 하나같이 거창한얘기였다. 그러나 어떤 이론도 빙하기의 사이클을 설명할 수는없었다. 산맥의 성장이나 거대한 화산 등이 한 번의 빙하기를설명할 수는 있을지 모른다. 그러나 빙하기가 다섯 번이나 주기적으로 반복되는 것을 설명할 수는 없었다.

1900년대 초 세르비아의 과학자 밀루틴 밀란코비치Milutin Milanković는 다른 행성과 지구의 상대적 위치를 연구하다가 우연히 지금 우리가 아는 빙하기 이론을 생각해냈다. 태양과 달의 중력이 지구의 움직임에 살짝 영향을 주어, 지구가 태양 쪽으로 약간 기울도록 만든다고 말이다. 이 사이클 중 어느 기간(수만 년 정도 지속될 수 있다)에 북반구와 남반구는 각각 평소보다 조금 더 많거나 조금 더 적은 태양복사열을 받게 된다.

여기서부터 재미난 일이 펼쳐진다. 밀란코비치의 이론은 처음에는 기울어진 북반구 또는 남반구 때문에 지구를 얼음으로 뒤덮을 만큼 차가운, 맹렬한 겨울이 생긴다고 가정했다. 그러나 러시아의 기상학자 블라디미르 코펜Wladimir Köppen은 밀란코비치의 작업을 더 깊이 파고들어 놀라운 사실을 하나 발견했다. 범인은 추운 겨울이 아니라 약간 서늘한 여름이었다.

문제는 여름이 충분히 덥지 않아 지난겨울에 온 눈을 녹이지 못하면서 시작된다. 남은 얼음층은 이듬해 눈이 축적되기 쉽게 하고, 그러면 그다음 여름에도 눈이 사라지지 않을 확률이 커진다. 이는 다시 그다음 겨울에 더 많은 눈이 축적되게 만든다. 눈이 많으면 태양 광선을 더 많이 반사시키고, 그러면 냉각 효과는 더 심해지고, 이는 다시 더 많은 눈을 내리게 하는 식이다. 수백 년이 지나면 계절마다 쌓인 눈이 대륙 빙하가 되어 흘러내리기 시작한다.

똑같은 일이 반대 방향으로도 일어난다. 궤도가 기울어지면 더 많은 햇빛을 받아들여 겨울에 쌓인 눈을 더 많이 녹이고, 그러면 그다음 해에 반사시키는 빛의 양이 줄어들고, 이는 기온을 높이고, 이듬해 더 많은 눈이 오지 못하게 막는 식이다. 이것이 바로 주기가 된다.

여기서 놀라운 것은 비교적 작은 조건의 변화로 얼마나 큰일이 벌어질 수 있는가 하는 점이다. 서늘한 어느 여름의 녹지 않은 얼음층은 지구 전체가 몇 킬로미터 두께의 얼음으로 뒤덮이는 거대한 변화를 일으켰다. 빙하학자 그웬 슐츠_Gwen Schultz_는 이렇게 말했다. "얼음층을 유발하는 것은 눈의 양이 많아서가 아니다. 아무리 적더라도 그 눈이 남아 있기 때문이다."

우리가 빙하기에서 얻을 수 있는 교훈은 이렇다. 어마어마한 결과를 가져오기 위해 반드시 어마어마한 힘이 필요한 것은 아니라는 사실이다.

작은 것이 불어나면, 그러니까 작은 성장이 미래 성장의 동력 같은 역할을 하게 되면, 그 출발점이 거의 논리를 거부하는 것처럼 보일 정도로 비상한 결과를 낳을 수 있다. 너무나 비논리적이기 때문에 무엇이 가능하고, 어디서 성장이 만들어지고, 어떤 결과를 낳을 수 있는지 과소평가하게 된다. 돈도 마찬가지다.

워런 버핏이 부를 쌓은 과정을 다룬 책은 2,000권이 넘는다. 그중 다수가 훌륭한 책이다. 그러나 가장 간단한 사실에 주목한 책은 거의 없다. 버핏이 그렇게 큰 재산을 모은 것은 그가 그냥 훌륭한 투자자여서가 아니라, 말 그대로 어릴 때부터 훌륭한 투자자였기 때문이라는 사실 말이다.

이 책을 쓰고 있는 지금, 버핏의 순자산은 845억 달러다. 그중 842억 달러는 쉰 번째 생일 이후에 축적된 것이다. 815억 달러는 그가 사회보장연금을 받을 수 있는 요건이 충족된 60대 중반 이후에 생긴 것이다.

워런 버핏은 경이로운 투자자다. 그러나 그의 성공을 모두 투자 감각 덕으로만 돌린다면 핵심을 놓치는 것이다. 성공의 진짜 열쇠는 그가 무려 75년 동안 경이로운 투자자였다는 점이다. 만약 그가 30대에 투자를 시작해 60대에 은퇴했다면 그의 이름을 들어본 사람이 거의 없을 것이다.

작은 사고 실험을 한번 해보자. 버핏이 진지하게 투자를 시작한 것은 열 살 때였다. 서른 살이 됐을 때 순자산은 당시 100만 달러, 물가상승률을 감안하면 930만 달러였다.[16] 만약 그가 좀 더 평범한 사람이어서 세상을 탐험하고 자신의 열정을 찾는 데 10대와 20대를 보냈다면 서른 살에 순자산이 대략 2만 5,000달러쯤이나 됐을까?

그래도 그가 계속해서 연간 22퍼센트라는 놀라운 투자수익률을 거두었다고 치자. 그러다가 예순이 됐을 때 투자를 그만두고 은퇴해 골프나 치며 손주들과 시간을 보낸다고 해보자. 지금 그의 순자산은 대략 얼마 정도일까? 845억 달러는 아닐 것이다. 1,190만 달러. 그의 실제 순자산보다 99.9퍼센트가 적은 금액이다.

사실상 워런 버핏의 경제적 성공은 모두 사춘기 시절에 쌓았던 금전적 바탕과 노년기까지 사업에서 손을 떼지 않은 덕분이다. 그의 재주는 투자였지만, 그의 비밀은 시간이었다. 이것이 바로 복리의 원리다.

이를 다른 식으로 생각해보자. 버핏은 시대를 통틀어 가장 큰돈을 가진 투자자다. 그러나 사실 버핏이 가장 위대한 투자자는 아니다. 적어도 연간 수익률 평균을 기준으로 했을 때는 그렇다.

헤지펀드 르네상스 테크놀로지_{Renaissance Technologies}의 수장 짐 사이먼스_{Jim Simons}는 1988년 이후 연간 66퍼센트 수익률로 돈을 불려왔다. 누구도 근접한 적이 없는 기록이다. 방금 보았듯이 버핏의 수익률은 대략 연간 22퍼센트 정도였으니, 사이먼스의 3분의 1 수준이다.

사이먼스의 순자산은 이 글을 쓰는 현재 210억 달러다. 우리가 다루는 숫자의 크기를 감안하면 이렇게 말하는 게 얼마나 웃긴 일인지 알지만, 사이먼스는 버핏보다 75퍼센트나 덜 부자다.

만약 사이먼스가 앞에서 본 것처럼 더 훌륭한 투자자라면 이런 차이는 왜 생길까? 사이먼스는 쉰 살이 되어서야 투자 성과가 눈에 띄기 시작했다. 그가 돈을 불릴 수 있었던 세월은 버핏의 절반도 되지 않았다. 만약 사이먼스가 연간 66퍼센트 수익률로 버핏처럼 70년간 부를 쌓았다면 그의 재산은 (잠깐 숨을 멈추길) 6,390경 781조 7,807억 4,816만 달러가 됐을 것이다!

말도 안 될 만큼 비현실적인 숫자다. 핵심은 작은 변화처럼 보이는 가정이 말도 안 될 만큼 비현실적인 숫자를 낳을 수 있다는 사실이다. 그래서 우리는 어떤 것이 왜 그토록 강력해졌는지(빙하기는 왜 만들어졌는지, 워런 버핏은 왜 그렇게 부자인지) 연구할 때 성공의 진짜 핵심 동력을 간과한다.

많은 사람들은 복리 이자표를 처음 보고 나서(혹은 30대가 아니라 20대에 저축을 시작했을 때 은퇴자금이 얼마나 더 많아지는가에 대한 얘기를 듣고 나서) 인생이 바뀌었다고 말한다. 하지만 아마 실제로 인생이 바뀌지는 않았을 것이다. '놀라긴' 했을 것이다. 직관적으로 보면 마치 잘못된 결과처럼 보이기 때문이다. 기하급수적 사고보다는 1차원적 사고가 훨씬 더 직관적이다. 여러분에게 8+8+8+8+8+8+8+8+8을 머릿속으로 계산해보라고 하면 몇 초 만에 계산할 수 있다(72다). 하지만 $8 \times 8 \times 8 \times 8 \times$

8×8×8×8×8을 계산해보라고 하면 머리가 폭발할 것이다(1억 3,421만 7,728이다).

～

　IBM이 3.5메가바이트 하드 드라이브를 만든 것이 1950년대다. 1960년대까지는 모든 게 기껏해야 수십 메가바이트의 속도로 움직였다. 1970년대가 되자 IBM의 윈체스터_{Winchester} 드라이브에는 70메가바이트가 들어갔다. 이후 드라이브의 크기는 기하급수적으로 작아지고 저장 용량은 기하급수적으로 늘어났다. 1990년대 초반 PC들은 흔히 200메가바이트에서 500메가바이트가 들어갔다. 그러다가… 쾅! 모든 게 폭발했다.

　1999년 애플의 아이맥에는 6기가바이트 하드 드라이브가 들어갔다. 2003년 파워맥에는 120기가바이트가 들어갔다. 2006년 신형 아이맥에는 250기가바이트가 들어갔다. 2011년 최초의 4테라바이트 하드 드라이브가 나왔다. 2017년 60테라바이트 하드 드라이브가 나왔다. 2019년 100테라바이트 하드 드라이브가 나왔다.

　이상을 정리하면, 1950년대부터 1990년대까지는 296메가바이트가 늘었다. 1990년부터 지금까지는 1억 메가바이트가 늘었다.

만약 1950년대 기술 낙관론자였다면 앞으로 저장 용량이 1,000배는 더 커질 거라고 예측했을지 모른다. 좀 무리를 했다면 1만 배를 예상했을 수도 있다. '내가 죽기 전에 3,000만 배가 더 커질 것'이라고 말한 사람은 거의 없을 것이다. 하지만 그런 일이 일어났다.

직관적으로 잘 와닿지 않는 복리의 속성은 가장 똑똑한 사람들조차 복리의 힘을 간과하게 만든다. 2004년에 빌 게이츠는 누가 1기가바이트씩이나 되는 저장 용량이 필요하겠냐면서 새롭게 단장한 지메일을 비난했다. 작가 스티븐 레비Steven Levy는 다음과 같이 썼다. "빌 게이츠는 첨단 기술에 도통한 사람이지만, 그의 사고방식은 '스토리지는 아껴 써야 할 상품'이라는 구식 패러다임에 머물러 있었다." 모든 게 얼마나 빨리 성장할 수 있는지는 늘 사람들을 놀라게 한다.

여기서 위험한 점은 복리가 직관적으로 와닿지 않을 때 우리가 복리의 잠재력을 무시하고 다른 수단을 통해 문제를 해결하려 한다는 사실이다. 우리가 생각을 너무 많이 해서가 아니다. 잠시 멈춰 서서 복리의 잠재력에 관해 생각하는 경우가 거의 없기 때문이다.

버핏의 성공 요인을 해부한 2,000권의 책 중에 '이 남자는 75년간이나 꾸준히 투자를 해왔다'라는 제목의 책은 없다. 그러나 우리는 그의 성공 대부분이 무엇 때문인지를 알고 있다.

다만 이런 수학적 사실이 직관적이지 않기 때문에 헤아리기가 어려울 뿐이다.

경기순환이나 주식거래 전략, 부문 투자 등에 관한 책들은 많다. 그러나 가장 강력하고 중요한 책은 '닥치고 기다려라'가 되어야 한다. 달랑 페이지 한 장에 장기경제 성장 그래프가 그려져 있는 책이다.

주식거래를 했다가 실망하고, 잘못된 전략을 세우고, 어쩌다가 투자했는데 성공을 거두기도 하는, 이 모든 일의 주된 원인은 어쩌면 복리가 직관적으로 잘 와닿지 않기 때문일지도 모른다.

사람들이 최고의 투자수익률을 올리려고 온갖 노력(배우고 실천하는 것)을 쏟아붓는 것을 비난할 수는 없다. 직관적으로 보면 그게 부자가 되는 최선의 길처럼 보인다. 그러나 반드시 최고 수익률을 올리는 것만이 훌륭한 투자인 것은 아니다. 최고의 수익률은 일회성이어서 반복할 수 없는 경향이 있기 때문이다. 꽤 괜찮은 수익률을 계속해서 올리는 게 더 훌륭한 투자다. 최대한 오랫동안 반복적으로 할 수 있는 투자 말이다. 여기서 힘을 발휘하는 것이 복리의 원리다.

정반대의 경우, 즉 계속 가지고 갈 수 없는 방식으로 한 번에 어마어마한 수익률을 올리는 것은 오히려 비극을 낳는다. 다음 장에서는 그 이야기를 해보려 한다.

Big Lesson of Investing

사람들은 언제나 최고 수익률을 원한다.

그러나 오랜 시간 성공을 '유지'한 사람들은
최고 수익률을 내지 않았다.

그들은 꾸준한 투자율을 보였다.

오랫동안 괜찮은 수준의 수익률을 유지하는 것이
훨씬 더 나은 결과를 낳는다.

그러니 '닥치고 기다려라.'

시간의 힘이, 복리의 힘이 너희를 부유케 할 것이다.

부자가 될 것인가,
부자로 남을 것인가
Getting Wealthy vs. Staying Wealthy

파국은 피해야 한다. 무슨 일이 있더라도.

   부자가 '되는' 방법에는 백만 가지가 있고 그 방법을 다룬 책
도 많다. 그러나 부자로 '남는' 방법은 하나뿐이다. 검소함과 편
집증이 어느 정도 합쳐져야 한다.
   먼저 두 투자자의 이야기를 살펴보고 가자. 두 사람은 서로
를 몰랐지만 그들의 길은 흥미로운 방식으로 교차했다. 거의
100년 전의 일이다.

제시 리버모어Jesse Livermore는 당대 최고의 주식시장 트레이더였다. 1877년에 태어난 그는 사람들이 그런 직업이 있는지도 모를 때 전문 트레이더가 됐다. 서른 살이 됐을 때 그의 재산은 물가상승률을 감안하면 1억 달러에 달했다. 1929년 당시 제시 리버모어는 이미 전 세계에서 가장 명망 높은 투자자 중 한 명이었으나 그해 대공황으로 이어진 주식시장의 대폭락은 그를 더욱 위대한 투자자로 역사에 남게 했다.

1929년 10월 일주일 동안 주식시장의 시가총액 3분의 1이 사라졌다. 나중에 사람들은 그 주의 날들을 블랙먼데이Black Monday, 블랙튜즈데이Black Tuesday, 블랙서스데이Black Thursday라고 불렀다. 10월 29일, 리버모어의 아내 도로시가 최악의 상황이 펼쳐질 것을 두려워하고 있을 때 남편이 집으로 돌아왔다. 월스트리트의 투기꾼들이 자살했다는 보도가 뉴욕 전역에 파다했다. 도로시와 아이들은 현관에서 눈물이 그렁그렁한 채로 제시를 맞았고, 도로시의 어머니는 정신이 나가서 비명을 지르며 방에 숨어 있었다.

전기 작가 톰 루비션Tom Rubython에 따르면 제시는 어리둥절해서 몇 분을 그대로 서 있다가 뒤늦게 상황을 파악했다고 한다. 그리고 가족들에게 뉴스를 전했다. 천재성과 행운이 맞아떨어져 주가 하락에 도박을 걸어 공매도를 해두었다고 말이다.

"우리가 망한 건 아니라는 얘기죠?" 도로시가 물었다.

"응, 여보. 내 트레이더 인생에서 최고의 날이었어. 우리는 이제 어마어마한 부자가 됐어. 원하는 건 뭐든 할 수 있게 됐다고." 제시가 말했다.

하루 만에 제시 리버모어는 30억 달러 이상에 해당하는 돈을 벌었다. 주식시장 역사에서 최악의 달 중 하나로 기록됐던 그때, 그는 세상에서 가장 부유한 사람 중 한 명이 됐다.

리버모어의 가족들이 이 불가해한 성공을 자축하고 있을 때 또 다른 남자가 절망에 잠긴 채 뉴욕의 거리를 방황하고 있었다. 에이브러햄 저먼스키Abraham Germansky는 수백만 달러의 재산을 가진 부동산 개발업자였다. 그는 흔히 '광란의 20년대'라 부르는 1920년대 경제 활황기에 큰 재산을 모았다. 그는 1920년대 말 뉴욕에서 성공한 거의 모든 사람이 하던 대로 했다. 주식시장 폭등에 크게 베팅한 것이다.

1929년 10월 26일 〈뉴욕타임스〉는 이 비극적 결말을 두 문단의 기사로 묘사했다.

⋘ 어제 아침 브로드웨이 225번지의 변호사 버나드 H. 샌들러Bernard H. Sandler는 마운트 버논에 사는 에이브러햄 저먼스키 부인으로부터 남편을 찾아달라는 부탁을 받았다. 남편이 목요

일 아침부터 실종 상태라고 했다. 샌들러 변호사에 따르면 올해 50세인 이스트사이드의 부동산 개발업자 저먼스키 씨는 주식시장에 큰돈을 투자했다고 한다.

저먼스키 부인은 목요일 저녁 월스트리트 증권거래소 인근에서 지인이 남편을 보았다고 말했다. 그 지인은 저먼스키 씨가 브로드웨이 방향으로 걸어가며 증권 시세가 표시된 테이프를 찢어 보도에 뿌리고 있었다고 전했다.

에이브러햄 저먼스키의 마지막이었다. 1929년 10월의 주식 가격 폭락은 상반된 결과를 낳았다. 제시 리버모어를 세계에서 가장 부유한 사람 중 한 명으로 만들었고, 에이브러햄 저먼스키를 파산시켰고 아마도 그의 목숨을 앗았다.

이야기는 여기서 끝나지 않는다. 그로부터 시계를 4년 후로 돌리면 이야기는 다시 교차한다. 1929년에 대박을 친 리버모어는 자신감에 넘친 나머지 점점 더 큰 베팅을 했고, 감당할 수 없는 빚을 지게 됐으며 결국 주식시장에서 모든 것을 잃었다.

파산과 함께 수치심을 느낀 리버모어는 1933년에 이틀간 사라졌다. 리버모어의 아내는 남편을 찾으러 나섰는데, 당시 〈뉴욕타임스〉의 기사는 이런 내용을 남겼다. "파크애비뉴 1100번지에 살고 있는 주식시장 사업가 제시 L. 리버모어가 어제 오후 3시 이후 실종되어 보이지 않고 있다." 리버모어는 돌아왔으나 길은 정해져 있었다. 그는 결국 스스로 목숨을 끊었다.

시기는 달랐으나 저먼스키와 리버모어는 한 가지 두드러진 공통점이 있었다. 두 사람은 모두 부자가 되는 데 뛰어났으나 부자로 '남는 데'는 서툴렀다. '부자'라는 표현이 스스로에게 적합하지 않다 해도 이 이야기는 누구에게나 다음의 교훈을 남긴다. 돈을 버는 것은 버는 것이다. 이를 유지하는 것은 별개다.

금전적 성공을 한 단어로 요약한다면 나는 '생존'이라고 말하겠다. 앞으로 보게 되겠지만 상장될 만큼 성공한 회사의 40퍼센트는 결국 시간이 지나면 사실상 시가총액 전부를 상실한다. 포브스에서 선정한 미국 400대 부자는 유산을 받거나 가족 간 증여 등이 있었던 경우를 제외하면, 대략 10년간 평균 20퍼센트 정도의 수익률을 갖고 있다.[17]

자본주의는 녹록지 않다. 그 이유 중 하나는 돈을 버는 것과 돈을 잃지 않는 것이 전혀 다른 별개이기 때문이다. 돈을 버는 것에는 리스크를 감수하고, 낙천적 사고를 하고, 적극적 태도를 갖는 등의 요건이 필요하다. 그러나 돈을 잃지 않는 것은 리스크를 감수하는 것과는 정반대의 재주를 요한다. 검소해야 하고, 또한 돈을 벌 때만큼이나 빨리 돈이 사라질 수 있음을 두

려워할 줄 알아야 한다. 번 돈의 적어도 일부는 행운의 덕이므로 과거의 성공을 되풀이할 거라 믿지 말고, 절제하는 태도를 가질 필요가 있다.

언론인 찰리 로즈Charlie Rose는 세쿼이아 캐피털Sequoia Capital을 이끄는 억만장자 마이클 모리츠Michael Moritz에게 세쿼이아가 왜 그렇게 잘나가느냐는 질문을 했다. 이에 모리츠는 회사가 장수하고 있음을 강조했다. 벤처캐피털 중에는 5년 혹은 10년 성공하는 경우가 있긴 하지만, 세쿼이아는 무려 40년간 승승장구해왔다고 말이다. 로즈가 이유를 묻자 모리츠는 다음과 같이 말했다.

> **모리츠**: 제 생각에 우리는 늘 회사 문을 닫지 않을까 걱정해온 것 같아요.
>
> **로즈**: 정말요? 두려움이 비결이라고요? 편집증을 가진 자만이 살아남는다?
>
> **모리츠**: 여기에는 많은 진실이 있어요. 우리는 내일이 어제와 다를 거라고 가정합니다. 지금의 영광에 머물러 있을 여유가 없으니까요. 절대 안주하면 안 됩니다. 어제의 성공이 내일의 행운이 될 거라 생각해선 안 되는 거죠.

또 등장한다. 생존. 모리츠 역시 '생존'을 언급했다. '성장'이나 '머리', '통찰'이 아니다. 전멸하는 일 없이, 포기하는 일 없이 오랫동안 살아남는 능력이 가장 큰 차이를 만들어낸다. 투자든, 커리어든, 사업이든 상관없이 생존이 여러분의 전략에서 기본 중의 기본이 되어야 한다.

~

돈 문제에 있어 '생존'이라는 사고방식이 그토록 중요한 데는 두 가지 이유가 있다. 첫 번째는 당연한 이유다. 아무리 큰 이익도 전멸을 감수할 만한 가치는 없다. 두 번째 이유는 앞에서 본 것처럼 복리의 수학적 원리가 직관적이지 않다는 점이다.

복리의 원리가 빛을 발하려면 자산이 불어날 수 있게 오랜 세월을 허락해야 한다. 복리는 마치 참나무를 심는 것과 같다. 1년 키워서는 별로 자란 것 같지가 않다. 그러나 10년이면 의미 있는 차이가 생길 수 있고, 50년이면 대단한 무언가를 만들어 낼 수 있다. 그러나 그 대단한 성장을 이루고 지켜가기 위해서는 누구나 겪게 되는 예측 불가능한 수많은 오르막, 내리막을 견디고 살아남아야 한다.

워런 버핏이 어떻게 그런 투자수익률을 거두었는지 알아내려고 밤낮으로 매달릴 수도 있다. 그가 어떻게 최고의 기업과 가장 값싼 주식과 최고의 매니저들을 찾아냈는지 연구할 수도 있다. 이는 어려운 일이다. 그런데 이보다 덜 어려우면서도 똑같이 중요한 일이 있다. 버핏이 무엇을 '하지 않았는지' 주목하는 것이다.

그는 빚에 흥분하지 않았다. 그는 패닉에 빠져 주식을 파는 일 없이 14번의 경기침체를 견뎠고 살아남았다. 그는 자신의 사업적 명성을 더럽히지 않았다. 그는 한 가지 전략, 한 가지 세계관, 스쳐 지나가는 한 가지 트렌드에 집착하지 않았다. 그는 남의 돈에 의존하지 않았다(상장기업을 통해 투자를 관리한다는 것은 투자자들이 자금을 인출할 수 없다는 뜻이다). 그는 스스로를 녹초로 만들거나, 중도 포기하거나, 은퇴하지 않았다.

그는 살아남았다. 생존이 그의 장수비결이다. 장수(열 살 때부터 최소한 여든아홉까지 꾸준히 투자한 것)는 복리의 기적을 일으킨다. 바로 이것이 그의 성공을 설명할 때 가장 중요한 핵심이다.

릭 게린Rick Guerin의 이야기를 들어보면 이 말이 쉽게 이해될 것이다. 워런 버핏과 찰리 멍거Charlie Munger가 투자 단짝이었다는 이야기는 들어보았을 것이다. 그러나 40년 전 이들에게는 릭 게린이라는 제3의 멤버가 있었다.

버핏과 멍거, 게린은 공동으로 투자를 하고, 사업을 맡길 매니저 면접도 함께 보았다. 그러다가 게린은 사라져버렸다. 적어도 버핏과 멍거의 성공에 비하면 그랬다. 투자자 모니시 파브라이Mohnish Pabrai는 릭은 어떻게 됐냐고 버핏에게 물은 적이 있다. 모니시의 회상을 들어보자.

≪≪≪ (워런 버핏은 이렇게 말했다) "찰리와 저는 늘 우리가 믿기지 않을 만큼의 부자가 될 거라는 것을 알았습니다. 우리는 부자가 되려고 서두르지 않았어요. 결국 그렇게 될 거라는 걸 알았으니까요. 릭 역시 우리 못지않게 똑똑했지만 그는 서둘렀던 거지요."

사건의 전말을 보면 릭 게린은 1973년부터 1974년까지 이어진 경기 하락 때 일종의 대출금을 사용해 투자금을 늘렸다. 그런데 이 2년 동안 주식시장은 거의 70퍼센트 하락했고, 게린은 추가 증거금 납부를 요구받았다. 게린은 갖고 있던 버크셔 해서웨이 Berkshire Hathaway 주식을 주당 40달러도 안 되는 가격에 버핏에게 팔았다(버핏은 실제로 "내가 릭이 가진 버크셔 해서웨이 주식을 샀다."고 말했다). 릭은 대출금을 사용했기 때문에 주식을 팔 수밖에 없었다.[18]

멍거와 버핏, 게린은 부자가 되는 데 똑같이 재주가 있었다. 그러나 버핏과 멍거는 '부자로 남는 재주'까지 추가로 갖고 있었다. 시간이 지났을 때 가장 중요한 재주는 바로 이것이다.

'월가의 현자'로 불리는 나심 탈레브 Nassim Taleb 는 이에 관해 다음과 같이 말했다. "유리한 고지에 서는 것과 살아남는 것은 전혀 별개의 문제다. 전자는 후자를 필요로 한다. 파국은 피해야 한다. 무슨 일이 있더라도."

'살아남는다'는 사고방식을 현실 세계에 적용하면 핵심은 세 가지다.

파산하지만 않는다면 결국엔 가장 큰 수익을 얻는다.

큰 수익을 바라는 것 이상으로 중요하게 생각해야 하는 것이 있다. 파산하는 일이 없기를 바라는 것이다. 사실 파산하지만 않는다면 가장 큰 수익을 얻을 거라 생각한다. 복리의 원리가 기적을 일으킬 수 있을 만큼 우리는 오래 살 것이기 때문이다.

그런데 사람들의 마음은 그렇게 움직이지 않는다. 강세장에서 현금을 보유하고 싶은 사람은 아무도 없다. 가격이 크게 오를 자산을 보유하고 싶다. 강세장에서 현금을 들고 있으면 보수적으로 보이고, 스스로도 그런 느낌이 든다. 그 훌륭한 자산들을 소유하지 않음으로 인해 내가 포기하는 수익이 얼마인지 예리하게 의식하게 되기 때문이다. 현금이 1년에 1퍼센트를 번다면, 주식 수익률은 10퍼센트다. 이 9퍼센트의 격차 때문에 매일이 괴롭다.

그러나 바로 그 현금 덕분에 약세장에서 주식을 팔지 않아도 된다면, 그 현금으로 인한 실제 수익률은 연간 1퍼센트가 아니라 그 몇 배일 수 있다. 좋지 않은 시기에 절박함 때문에 어쩔 수 없이 주식 파는 일을 한 번 막는 것이, 크게 성공할 주식 수십 가지를 고르는 것보다 평생 수익률에는 더 큰 도움이 될 수 있다.

복리의 원리는 큰 수익률에 의존하지 않는다. (특히나 대혼돈의 시기에) 그저 썩 괜찮은 수익률이 중단 없이 최대한 오랫동안 유지되기만 하면 결국엔 승리할 것이다.

계획이 계획대로 되지 않을 때를 대비한 계획을 세운다.

계획에서 가장 중요한 부분은, 계획이 계획대로 풀리지 않을 때를 대비한 계획이다. 이게 무슨 말일까. 우리가 계획을 세워도 신은 비웃는다. 재무 설계 및 투자 계획이 매우 중요한 이유는 지금 나의 행동이 적정 범위 내에 있는가를 알려주기 때문이다.

그러나 그 어떤 종류의 계획이라도 현실과 맞닥뜨리는 순간 살아남는 것은 극히 소수다. 향후 20년간 자신의 소득과 저축 비율, 시장수익률에 관한 계획을 세울 거라면, 지난 20년간 누구도 예측할 수 없었던 큰 사건이 얼마나 많았는지를 생각해보라. 9·11 테러, 주택개발 붐이 일었다가 거품이 터지면서 1,000만 명 가까운 미국인이 집을 잃은 일, 금융위기로 900만

명 가까이가 실직한 일, 뒤이은 기록적인 주식시장 반등 그리고 이 글을 쓰는 지금 전 세계를 뒤흔들고 있는 코로나 바이러스.

계획이란 현실에서 살아남을 수 있을 때에만 쓸모가 있다. 그리고 알 수 없는 일로 가득한 미래야말로 누구나 맞닥뜨릴 현실이다. 좋은 계획은 이런 험준한 현실을 애써 아닌 척하지 않는다. 좋은 계획은 이 사실을 온전히 받아들이고 오류의 여지를 강조한다. 계획 속의 구체적 요소들이 모두 맞아떨어져야 한다면 그만큼 경제생활은 위태롭다는 뜻이다. 반면 나의 저축 비율에 오류의 여지가 크다는 사실을 인정하면 이렇게 말할 수 있을 것이다. "향후 30년간 시장수익률이 8퍼센트라면 좋겠지만, 4퍼센트만 되어도 나는 문제없을 거야." 이렇게 되면 계획은 더 큰 가치를 갖게 된다.

수많은 도박이 실패하는 이유는 그 도박이 틀렸기 때문이 아니다. 여러 상황이 정확히 일치할 때에만 맞아 들어가는 것이 대부분이기 때문이다. 종종 '안전마진'이라 불리는 실수를 허용할 수 있는 여유는 사람들이 금융 의사결정을 할 때 가장 간과하는 부분이다. 다양한 방식으로 안전마진을 확보할 수 있다. 검소한 생활, 유연한 사고, 느슨한 일정. 생각대로 일이 풀리지 않더라도 만족하며 살 수 있게 해주는 것은 무엇이든 해당된다.

안전마진은 보수적인 것과는 다르다. 보수적인 것은 특정 수준의 리스크를 회피하는 것이다. 안전마진은 생존 확률을 높임으로써 주어진 리스크 수준에서 성공 확률을 높이는 것이다. 안전마진이 넓다면 결과가 그리 우호적이지 않아도 여전히 유리한 고지에 설 수 있다.

미래에 대해 낙관적이면서 동시에 비관적이어야 한다.

낙관 없이 투자를 할 순 없다. 그러나 동시에 무엇이 그 미래를 방해할 것인가 끊임없이 걱정하는 양면적 성격이 필요하다. 낙천주의는 흔히 '일이 잘될 거라는 믿음'으로 정의된다. 하지만 이는 불완전한 정의이다. 현명한 낙천주의는 확률이 나에게 유리하며, 중간에 많은 고난이 있더라도 시간이 지나면 균형이 맞춰져 좋은 결과가 나올 거라는 믿음이다. 사실 중간에 분명히 고난이 있으리라는 것을 우리도 '알고 있다'. 장기적인 성장 궤도는 올바른 쪽으로, 위를 향하고 있다고 낙관할 수 있지만, 거기까지 가는 도중에 때때로 지뢰밭이 있다는 것 역시 똑같이 확신할 수 있다. 이 두 가지는 서로 배타적이지 않다.

무언가가 단기적으로는 요지부동으로 보이지만 장기적으로는 득이 될 수 있다는 생각은 그다지 직관적으로 확 와닿지 않는다. 그러나 인생의 많은 일들이 이런 원리를 따른다. 평균적으로 사람들은 스무 살이 되면 두 살 때 갖고 있던 신경세포

미국의 1인당 실질 GDP

시냅스 연결의 절반을 상실한다. 신경 연결통로에서 비효율적이고 불필요한 것들을 제거하기 때문이다. 그러나 평균적으로 스무 살의 청년은 두 살짜리 아기보다 훨씬 더 똑똑하다. 진보를 위해 파괴가 일어날 수 있으며, 파괴는 과도함을 제거하는 효율적인 방법이다.

자녀의 뇌 속을 들여다볼 수 있다고 상상해보자. 아침마다 내 아이의 머리에서 시냅스 연결이 줄어든 게 눈에 보인다. 패닉에 빠진 당신은 이렇게 말할 것이다. "뭔가 잘못된 게 틀림없어. 뭔가가 사라지고 파괴됐어. 그냥 있으면 안 돼. 병원에 가봐야 해!" 하지만 그럴 필요는 없다. 당신이 목격하는 것은 정상적인 진보의 과정이기 때문이다.

경제도, 시장도, 커리어도 종종 비슷한 경로를 따른다. 상실 한가운데서 성장이 일어난다.

그러나 이 기간에 어떤 일들이 있었는지 아는가? 자, 어디서부터 시작해볼까.

- 아홉 번의 큰 전쟁에서 1,300만 명의 미국인이 죽었다.
- 만들어진 기업의 약 99.9퍼센트가 문을 닫았다.
- 네 명의 미국 대통령이 암살됐다.
- 단일 연도에 67만 5,000명의 미국인이 독감으로 죽었다.
- 400명 이상의 미국인이 사망한 자연재해가 30번 있었다.
- 33번의 경기침체 기간을 누적하면 총 48년간 경기침체가 지속됐다.
- 33번의 경기침체 중 하나라도 예측한 사람의 수는 0에 가깝다.
- 주식시장이 최근 고점 대비 10퍼센트 이상 하락한 적이 최소 102번 있었다.
- 주식가격이 3분의 1 이상 떨어진 적이 최소 12번 있었다.
- 연간 물가상승률이 7퍼센트 이상이었던 적이 20번 있었다.
- 구글에 따르면 '비관적 경제 전망'이라는 말이 신문에 등장한 적이 최소 2만 9,000번 있었다.

이 170년 동안 우리의 생활 수준은 20배 높아졌다. 하지만 비관적으로 생각할 수밖에 없는 이유가 거의 매일 존재했다. 편집증과 낙천주의를 동시에 유지하는 것은 쉽지 않다. 사물을 흑백논리로 보는 편이 복잡하게 보는 것보다 노력이 덜 들기 때문이다. 그러나 장기적으로 낙천주의의 이점을 누릴 수 있을 만큼 오래 버티려면 단기적으로는 편집증을 가질 필요가 있다.

제시 리버모어는 아주 어렵게 이 사실을 알게 됐다. 그는 좋을 때가 온 것을 곧 나쁜 시절이 끝난 것으로 이해했다. 부자가 되고 나니 당연히 부자로 남을 것 같았고 스스로 무적이 된 기분이었다. 거의 모든 것을 잃은 후에 그는 다음과 같이 곱씹었다.

≪≪≪ 투기꾼이 자만하지 않는 법을 배울 수만 있다면 아무리 큰돈을 지불해도 좋다는 생각이 든다. 그토록 많은 똑똑한 사람들이 처참하게 부서진 것은 모두 자만 때문이다.

그는 이렇게 말했다. "참 돈이 많이 드는 병이다. 어디에 있는 누구든 감염될 수 있다."

다음 장에서는 역경에도 불구하고 성장을 이룬다는 것이 왜 그토록 어려운지 살펴보도록 하자.

Big Lesson of Investing

누구나 부자가 될 수 있다.

하지만 누구나 부자로 남지는 않는다.

워런 버핏과 찰리 멍거는 부자로 남았다.

하지만 그들의 친구 릭 게린은 사라졌다.

제시 리버모어는 1929년 폭락장에서도 큰 수익을 올렸다.

하지만 4년 후 모든 것을 잃었다.

부자가 되는 것보다 중요한 것은 부자로 남는 것이다.

바로 살아남는 일이다.

6

꼬리가 몸통을 흔든다

Tails, You Win

맞는가, 틀린가 그것이 중요한 게 아니다.
중요한 것은 옳았을 때 얼마를 벌었고,
틀렸을 때 얼마를 잃었는가이다.

　하인츠 베르그륀Heinz Berggruen은 1936년 나치 독일을 탈출했
다. 그는 미국에 정착하고 UC버클리에서 문학을 전공했다. 젊
은 시절에는 특별히 유망한 청년으로 보이지 않았다. 그러나
1990년대가 됐을 때 베르그륀은 역사상 가장 성공한 미술상
중 한 명이었다.

　2000년에 그는 피카소, 브라크, 클레, 마티스 등 자신이 소
장한 어마어마한 컬렉션 중 일부를 1억 유로가 조금 넘는 돈을
받고 독일 정부에 팔았다. 그러나 너무나 염가에 판 것이어서

독일 정부는 사실상 이를 기부로 간주했다. 실제 시장 가격은 10억 달러가 훌쩍 넘었기 때문이다.

한 사람이 그처럼 어마어마한 수의 명화를 수집했다는 것은 놀라운 일이다. 예술이란 한없이 주관적이다. 어느 그림이 나중에 사람들이 가장 많이 찾는 작품이 될지 어떻게 알 수 있었을까? '재주'라고 해도 틀린 말은 아닐 것이다. '행운'이라고 해도 틀린 말은 아닐 것이다.

투자회사 호라이즌 리서치_Horizon Research_는 제3의 설명을 내놓았다. 투자자들과 깊은 관련이 있는 얘기다. "가장 훌륭한 투자자들은 막대한 양의 예술품을 샀다.[19] 컬렉션의 일부가 훌륭한 투자로 밝혀졌고, 충분히 오랫동안 보유하고 있었기 때문에 포트폴리오의 수익률은 포트폴리오 내에 있는 최고 작품들의 수익률에 수렴됐다. 그게 전부였다."

가장 훌륭한 미술상은 인덱스펀드처럼 움직였다. 살 수 있는 건 모두 샀다. 우연히 자신이 좋아하는 개별 작품만 구매한 것이 아니라 포트폴리오 단위로 구매했다. 그런 다음 몇몇 챔피언이 나올 때까지 앉아서 기다렸다. 그게 전부였다.

아마도 베르그륀 같은 사람이 평생 모은 작품의 99퍼센트는 거의 아무 가치 없는 것으로 판명 났을 것이다. 하지만 그건 문제 되지 않는다. 나머지 1퍼센트가 피카소 같은 이의 작품이라면 말이다. 베르그륀은 대부분의 경우에 틀렸을 수도 있지만,

결국에는 굉장히 옳았던 것으로 끝났다.

사업이나 투자에서 많은 것들이 이런 식으로 작동한다. 금융에서는 롱테일long tail, 즉 결과 분포도에서 가장 멀리 떨어져 있는 끝단이 어마어마한 영향력을 가진다. 몇 안 되는 소수의 사건이 결과의 대부분을 책임지는 것이다.

롱테일의 수학적 원리를 이해한다 해도 이를 제대로 받아들이기란 쉽지 않다. 절반을 틀려도 여전히 큰돈을 벌 수 있다는 사실은 직관적으로 잘 와닿지 않는다. 이 말은 곧 우리가 많이 실패하는 것이 정상적이라는 뜻이고, 우리가 이 사실을 과소평가하고 있다는 의미다. 그래서 우리는 실패했을 때 과잉반응을 보이게 된다.

애니메이션 〈증기선 윌리〉를 통해 월트 디즈니Walt Disney는 유명세를 떨쳤다. 그러나 사업가로서의 성공은 또 다른 이야기였다. 디즈니의 첫 번째 스튜디오는 파산했다. 디즈니 영화는 가공할 만큼의 제작비가 들었고 터무니없는 조건으로 자금을 조달했다. 1930년대 중반까지 디즈니는 400편이 넘는 만화 영화를 제작했는데 대부분 분량이 짧았고, 관객들의 사랑을 받았으나 큰 손해를 보았다.

이 모두를 바꿔놓은 것이 〈백설공주와 일곱 난쟁이〉였다. 1938년 상반기 동안 이 영화가 벌어들인 수입 800만 달러는 회사가 이전에 벌어들인 어떤 수입보다 훨씬 큰 금액이었다. 디즈니 스튜디오는 완전히 다른 회사가 됐다. 회사의 모든 빚을 청산했고 핵심 직원들은 근속 보너스를 받았다. 회사는 버뱅크에 최첨단 스튜디오를 매입했는데, 이게 바로 지금까지 남아 있는 버뱅크 스튜디오다. 아카데미상까지 받은 월트 디즈니는 이름이 알려지는 수준이 아니라 말 그대로 유명인사가 됐다. 1938년까지 월트 디즈니가 제작한 영화는 수백 시간 분량이었다. 그러나 사업적으로 따졌을 때 중요한 것은 83분짜리 〈백설공주와 일곱 난쟁이〉 한 편에 불과했다.

크고, 돈이 되고, 유명하고, 영향력이 있는 것들은 모두 '꼬리 사건tail event'이라 부르는 아주 이례적인 사건의 결과다. 꼬리 사건은 1,000분의 1 내지는 100만 분의 1 확률로 일어나는, 평범하지 않은 사건의 결과다. 우리의 관심은 대부분 크고, 돈이 되고, 유명하고, 영향력 있는 것을 향한다. 우리가 이례적인 사건의 결과에 관심을 주다 보면, 그런 것들이 얼마나 희귀하고 강력한 사례인지 과소평가하기 쉽다.

꼬리 사건이 중심이 되는 것이 분명한 업계도 일부 있긴 하다. 하지만 여기서는 벤처캐피털을 한번 살펴보자. 어느 벤처캐피털이 50곳에 투자했다면 절반은 실패하고, 10곳은 꽤 괜찮은 수익을 내고, 한두 개는 대박이 나서 펀드 수익률의 100퍼센트를 견인할 것으로 예상한다. 언젠가 투자회사 코릴레이션 벤처스_Correlation Ventures_가 그 수치를 분석한 적이 있다.[20] 2004년부터 2014년까지 진행한 2만 1,000건 이상의 벤처 투자 사례를 분석했더니 다음과 같았다.

65퍼센트는 돈을 잃었다. 2.5퍼센트는 10배에서 20배 수익을 거뒀다. 1퍼센트는 20배 이상의 수익을 거뒀다. 0.5퍼센트, 그러니까 2만 1,000개 중 100개 정도의 회사가 50배 이상의 수익을 거뒀다. 벤처캐피털 업계 수익의 대부분은 바로 여기에서 나왔다.

어쩌면 그렇기 때문에 당신은 벤처캐피털이 위험하다고 생각할지 모른다. 그리고 벤처캐피털에 투자하는 모든 사람이 이 업계가 위험하다는 사실을 안다. 대부분의 스타트업은 실패하고 세상은 오직 몇 개의 메가 히트작만을 허용한다.

더 안전하고, 더 예측 가능하고, 더 안정적인 수익을 원한다면 대형 상장기업에 투자해야 한다. 혹은 그렇다고 생각할 것이다. 하지만 기억하라. 꼬리가 '모든 것'을 좌우한다. 시간이 지나고 보면 대형 상장기업의 성공 분포 역시 벤처캐피털과 크게 다르지 않다. 상장기업 상당수는 실패작이고, 단 몇몇만이 손에 꼽을 정도의 대단한 승자가 되어 주식시장 수익률의 대부분을 책임진다.

언젠가 JP모건 자산운용_{J. P. Morgan Asset Management}에서 러셀 3000지수(대형 상장기업들을 폭넓게 모아놓은 지수)에 포함된 기업들의 1980년 이후 수익률 분포를 발표한 적이 있다.[21] 이 기간 동안 러셀3000 구성 종목 중 40퍼센트가 70퍼센트 이상의 시가총액을 상실하고 다시는 회복하지 못했다. 사실상 모든 지수의 전체 수익은 구성 종목 중 2 표준편차 이상의 좋은 성과를 낸 7퍼센트로부터 나왔다. 벤처캐피털 내에서나 벌어질 법한 일처럼 보이지만, 실제로는 포트폴리오를 지극히 다양화해놓은 지수 구성 종목 내에서 벌어진 일이다.

상장기업 다수는 이 같은 몰락을 겪는다. 예외인 업종은 없다. 상장된 기술기업 및 통신회사의 절반 이상이 시가총액 대부분을 잃고 다시는 일어서지 못한다. 심지어 상장기업 중 수도, 가스, 전기 등 공공사업을 하는 기업도 실패율이 10분의 1 이상이다.

여기서 흥미로운 부분은 상장기업이 되고 러셀3000지수에 포함되려면 이미 어느 정도 성공을 이뤄야 한다는 점이다. 이들은 하루아침에 만들어진 스타트업이 아니라 위치가 공고한 기업들이었다. 그럼에도 불구하고 기업 수명은 수십 년이 아닌, 수년에 머물렀다.

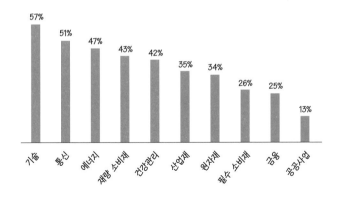

'막대한 손실'을 경험하는 기업의 비율

그런 기업들 중 하나를 예로 들어보자. 한때 러셀3000지수에 포함됐던 캐롤코_Carolco_라는 영화사다. 캐롤코는 1980년대와 1990년대에 가장 큰 영화 중 몇 편을 만들었다. 람보 시리즈의 첫 세 편과 〈터미네이터 2〉, 〈원초적 본능〉, 〈토털 리콜〉 등이다.

캐롤코는 1987년에 상장됐다. 상장은 엄청난 성공을 거두었고 히트작을 연거푸 쏟아냈다. 캐롤코는 1991년 5억 달러의 매출을 올렸고 시가총액은 4억 달러에 육박했다. 당시에는 아주 큰 금액이었다. 특히나 영화사 한 곳으로서는 말이다.

그리고 망했다. 더 이상 대형 히트작은 나오지 않았고, 큰 예산이 들어간 프로젝트 몇 개가 망하더니 1990년대 중반이 되자 역사 속 기업으로 사라졌다. 1996년 캐롤코는 파산했으며 주식은 휴지 조각이 됐다. 막대한 손실이었다. 이는 시간이 지나면 상장기업 10곳 중 네 곳이 경험하는 일이다.

여기서 가장 중요한 점은 이것이다. 러셀3000지수는 1980년 이후 73배 증가했다. 어마어마한 수익률이다. '성공'이 틀림없다. 그런데 지수에 포함된 기업 중 40퍼센트는 사실상 실패작이었다. 그러나 지극히 훌륭한 성과를 낸 7퍼센트의 기업들이 실패작을 벌충하고도 남았다. 하인츠 베르그륀의 포트폴리오를 떠올려보라. 피카소나 마티스가 아닌 마이크로소프트와 월마트였을 뿐이다.

몇몇 기업이 시장 수익의 대부분을 책임지는 것처럼 기업 내부에도 '꼬리의 꼬리'에 해당하는 것들이 있다. 2018년 아마존은 S&P500지수 수익률의 6퍼센트를 견인했다. 그리고 아마존의 성장은 대부분 아마존 프라임과 아마존 웹서비스 덕분이다. 이들 사업 부문은 기업 내부에서 그 자체로 꼬리 사건에 해당한다. 아마존은 파이어폰Fire Phone에서 여행사에 이르기까지 수백 개 제품을 실험했기 때문이다.

2018년에 애플은 S&P500지수 수익률의 거의 7퍼센트를 책임졌다. 그리고 이를 견인한 것은 압도적으로 아이폰이었다. 기술 제품의 세계에서 아이폰은 더 이상 꼬리일 수 없을 만큼의 꼬리 사건이다.

그렇다면 이들 기업에서는 어떤 사람들이 일할까? 구글의 채용 합격률은 0.2퍼센트다.[22] 페이스북은 0.1퍼센트이며[23] 애플은 약 2퍼센트다.[24] 그러니 이례적인 수익률을 견인하는 이례적인 프로젝트를 작업하는 사람들은 이례적인 커리어를 가진다.

～〰〰～

소수의 몇몇이 전체를 책임진다는 아이디어는 비단 투자 포트폴리오에 있는 기업들에만 해당하는 얘기는 아니다. 이는 투자자로서 여러분의 행동에도 중요한 사항이다.

나폴레옹은 전쟁의 천재를 이렇게 정의했다. "주변 사람들이 모두 미쳐갈 때 평범한 것을 할 수 있는 사람."

투자에서도 마찬가지다. 금융에 관련한 조언은 대부분 '현재'에 대한 것이다. '지금 당장' 무엇을 해야 하는가? '오늘' 매수하기에 좋아 보이는 주식은 어느 것인가?

그러나 대부분의 경우 '현재'는 그리 중요하지 않다. 당신이 만약 평생을 투자한다면, 당신이 오늘 또는 내일 또는 다음 주에 내리는 의사결정은 별로 중요하지 않다. 정말로 중요한 것은, 남들이 모두 미쳐가는 몇 안 되는(아마도 1퍼센트도 안 되는) 날에 당신이 어떤 의사결정을 내리는가 하는 점이다.

1900년부터 2019년까지 당신이 매달 1달러를 저축한다면 어떻게 될까? 1달러를 비가 오나 눈이 오나 매달 미국 주식시장에 투자한다고 생각해보자. 경제학자들이 경기침체나 새로운 약세장이 다가온다고 아무리 떠들어댄들 상관없이 말이다. 당신은 그냥 계속 투자를 이어나간다. 이 투자자를 '수전'이라고 부르자.

어쩌면 경기침체 기간 중에 투자를 하는 것은 너무 두려운 일일 수 있다. 그래서 당신은 경기침체 기간이 아닐 때에만 주식시장에 1달러를 투자하고, 침체기에는 주식을 모두 팔고 매달 1달러는 현금으로 저축한다. 그리고 경기침체가 끝나면 그 모두를 다시 주식시장에 투자한다. 이 투자자는 '짐'이라 부르기로 하자.

어쩌면 당신은 경기침체로 겁을 먹는 데 몇 달이 걸리고, 다시 자신감을 회복해 주식시장으로 돌아오는 데 몇 달이 걸릴 수 있다. 그래서 당신은 경기침체가 없을 때는 1달러를 주식에 투자하고, 경기침체가 시작되면 6개월 후에 주식을 팔며, 침체가 끝나고 나서 6개월 후에 다시 투자로 돌아온다. 이 사람은 '톰'이라고 하자.

시간이 지나 이들 세 투자자는 얼마의 돈을 갖게 될까?

수전은 43만 5,551달러를 갖게 된다. 짐은 25만 7,386달러를 갖게 된다. 톰은 23만 4,476달러를 갖게 된다. 수전이 크게 승리한다.

1900년과 2019년 사이에는 1,428개월이 있었다. 그중에 300

개월 남짓이 경기침체 기간이었다. 따라서 수전은 경제가 침체기이거나 침체에 가까워졌던 22퍼센트의 경우에 침착함을 유지한 대가로 짐이나 톰보다 75퍼센트나 많은 돈을 갖게 됐다.

좀 더 최근 사례를 들어보자. 투자자로서 당신이 2008년 말과 2009년 초의 몇 달 동안 어떻게 행동했느냐는, 2000년에서 2008년 사이에 했던 모든 일보다 당신의 평생 수익률에 더 큰 영향을 미칠 가능성이 크다.

파일럿들이 오래전부터 농담처럼 하는 말이 있다. "지루한 시간이 끝도 없이 계속되다가 간간이 끼어드는 공포의 순간"이 바로 자신들의 직업이라는 얘기다. 투자도 마찬가지다. 투자자로서 당신이 성공할 수 있느냐를 가름하는 것은 자동주행 모드로 유유히 달리던 수많은 세월이 아니라, 간간이 끼어드는 공포의 순간에 당신이 보이는 반응이 될 것이다.

우리가 투자의 천재를 훌륭하게 정의해본다면 '주변 사람들이 모두 미쳐갈 때 평범한 것을 할 수 있는 사람'이 될 것이다. 꼬리가 모든 것을 좌우한다.

〰️

비즈니스, 투자, 금융에서 꼬리가 모든 것을 좌우한다는 사실을 받아들이고 나면 많은 것들이 잘못되고, 망가지고, 실패하고, 추락하는 게 '정상'임을 깨닫게 된다.

주식을 잘 고르는 사람이라면 아마도 절반 정도는 옳은 선택을 할 것이다. 훌륭한 비즈니스 리더라면 절반 정도의 제품이나 전략이 효과가 있을 것이다. 훌륭한 투자자라면 나쁘지 않은 정도의 시기가 대부분일 것이고, 나쁜 시기도 많을 것이다. 훌륭한 직장인이라면 딱 맞는 분야에서 딱 맞는 회사를 찾아내겠지만 그래도 몇 번의 시도와 시행착오가 있었을 것이다. 이것들은 모두 '훌륭했을' 경우다.

우리 시대 최고의 투자자 중 한 명인 피터 린치_{Peter Lynch}는 언젠가 이런 말을 했다. "이 업계에서 끝내주는 사람이라면 열 번 중에 여섯 번을 맞히겠죠."

매번 완벽해야 하는 분야도 있다. 한 예로 비행기를 운전하는 사람이 그렇다. 그리고 거의 항상 꽤 괜찮은 성과를 내고 싶은 분야도 있다. 레스토랑의 셰프처럼 말이다.

투자, 비즈니스, 금융은 이들 분야와는 다르다. 내가 투자자와 기업가 양쪽으로부터 알게 된 한 가지는 매번 훌륭한 의사결정을 내리는 사람은 없다는 점이다.

아마존만 봐도 그렇다. 대형 회사에서 출시한 제품이 실패했는데 그게 정상이고 괜찮다고 생각한다는 것은 언뜻 이해하기 어렵다. 직관적으로 생각하면 CEO가 주주들에게 사과해야 한다고 생각할 수도 있다. 그러나 제프 베조스는 파이어폰 출시가 참사로 끝난 직후에 다음과 같이 말했다.

> 《《《《 그게 대실패라고 생각한다면 저희는 그보다 훨씬 더 큰 실패작들도 지금 작업하고 있습니다. 농담이 아니고요. 그중 어떤 것들은 파이어폰을 작디작은 점처럼 보이게 만들어버릴 겁니다.

아마존은 파이어폰에 큰돈을 잃어도 문제가 없다. 그 출혈은 수백억 달러를 벌어들이는 아마존 웹서비스 같은 것으로 상쇄될 것이기 때문이다. 꼬리가 구조하러 올 것이다.

언젠가 넷플릭스_{Netflix}의 CEO 리드 헤이스팅스_{Reed Hastings}는 회사가 예산이 많이 들어가는 대형작들을 취소하는 중이라고 발표하면서 다음과 같이 말했다.

> 《《《《 지금 우리 회사는 히트작 비율이 지나치게 높습니다. 저는 늘 콘텐츠 팀을 닦달하는데요. 더 많은 리스크를 감수해야 한다고요. 미친 프로젝트를 더 많이 시도해야 합니다. 전체적으로 엎어지는 비율이 지금보다는 높아야 해요.

이런 것들은 망상이나 무책임한 행동이 아니다. 꼬리가 성공을 주도한다는 사실을 인정하는 똑똑한 행동이다. 아마존 프라임이나 〈오렌지 이즈 더 뉴 블랙Orange is The New Black〉 같은 메가 히트작이 하나 나올 때마다 분명히 실패작도 있을 것이다. 이런 사실이 직관적이지 않은 이유 중 하나는 대부분의 분야에서 우리는 중간의 손실이나 실패가 아닌 성공한 완성품만을 목격하기 때문이다.

~~~~

내가 TV에서 보는 배우이자 코미디언인 크리스 록Chris Rock 은 배꼽 빠질 만큼 웃기다. 그러나 매년 수십 곳의 소규모 클럽에서 하는 크리스 록의 공연은 그냥 괜찮은 수준이다. 원래부터 그럴 수밖에 없다. 아무리 천재적인 코미디언이라 해도 이번에는 어느 농담이 잘 통할지 선제적으로 알 만큼 똑똑할 수는 없다. 유명 코미디언들은 모두 작은 클럽에서 자신의 소재를 테스트해보고 난 후 큰 행사에서 써먹는다. 언젠가 소규모 클럽이 그립지 않느냐는 질문을 받은 크리스 록은 다음과 같이 말했다.

≪≪≪ 투어를 시작할 때 대형 돔에서부터 시작하는 건 아닙니다. 이번 투어 직전에는 뉴브런즈윅에 있는 '스트레스 팩토리Stress Factory'라는 곳에서 공연을 했어요. 40~50번 정도 공연하

고 나서야 투어 준비가 제대로 됐죠.

이 소규모 클럽 공연을 보도한 신문에 따르면 크리스 록은 노트를 획획 넘기며 소재를 뒤적거렸다고 한다. 그는 공연 중간에 "이 농담들은 좀 잘라내야겠네요."라고 말하기도 했다. 내가 TV에서 보는 멋진 농담들은 수백 번의 시도 끝에 건져올린 꼬리 사건인 셈이다.

비슷한 일은 투자에서도 일어난다. 워런 버핏의 순자산이나 연평균 수익률은 쉽게 찾아볼 수 있다. 또는 그의 가장 멋진 투자, 가장 주목할 만한 투자도 쉽게 찾아볼 수 있다. 널리 공개되어 있고 사람들이 늘 이야기하기 때문이다.

그러나 그의 모든 투자 사례를 종합하는 것은 훨씬 더 어려운 일이다. 잘못 고른 회사나 악질 기업, 형편없는 인수합병에 관해서는 아무도 이야기하지 않는다. 그러나 이 역시 워런 버핏의 이야기에서 큰 부분을 차지한다. 그런 것들이 바로 꼬리 사건이 만들어낸 수익률의 이면이다.

2013년 버크셔 해서웨이 주주총회에서 워런 버핏이 말하길, 자신은 평생 400에서 500개 종목의 주식을 보유했지만 그중 10개 종목에서 대부분의 돈을 벌었다고 했다. 찰리 멍거가 이어 이렇게 말했다. "버크셔 해서웨이의 최고 투자 사례 몇몇을 제하면 장기 실적은 거의 평균에 가깝습니다."

롤모델은 어떻게 성공했을까, 관심을 기울이다 보면 그들의 성공에 득이 된 행동이 수많은 행동 중 겨우 몇 퍼센트에 불과함을 간과하기 쉽다. 그렇게 되면 내가 저지른 실수, 손실, 차질은 마치 내가 뭔가 잘못해서 벌어지는 일처럼 느껴진다. 그러나 대가들이 그래온 것처럼, 우리는 틀린 것일 수도 있고 어찌 보면 맞는 것일 수도 있다. 어쩌면 대가들은 옳았을 때 우리보다 '더 많이' 옳았을 수도 있지만, 우리만큼이나 자주 틀렸을 수도 있다.

조지 소로스_George Soros_는 언젠가 이런 말을 했다. "맞는가, 틀린가 그것이 중요한 게 아니다. 중요한 것은 옳았을 때 얼마를 벌었고, 틀렸을 때 얼마를 잃었는가이다."

절반을 틀려도 여전히 큰돈을 벌 수 있다.

다음 장에서는 어떻게 하면 돈이 당신을 더 행복하게 해줄 수 있을지에 대해 살펴보기로 하자.

Big Lesson of Investing

항상 해가 뜰 수 없다.

흐린 날도 있고 바람 부는 날도 있다.

비즈니스와 투자도 마찬가지다.

전설의 투자자 피터 린치조차 이렇게 말했다.

"이 업계에서 끝내주는 사람이라면 열 번 중에 여섯 번을 맞히겠죠."

중요한 것은 100퍼센트 이기는 것이 아니다.

이길 때 크게 이기고, 질 때 작게 지는 것이다.

크게 이기는 그 순간에 집중하라.

꼬리가 전체를 흔든다.

'돈이 있다'는 것의 의미

Freedom

내 시간을 내 뜻대로 쓸 수 있다는 게
돈이 주는 가장 큰 배당금이다.

매일 아침 일어나 "나는 오늘 내가 원하는 건 뭐든 할 수 있어."라고 말할 수 있다고 상상해보라. 오직 부를 가진 사람만이 할 수 있는 말이다. 부가 우리에게 주는 최고의 선물이 바로 이런 것이다.

사람들은 더 행복해지기 위해 더 부자가 되려고 한다. 행복은 복잡한 주제다. 사람은 모두 제각각이기 때문이다. 그럼에도 행복에 공통분모(기쁨을 일으키는 보편적 동력)가 하나 있다면, 사람들은 자신의 삶을 마음대로 하고 싶어한다는 사실이다. 원하는 것을, 원할 때, 원하는 사람과, 원하는 만큼 오랫동안 할 수 있는 능력은 가치를 매길 수 없을 만큼 귀한 것이다. 이는 돈이 주는 가장 큰 배당금이다.

~

앵거스 캠벨Angus Campbell은 미시건 대학교의 심리학자였다. 1910년생인 그가 연구를 하던 시기에는 심리학이 여러 가지 장애에 맞춰져 있었다. 우울증, 불안장애, 조현병 같은 것들 말이다.

그는 무엇이 사람들을 행복하게 하는지 알고 싶었다. 1981년에 출간된 그의 책《미국인의 행복감The Sense of Wellbeing in America》은 수많은 심리학자들이 생각하고 있는 것보다 사람들이 일반적으로 더 행복하다는 사실을 지적하며 시작한다. 그중에도 분명히 더 행복한 사람들이 있었는데 그들을 소득으로도, 지리적으로도, 교육으로도 하나로 묶을 수가 없었다. 각각의 카테고리 속에는 만성적으로 불행한 사람이 너무나 많았기 때문이다.

행복의 가장 강력한 공통분모는 간단했다. 캠벨은 그것을 다음과 같이 요약했다.

≪≪≪ 우리가 고려해온 어떤 객관적인 생활 조건보다, 내 삶을

내 뜻대로 살고 있다는 강력한 느낌이 행복이라는 긍정적 감정에는 더 믿을 만한 예측 변수였다.

월급보다도, 집의 크기보다도, 위신 있는 직업보다도 더 중요한 것이 있다. 원하는 것을, 원할 때, 원하는 사람과 함께할 수 있다는 사실이야말로 사람을 행복하게 만드는 가장 뚜렷한 생활양식상의 변수였다.

돈에 내재하는 가장 큰 가치는 내 시간을 내 마음대로 쓸 수 있게 해준다는 점이다. 이는 절대 과장이 아니다. 돈이 있으면, 즉 아직 사용하지 않은 자산이 있으면 독립성과 자율성이 조금씩 쌓인다. 언제 무엇을 할지 나에게 더 많은 결정권이 생긴다는 뜻이다.

부를 갖는다는 것은 어떤 의미일까? 어느 정도의 부는 내가 아플 때 빈털터리가 되는 일 없이 며칠 일을 쉴 수 있다는 뜻이다. 지금 이게 가능하지 않은 사람에게는 큰 의미가 있는 일이다. 부가 그보다 조금 더 있다면 해고가 되더라도 좀더 기다릴 수 있을 것이다. 가장 먼저 찾은 일자리에 어쩔 수 없이 취업하는 것이 아니라 더 좋은 자리가 날 때까지 기다릴 수 있단 얘기다. 이는 인생이 바뀔 만큼 중요한 일이다. 6개월 치 비상자금이 있다는 것은 상사가 두렵지 않다는 뜻이다. 새 직장을 구하느라 좀 쉬더라도 별일 없이 지낼 수 있음을 알기 때문이다. 더 많은 부가 있다는 건 월급이 좀 낮더라도 시간 조정이 자유로운 일자리를 구할 수 있다는 뜻이다. 통근시간이 더 짧은 곳을 택할 수도 있을 것이다. 갑자기 몸이 아프더라도 치료비를 걱정하지 않고 해결할 수 있다. 필요할 때가 아니라 자신이 원할 때 은퇴할 수 있는 능력이기도 하다. 이처럼 돈으로 시간과 선택권을 살 수 있다는 건 어지간한 사치품과는 비교할 수 없을 만큼 큰 가치다.

＊

대학을 다니는 내내 나는 투자 은행가가 되고 싶었다. 이유는 하나였다. 투자 은행가는 돈을 많이 벌기 때문이다. 그게 유일한 동기였고, 투자 은행가가 되기만 하면 더 행복해질 거라고 100퍼센트 확신했다. 3학년 때 LA에 있는 어느 투자은행에 여름 인턴십 자리를 얻은 나는 내 커리어에 복권을 맞았다고 생각했다. 그 이상 바랄 게 없었다.

첫날부터 투자 은행가들이 왜 돈을 많이 버는지 알게 됐다. 나는 사람이 그렇게까지 긴 시간을, 그렇게까지 정해진 대로 빡빡하게 일할 수 있는지를 처음 알았다. 사실 대부분의 사람은 하지 못할 것이다. 자정이 되기 전에 퇴근하는 것은 사치로 간주됐고, 사무실에는 이런 말도 있었다. "토요일에 출근하지 않을 거라면 일요일에는 굳이 나올 필요도 없다." 투자은행에서의 일은 지적 자극을 주었고, 보수도 두둑했고, 내가 중요한 사람이 된 듯한 느낌을 주었다. 그러나 깨어 있는 매초매분 상사의 노예로 일했고, 결국 내 인생에서 가장 끔찍한 경험 중 하나가 됐다. 넉 달짜리 인턴십이었는데 나는 고작 한 달을 버텼다.

가장 곤란했던 점은 내가 그 일을 아주 좋아했다는 사실이다. 나는 열심히 일하고 싶었다. 하지만 좋아하는 일이라도 타인의 통제하에 내 뜻대로 할 수 없는 스케줄에 맞춰서 한다는 것은 마치 싫어하는 일을 하는 것과 같았다.

이런 감정을 부르는 이름이 있다. 심리학자들은 이것을 '반발reactance'이라고 부른다. 펜실베이니아 대학교 마케팅 담당 교수 조나 버거Jonah Berger는 이를 다음과 같이 깔끔하게 요약했다.

> 사람들은 자신에게 통제권이 있다고 느끼고 싶어한다. 다시 말해 운전석에 앉고 싶어한다. 우리가 사람들에게 뭔가를 시키려고 하면 그들은 힘을 뺏긴 기분을 느낀다. 스스로 선택을 내렸다기보다 우리가 그들의 선택을 대신 내려주었다고 느낀다. 그래서 원래는 기꺼이 하려고 했던 일조차 싫다고 하거나 다른 짓을 한다.[25]

이 설명이 얼마나 옳은지 인정하고 나면 내가 원하는 것을, 원할 때, 원하는 사람과, 원하는 곳에서, 원하는 만큼 오랫동안 할 수 있는 삶에 맞춰 돈을 버는 것이 대단한 '이득'임을 깨닫게 된다.

이와 관련된 일화가 하나 있다. 세계 최대의 온라인 인디음악시장 시디베이비닷컴CDBaby.com의 창업자 데릭 시버스Derek Sivers는 그의 친구가 자신에게 어떻게 부자가 됐는지를 물은 적이 있다며 그때 얘기를 들려주었다.

《《《 "나는 낮에는 맨해튼 중부에서 연 2만 달러, 최저 임금에 가까운 돈을 받는 일을 했다. 외식은 절대 하지 않았고, 택시를 타는 일도 없었다. 한 달에 1,800달러를 벌어 생활비로 1,000달러를 썼다. 그렇게 2년간 일을 해서 1만 2,000달러를 모았다. 그때가 스물두 살이었다. 1만 2,000달러가 모이자 나는 낮에 하던 일을 그만두고 전업 뮤지션이 되기로 결심했다. 한 달에 공연 몇 번은 잡을 수 있을 테고, 그걸로 생활비를 감당할 수 있을 거라 생각했다. 이제 자유였다. 한 달 후 나는 낮에 하던 일을 그만두었고 이후 다시는 취업을 하지 않았다."

내가 이런 이야기를 끝내자 친구는 그게 다냐며 아쉬운 듯 물었다. 나는 그게 다라고 대답했다. 친구는 말했다. "아니, 너는 회사를 팔기도 했잖아?" 나는 그 일은 내 인생을 크게 바꿔놓진 못했다고 말했다. 그런 일은 그저 은행 잔고를 늘려주었을 뿐이다. 내 인생이 진정으로 바뀐 것은 부자가 됐을 때가 아니다. 자유를 찾은 스물두 살 때였다.[26]

◞◟

미국은 세계 역사상 가장 부유한 국가다. 그러나 부나 소득이 훨씬 낮았던 1950년대에 비해 지금의 미국인이 평균적으로 더 행복하다는 증거는 없다. 중위계층을 기준으로 물가상승률을 감안해도 마찬가지다. 2019년 갤럽Gallup에서 140개국 15만 명을 대상으로 한 설문조사 결과를 보면 전날 '많은 걱정'을 했다고 말한 미국인이 45퍼센트였다.[27] 전 세계 평균은 39퍼센트였다. 55퍼센트의 미국인은 전날 '많은 스트레스'를 받았다고 했다. 나머지 전 세계는 35퍼센트가 그렇게 말했다.

이렇게 된 이유 중 일부는 우리가 많아진 부를 더 크고 더 좋은 물건을 사는 데 쓰고 있기 때문이다. 그런데 이와 동시에 자신의 시간에 대한 통제권은 더 많이 포기하고 있다. 부는 많아졌지만 자유로운 시간은 줄었다. 기껏해야 둘은 서로 상쇄되어버릴 것이다.

물가상승률을 조정한 1955년 중위가구 소득은 2만 9,000달러였다.[28] 2019년에는 6만 2,000달러를 살짝 넘었다. 우리는 이

부를 이용해 1950년대 미국인들은(중위계층 가구라 해도) 상상하지 못한 삶을 살고 있다. 미국의 중위 수준 주택은 1950년 983평방피트에서 2018년 2,436평방피트로 커졌다. 오늘날 미국의 평균적인 신축 주택은 주거인 수보다 더 많은 수의 욕실을 갖추고 있다. 자동차는 더 빠르고 효율적으로 발전했고, TV는 더 저렴하고 선명해졌다.

그럼에도 지금 우리 삶은 그다지 나아진 것처럼 보이지 않는다. 이유는 직장과 관련이 있다. 존 D. 록펠러는 역사상 가장 성공한 사업가 중 한 사람이다. 그는 또한 은둔자이기도 해서 많은 시간을 혼자 보냈다. 그는 말을 거의 하지 않았고, 일부러 범접하기 힘든 사람이 됐으며, 누군가 주의를 끌어도 침묵을 유지했다.

이따금 록펠러가 들러서 이야기를 듣곤 했던 어느 정유공장 노동자는 이렇게 말했다. "그분은 남들이 모두 떠들게 하고 본인은 뒤로 물러앉아 아무 말도 하지 않았어요." 회의 중에 왜 말씀이 없느냐고 물으면 록펠러는 종종 시 한 편을 암송했다.

    ≪≪≪ 현명한 늙은 부엉이가 떡갈나무에 살았습니다.

부엉이는 보는 게 많아질수록 말이 줄었습니다.

말이 줄어들수록 듣는 게 많아졌습니다.

우리 모두 그 현명한 늙은 새처럼 되면 안 될까요?

록펠러는 특이한 사람이었으나 평범한 우리가 고개를 끄덕일 만한 메시지를 남겼다. 록펠러의 업무는 유정을 파는 것도, 기차에 화물을 싣는 것도, 석유통을 옮기는 것도 아니었다. 그의 업무는 생각을 해서 좋은 의사결정을 내리는 것이었다. 록펠러가 생산하는 것, 즉 그가 만들어내는 '최종 제품'은 손으로 하는 일도, 말로 하는 일도 아니었다. 머리로 하는 일이었다. 그래서 시간과 에너지를 소비하는 곳도 머릿속이었다. 종일 조용히 앉아 있는 것이 남들에게는 자유시간이나 여가시간처럼 보였을지 몰라도, 그는 문제를 찬찬히 곱씹으며 머릿속으로 끊임없이 일하고 있었다.

그가 살던 시절에는 이것이 독특한 일이었다. 록펠러가 살던 시대에는 거의 모든 직업이 손으로 하는 일이었다. 경제학자 로버트 고든Robert Gordon에 따르면 1870년에는 전체 직업 중 46퍼센트가 농업 관련이었고, 35퍼센트는 수공업이나 제조업 관련이었다. 사람의 두뇌에 의존하는 직업은 거의 없었다. 사람들은 생각을 한 게 아니라 '노동'을 했다. 중간에 끼어드는 것도 없었으며, 일은 눈에 보이고 손에 잡히는 구체적인 것이었다.

지금은 그렇지 않다. 이제는 38퍼센트의 직업이 '매니저, 관료, 전문직'으로 분류된다. 이 직업들은 의사결정을 내리는 일을 한다. 또 다른 41퍼센트는 서비스직이다. 서비스직은 행동 못지않게 생각에도 많이 의존한다.

오늘날에는 1950년대의 흔한 제조업 노동자보다는 록펠러에 가까운 일을 하는 사람들이 더 많다. 이 말은 곧 퇴근을 하고 공장을 나선 후에도 하루가 끝나지 않는다는 뜻이다. 우리는 끊임없이 머릿속으로 일하고 있기 때문에 마치 일이 끝없이 계속되는 듯한 느낌을 받는다.

자동차를 만드는 것이 직업인 사람은 조립라인에 있지 않으면 할 수 있는 일이 별로 없다. 퇴근을 한다는 것은 각종 도구를 공장에 남겨둔다는 뜻이다.

그러나 마케팅 캠페인을 만드는 것(생각을 기초로 의사결정을 내리는 일)이 직업인 사람은 머리가 곧 도구이므로 도구를 어딘가에 두고 오는 법이 없다. 출퇴근길에도, 저녁 준비를 할 때도, 아이들을 재울 때도, 새벽 3시에 스트레스로 잠에서 깼을 때도 프로젝트를 생각한다. 1950년대 사람들보다 근무시간이 줄었을지는 몰라도, 느낌상으로는 하루 24시간 일주일 내내 일하는 기분이다.

〈애틀랜틱The Atlantic〉의 부편집장 데릭 톰슨Derek Thompson은 이를 두고 다음과 같이 표현했다.

≪≪≪ 휴대기기가 21세기의 사무용 장비라면 현대의 공장은 어떤

'장소'가 아닐 것이다. 오늘날의 공장은 하루 그 자체다. 컴퓨터 시대는 생산성을 만들어내는 도구들을 사무실에서 해방시켰다. 지식 노동자들에게 노트북 컴퓨터와 스마트폰은 '휴대용 만능 미디어 제조기기'다. 그렇기 때문에 이론적으로는 오후 2시에 사무실에 있든, 오전 2시에 도쿄 공유오피스에 있든, 한밤에 자신의 집 소파에 앉아 있든 동일한 생산성을 가질 수 있다.[29]

앞선 세대에 비하면 시간에 대한 통제권은 상대적으로 약화됐다. 하지만 앞서 본 것처럼 자신의 시간을 마음대로 쓰는 것은 행복에 큰 영향을 미친다. 사람들이 평균적으로 그 어느 때보다 부유해졌음에도 더 행복해졌다고 느끼지 않는다는 게 놀랍지는 않다.

그래서 우리는 어떻게 해야 할까? 해결하기 쉬운 문제는 아니다. 사람마다 경우가 다르기 때문이다. 가장 먼저 할 일은 일단 거의 모든 사람을 행복하게 만드는 것, 그리고 그렇지 않은 것을 인식하는 것부터다.

노인학 연구자 칼 필레머Karl Pillemerms는 그의 책《이 모든 걸 처음부터 알았더라면30 Lessons for Living》에서 미국에 사는 노인 1,000명을 인터뷰했는데, 수십 년 인생 경험을 통해 배운 교훈이 무엇인지 알아보았다고 한다.

≪≪≪ 행복해지기 위해 최대한 열심히 일해서 원하는 물건을 살 돈을 벌어야 한다고 말한 사람은 1,000명 중 단 한 명도 없었다. 적어도 주변 사람들만큼은 부자가 되어야 한다고, 그들보다 더 많이 가지는 게 진짜 성공이라고 말한 사람 또한 단 한 명도 없었다. 원하는 미래의 수입을 기준으로 직장을 골라야 한다고 말한 사람 역시 한 명도 없었다.

그들이 실제로 중요하게 생각한 것은 좋은 우정을 나누는 것, 개인의 안위보다 더 큰 뜻을 위한 일에 참여하는 것, 자녀와 좋은 시간을 보내는 것 등이었다. 필레머는 "자녀들은 당신의 돈(혹은 돈으로 살 수 있는 어떤 것)을 원하는 게 아니라 당신을 원한다. 이 둘은 비교조차 할 수 없다. 특히 자녀들은 당신이 곁에 있기를 바란다."라고 쓰고 있다.

모든 것을 다 겪어본 사람들이 주는 교훈을 새겨듣자. '내 시간을 내 뜻대로 쓸 수 있다는 것이 돈이 주는 가장 큰 배당금이다.'

그러면 돈이 주는 가장 작은 배당금은 무엇일까. 다음 장에서 짧게 보고 가자.

Big Lesson of Investing

돈이 많다고 해서 행복한 것은 아니다.

하지만 행복을 위해 돈이 필요한 것은 사실이다.

내가 원하는 것을, 내가 원할 때,
내가 원하는 사람과, 내가 원하는 곳에서,
내가 원하는 만큼 할 수 있다는 것은
엄청난 행운이고 행복이다.

그리고 여기에는 반드시 돈이 필요하다.

돈의 진짜 가치는 바로 여기에 있다.

story

8

페라리가 주는 역설

Man in the Car Paradox

그들은 페라리가 자신에게 존경을 가져다줄 거라 생각하며
페라리를 구입했을까?

내가 주차 대행 아르바이트를 할 때의 일이다. 주차 대행 서비스를 직접 해보니 좋은 점이 있었다. 근사한 차들을 운전해볼 기회가 생긴다는 사실이었다. 호텔 손님들은 페라리, 람보르기니, 롤스로이스 등 온갖 귀족적인 자동차를 타고 온다. 당시 나는 그런 차를 갖는 게 꿈이었다. 고급차는 내가 성공했다는 강력한 신호처럼 느껴졌다. 나는 똑똑해. 나는 부자야. 나는 고상한 취향을 가졌어. 나는 중요한 사람이야. 날 봐봐!

그런데 아이러니한 것은 그런 차를 볼 때 운전자를 쳐다본

적은 거의 없다는 점이다. 누군가가 근사한 차를 모는 것을 봤을 때 우리는 '저 차 모는 사람 멋진데?'라고 생각하지 않는다. 오히려 '저 차가 내 거라면 사람들이 '내가' 멋지다고 생각할 텐데.'라고 상상한다. 무의식적으로든 아니든 그렇게 생각한다.

참으로 모순적이다. 사람들은 부를 통해 내게 호감을 가지라고, 나를 우러러보라고 남들에게 신호를 보내고 싶어한다. 그런데 실제로 그 '남들'은 당신을 보고 감탄하는 과정을 건너뛴다. 부가 우러러볼 만한 것이 아니라고 생각해서가 아니다. 호감을 얻고 싶고 칭찬받고 싶은 '자신'의 욕망에 대한 벤치마크로 당신의 부를 사용하기 때문이다.

아들이 태어난 후 내가 쓴 편지에 이런 구절이 있다.

> ≪≪≪ 너는 네가 비싼 차, 고급 시계, 대궐 같은 집을 원한다고 생각할지 모른다. 그러나 장담하건대 너는 그런 것들을 원하지 않는다. 네가 원하는 것은 남들로부터의 존경과 칭찬이다. 비싼 물건들이 존경과 칭찬을 불러올 거라고 잘못 생각하고 있을 뿐이다. 그런 경우는 거의 없다. 특히나 네가 존경과 칭찬을 받고 싶은, 그런 훌륭한 사람이라면 말이다.

주차 대행 서비스를 할 때 내가 깨달은 사실이 하나 있다. 페라리를 타고 호텔로 들어오는 사람들을 지켜보며 내가 생각에

잠기기 시작하면, 그들은 항상 내 얼빠진 모습을 지켜보고 있었다. 실제로 그들이 가는 곳마다 사람들은 넋을 놓고 바라보았을 테고, 확신하건대 그들은 그 상황을 즐겼을 것이다. 존경받는 기분이었을 것이다.

그러나 내게는 그들이 안중에도 없었다는 걸, 심지어 그들이 거기 앉아 있다는 사실조차 눈치채지 못했다는 걸 그들은 알고 있었을까? 내가 그저 자동차만 넋 놓고 바라보며, 운전석에 앉은 스스로를 상상하고 있었다는 걸 알았을까? 그들은 페라리가 자신에게 존경을 가져다줄 거라 생각하며 페라리를 구입했을까? 큰 집에 사는 사람들은 어떨까? 마찬가지일까? 그럴 것이다. 보석이나 옷은? 물론이다.

부를 좇지 말라는 이야기가 아니다. 멋진 차를 사지 말라는 이야기가 아니다. 나 역시 둘 다 좋아한다. 일반적으로 사람들은 존경받고 싶고 칭찬받고 싶어하지만, 돈으로 근사한 무언가를 사는 것은 생각보다 그런 존경이나 칭찬을 많이 가져다주지 않을지도 모른다. 존경과 칭찬이 목표라면 그것을 추구하는 방법에 유의해야 한다. 배기량이 큰 차보다 겸손, 친절, 공감이 더 많은 존경을 가져다줄 것이다.

페라리 이야기는 아직 끝나지 않았다. 멋진 차가 주는 모순에 대한 또 다른 이야기는 다음 장에서 계속하기로 한다.

당신이 멋진 차를 몰고 있을 때
사람들은 당신을 보지 않는다.

당신의 차에만 감탄할 뿐이다.

아무도 당신의 물건을 보고 당신을 존경하지 않는다.

부의 정의

Wealth is What You Don't See

> 돈이 얼마나 많은지 보여주려고 돈을 쓰는 것이야말로
> 돈이 줄어드는 가장 빠른 길이다.

돈은 여러모로 참 아이러니하다. 그중 가장 중요한 아이러니는 이것이다. '부는 눈에 보이지 않는다.'

내가 주차 대행 아르바이트를 했던 2000년대 중반 무렵, LA는 물질적 외형이 아주 중요한 시기였다. 주변에 페라리가 돌아다닌다면 당연히 차주가 부자일 거라 생각할 것이다. 차주에게

큰 관심을 주지 않더라도 말이다. 하지만 그들 중 몇몇을 알게 되면서 나는 항상 그런 것은 아님을 깨달았다. 그저 그런 정도의 성공을 했으면서도 월급의 큰 부분을 차에 쏟는 사람들도 많았다.

기억나는 사람이 한 명 있는데 편의상 '로저'라고 부르겠다. 로저는 내 또래였다. 로저가 무슨 일을 하는지 나는 전혀 알지 못했다. 하지만 포르셰를 몰고 있으니 짐작 가는 것들은 있었다.

그런데 어느 날 로저가 낡은 혼다를 끌고 왔다. 다음 주도, 그다음 주도 마찬가지였다. "포르셰는요?" 내가 묻자, 그는 자동차 할부를 내지 못해 회수됐다고 했다. 민망한 기색은 손톱만큼도 없었다. 마치 당연한 수순이라는 듯한 반응이었다. 당신이 로저에 관해 짐작했던 것들은 모두 틀렸을 수 있다. LA에는 그런 로저가 아주 많았다.

10만 달러짜리 차를 모는 사람은 부자일 수 있다. 그러나 그 사람의 부에 관해 우리가 아는 유일한 데이터는 그의 부가 차를 구매하기 전보다 10만 달러 줄어들었다는(혹은 빚이 10만 달러 늘어났다는) 사실뿐이다. 그들에 관해 우리가 알 수 있는 것은 '오직' 그뿐이다.

우리는 보이는 것으로 부를 판단하는 경향이 있다. 눈앞에 있는 정보가 그것이기 때문이다. 남들의 은행 잔고나 주식 잔고는 보이지 않는다. 그래서 우리는 겉으로 드러나는 것에 의존해 남들의 금전적 성공을 가늠한다. 자동차, 집, 인스타그램에 올라온 사진 같은 것 말이다.

현대 자본주의는 사람들이 성공한 척 흉내 내도록 도와주는 것을 하나의 산업으로 만들었다. 그러나 사실 부는 눈에 보이지 않는다. 부는 구매하지 않은 좋은 차와 같은 것이다. 구매하지 않은 다이아몬드 같은 것이다. 차지 않은 시계, 포기한 옷이며 1등석 업그레이드를 거절하는 것이다. 부란 눈에 보이는 물건으로 바꾸지 않은 금전적 자산이다.

그러나 우리는 부를 그런 식으로 생각하지 않는다. 눈에 보이지 않는 것은 그림을 그릴 수가 없기 때문이다. 과소비로 파산 직전까지 갔던 가수 리한나_Rihanna_가 자신의 자산관리사를 고소하자 자산관리사는 이렇게 응수했다. "돈으로 물건을 사면 결국 물건만 남고 돈은 없어진다는 걸 정말로 말해줘야 했나요?"[30]

웃어도 된다. 부디 웃길 바란다. 하지만 답은 '네.'이다. 사람들은 정말로 이 이야기를 해줄 사람이 필요하다. 대부분 백만장자가 되고 싶다고 할 때, 그 실제 의미는 '나는 백만 달러를 쓰고 싶어요.'라는 뜻일 수도 있다. 그리고 그건 말 그대로 '백만장자'가 되는 것과 정반대의 길이다.

투자가 빌 만_Bill Mann_이 언젠가 이런 말을 한 적이 있다. "부자처럼 느끼는 가장 **빠른** 방법은 근사한 것들에 많은 돈을 쓰는 것이다. 그러나 부자가 되는 길은 가진 돈을 쓰고, 가지지 않은 돈은 쓰지 않는 것이다. 아주 간단하다."[31]

훌륭한 조언이다. 하지만 조금 약한 감이 있다. 더 강하게 얘기하자면 부자가 되는 유일한 방법은 가진 돈을 쓰지 않는 것이다. 이는 부를 축적하는 유일한 길일 뿐 아니라, 바로 부의 정의이다.

~~~

우리는 '자산 부자wealthy'와 '소비 부자rich'의 차이를 신중하게 정의해야 한다('wealthy'와 'rich'의 구분이 우리말과 정확히 일치하지 않아 여기서는 저자가 정의한 의미를 반영하여 '자산 부자'와 '소비 부자'로 용어를 구분했다-옮긴이). 이 차이를 몰라서 돈과 관련해 형편없는 의사결정을 내리는 경우가 수없이 많다.

소비 부자는 현재의 소득과 관련이 있다. 10만 달러짜리 차를 모는 사람은 소비 부자인 것이 거의 확실하다. 빚으로 차를 구입했다 해도 어느 정도 소득이 있지 않으면 매달 할부를 갚을 수가 없기 때문이다. 큰 집에 사는 사람도 마찬가지다. 소비 부자를 발견하는 것은 어렵지 않다. 그들은 종종 자신을 알리려고 무리하기도 한다.

그러나 '부wealth'는 숨어 있다. 부는 쓰지 않은 소득이다. 부는 나중에 무언가를 사기 위해 아직 사용하지 않은 선택권이다. 부의 진정한 가치는 언젠가 더 큰 부가 되어 지금보다 더 많은 것들을 살 수 있는 선택권과 유연성을 제공하는 데 있다.

다이어트와 운동의 관계에 비유하면 쉽다. 살을 빼는 것은 엄청나게 힘들다. 죽기 살기로 운동하는 사람들 사이에서조차 말이다. 빌 브라이슨Bill Bryson은 자신의 책《바디The Body》에서 다음과 같이 설명했다.

> 《《《 미국의 한 연구에 따르면 사람들은 자신이 운동으로 태운 칼로리를 네 배나 과대평가한다고 한다. 그런 다음 평균적으로 방금 태운 칼로리의 두 배를 섭취한다. 사실 많이 먹으면 많이 운동한 효과는 금방 상쇄된다. 그런데도 우리는 대부분 이렇게 한다.

운동은 소비 부자가 되는 것과 같다. 당신은 '운동을 했으니 한 끼 정도는 제대로 먹어야지.'라고 생각한다. 하지만 부는 그 한 끼를 거절하고 순수 칼로리를 태우는 것과 같다. 어렵고 자기 절제가 필요한 일이다. 하지만 시간이 지나면 내가 할 수 있었던 일과 내가 하기로 선택한 일 사이의 격차가 쌓인다.

문제는 소비 부자의 롤모델은 찾기가 쉬운 반면, 자산 부자의 롤모델은 찾기가 어렵다는 점이다. 사실 자산 부자의 정의를 생각하면 찾기 어려운 것이 당연하다.

물론 자산 부자이면서 물건에 돈을 많이 쓰는 사람들도 있다. 하지만 그런 경우에조차 우리가 보는 것은 그들의 소비 행태이지 그들의 자산이 아니다. 그들이 어떤 차를 사고 자녀를 어느 학교에 보냈는지는 볼 수 있다. 하지만 그들의 저축 현황, 퇴직연금, 투자 포트폴리오는 눈에 보이지 않는다. 우리는 그들이 현재 어떤 집에 사는지는 볼 수 있지만, 그들이 만약 무리했을 때 어떤 집을 살 수 있었는지는 짐작하기 어렵다.

내 생각에 여기서 위험한 부분은, 사람의 마음속 저 깊은 곳에서는 자산 부자가 되고 싶어한다는 점이다. 사람들은 자유와 유연성을 원한다. 자유와 유연성을 제공해줄 수 있는 것은 아직 쓰지 않은 금융 자산이다. 그러나 '돈을 갖는 것은 돈을 쓰는 것'이라는 생각이 너무나 뿌리 깊게 박혀 있는 나머지, 실제로 자산 부자가 되는 데 필요한 제약이 어떤 것인지 보지 못한다. 보이지 않으니 배울 수가 없다.

사람들은 흉내 내기를 통해 무언가를 배운다. 그러나 보이지 않는 부의 속성은 그들을 따라 하거나 방법을 배우기 어렵게 만든다. 평생을 잡역부로 일하며 세상에 800만 달러를 남긴 로널드 리드는 그가 죽은 뒤에야 사람들의 금융 롤모델이 됐다. 그는 미디어를 통해 추앙됐고 소셜 미디어에서 사랑받았다. 그러나 생전에 그는 누구의 롤모델도 아니었다. 왜냐하면 그의 부는, 심지어 그를 아는 사람들에게조차, 동전 하나하나까지 모두 숨어 있었기 때문이다.

위대한 작가들의 작품을 읽을 수 없다면 글쓰기를 배우는 게 얼마나 어려울지 상상해보라. 대체 누구에게서 영감을 받을 것인가? 누구를 우러러볼 것인가? 누구의 교묘한 장치와 조언들을 따를 것인가? 그렇게 된다면 이미 어려운 글쓰기가 더욱 어려워질 것이다. 보이지 않는 것을 배우기란 쉽지 않다. 많은 사람들에게 부를 쌓는 것이 그토록 힘든 이유도 바로 여기에 있다.

세상에는 검소해 보이지만 실제로는 자산가인 사람도 많고, 부자처럼 보이지만 한 발만 잘못 디디면 파산해버릴 벼랑 끝에 있는 사람도 많다. 나 자신의 목표를 세울 때는 이 점을 염두에 두는 것이 좋다.

쓰지 않는 것이 부라면, 그렇다면 부가 대체 왜 좋은가? 당신이 돈을 모을 수 있도록 다음 장에서 한번 설득해보겠다.

Big Lesson of Investing

The Rich vs. The Wealthy

부자 대 부자

보이는 말은 같으나 숨겨진 의미는 다르다.

당신이 원하는 것은 어떤 부자인가?

뭐, 저축을 하라고?
Save Money

내 시간을 내 뜻대로 쓸 수 없으면
불운이 던지는 대로 무엇이든 수용하는 수밖에 없다.

앞에서 예고한 대로 이 장에서는 당신이 저축을 하게끔 내가
설득을 해보려 한다. 오래 걸리지도 않을 것이다. 그런데 참 이
상한 과제다. 그렇지 않은가? 사람들에게 저축을 하라고 설득
까지 해야 하는가? 해야 한다. 내가 관찰한 바로는 그렇다. 많
은 사람들이 이런 설득이 필요하다.

일정 수준의 소득을 넘어서면 사람들은 세 부류로 갈린다.
저축을 하는 사람, 자신이 저축을 할 수 없다고 생각하는 사람,
저축을 할 필요가 없다고 생각하는 사람. 이번 장은 뒤의 두

부류를 위한 내용이다.

‿

부를 쌓는 것은 소득, 투자수익률과 거의 관계가 없다.
저축률과 관계가 깊다.

부가 소득이나 투자수익률과 거의 관계가 없다니, 믿기지 않을지도 모른다. 하지만 이는 단순하지만 간과하기 쉬운 개념이다. 효율성의 힘에 대해 간단히 들려줄 이야기가 있다.

1970년대에는 세상에 석유가 동이 날 것처럼 보였다. 계산은 간단했다. 당시 세계 경제는 많은 양의 석유를 써야 했다. 또한 경제는 계속 성장 추세에 있었다. 우리가 채굴하는 석유의 양이 따라갈 수 없을 것처럼 보였다. 하지만 다행히 석유는 동나지 않았다. 이는 우리가 석유를 더 많이 찾아내고 채굴 기술이 발전했기 때문만은 아니다.

석유 파동을 극복한 가장 큰 이유는 우리가 이전보다 더 에너지 효율이 좋은 자동차와 공장, 주택을 만들었기 때문이다. 현재 미국은 1950년대에 비해 GDP 1달러당 60퍼센트나 적은 에너지를 사용한다.[32] 도로를 다니는 모든 자동차의 평균 연비가 1975년에 비해 두 배가 됐다. 1989년 포드의 세단 토러스

Taurus의 평균 연비는 갤런당 18.0마일이었다. 2019년 쉐보레의 말도 안 되게 큰 SUV인 서브어반Suburban의 평균 연비는 갤런당 18.1마일이다.

전 세계가 에너지 자산을 키운 방법은 가진 에너지를 늘린 것이 아니라 필요 에너지를 줄인 것이었다. 1975년 이후 미국의 석유 및 천연가스 생산량은 65퍼센트가 늘었지만, 에너지 관리 및 효율성 증대를 통해 그 에너지로 할 수 있는 일은 두 배가 됐다. 그러니 무엇이 더 중요했는지 쉽게 알 수 있다.

여기서 더 중요한 사실은 더 많은 에너지를 찾아내는 것이 대체로 우리 마음대로 할 수 있는 부분이 아니며, 불확실성에 싸여 있다는 점이다. 이는 딱 맞는 지질 상태와 지형, 기후, 지정학 등이 갖춰져야 하는 복잡한 문제기 때문이다. 그러나 에너지를 더 효율적으로 사용하는 것은 대체로 우리가 조종할 수 있는 범위 내에 있다. 더 가벼운 자동차를 사거나 자전거를 타는 것은 우리에게 달린 문제이며, 효율성이 개선될 확률이 100퍼센트다.

돈 문제도 마찬가지다. 투자수익이 우리를 부자로 만들어줄 수도 있다. 그러나 어느 투자 전략이 효과가 있을지, 얼마나 오랫동안 효과가 있을지, 시장이 그에 협조해줄지는 늘 미지수다. 결과는 불확실성 위에 놓여 있다.

개인의 저축과 검소함(금융에서의 관리 및 효율)은 돈의 방정식에서 우리가 더 많이 조종할 수 있는 부분이고, 미래에도 지금 만큼이나 효과적일 것이 확실하다. 만약 부를 쌓는 것이 더 많은 돈이나 더 큰 투자수익률이 필요한 일이라고 생각한다면, 1970년대의 에너지 재앙론자처럼 회의적이 될지도 모른다. 앞길은 험난하고 내가 어떻게 할 수 없는 일처럼 보일 것이다. 그러나 부를 쌓는 것이 나 자신의 검소함과 효율을 통해 촉진할 수 있는 일이라 생각하면, 미래는 더 분명해 보인다.

부란 벌어들인 것을 쓰고 난 후 남은 것이 축적된 것에 불과하다. 소득이 높지 않아도 부를 쌓을 수 있지만, 저축률이 높지 않고서는 부를 쌓을 가능성이 전혀 없다. 이 사실을 고려하면 소득과 저축률, 둘 중 어느 것이 더 중요한지는 명확하다.

부의 가치는 상대적이다.

당신과 나의 순자산이 똑같다고 해보자. 그리고 당신이 나보다 투자를 더 잘한다고 하자. 나의 연간 수익률은 8퍼센트인데 당신의 연간 수익률은 12퍼센트다. 그러나 나는 돈 문제에 있어서 당신보다 더 효율적이다. 당신의 라이프스타일 규모는 자산이 늘어나는 것만큼 빠르게 규모가 커지는 데 반해, 나는 그 반만큼의 돈만 있어도 만족한다고 치자. 투자를 더 잘하지 못하는데도 불구하고 나는 당신보다 형편이 더 좋다. 투자수익률이 더 낮은데도 불구하고 나는 내 투자로부터 더 큰 혜택을 얻는다.

소득도 마찬가지다. 더 적은 돈으로 만족하는 법을 배우면 내가 가진 것과 내가 원하는 것 사이에 격차가 만들어진다. 이는 월급이 커져서 생기는 격차와 비슷하다. 하지만 더 쉽고, 스스로 통제할 수 있는 여지가 더 크다.

저축률이 높다는 것은 내가 쓸 수 있는 것보다 지출이 적다는 뜻이다. 지출이 적다는 것은 저축이 늘어난다는 뜻이다.

이를 다음과 같은 맥락에서 생각해보라. 연간 투자수익률을 0.1퍼센트 높이는 데 얼마나 많은 시간과 노력이 들어갈까? 전문가들은 수백만 시간의 연구와 수백억 달러어치의 노력을 쏟아붓는다. 그렇다면 잠재적으로 무엇이 더 중요한지, 무엇을 더 추구해야 하는지 쉽게 알 수 있다.

어떤 전문 투자자들은 투자수익률 0.1퍼센트 포인트를 높이기 위해 일주일에 80시간을 죽어라 일한다. 그러나 더 적은 노력으로도 재무 상태에서 라이프스타일의 거품을 2~3퍼센트 포인트 덜어낼 수 있다.

높은 투자수익률과 두둑한 월급을 챙길 수만 있다면 더 없이 멋질 것이다. 그렇게 하는 사람도 일부 있다. 그러나 금융 방정식의 한쪽에 너무 많은 노력을 쏟아붓고 다른 한쪽에 너무 적은 노력을 쏟아붓는다는 사실을 깨닫는다면 대부분의 사람들에게도 아직 기회는 있다.

저축을 늘리는 가장 좋은 방법은
소득을 늘리는 것이 아니라 겸손을 늘리는 것이다.

누구나 기초적인 것은 필요하다. 그것들이 충족되고 나면 또다른 수준의 안락하고 기초적인 것들을 원하게 된다. 그리고 그 지점을 지나면 다시 또 안락하고, 즐겁고, 눈이 번쩍 뜨이는 기초적인 것들이 있다.

그러나 어느 정도 선을 넘어서서 소비를 하는 것은 대개 (자신의 소득과 관련된) 자존심의 반영이며, 내가 돈이 있다고 혹은 있었다고 사람들에게 보여주려는 행위다.

이렇게 생각해보자. 저축을 늘리는 가장 확실한 방법 중 하나는 소득을 늘리는 것이 아니다. 겸손을 늘리는 것이다. 저축을 당신의 자존심과 소득 사이의 격차라고 정의해보라. 그러면 꽤 높은 소득을 가진 많은 사람들이 왜 그처럼 저축을 적게 하는지 알 수 있다. 이는 나의 공작 깃털을 끝까지 늘여서, 역시나 똑같이 하고 있는 남들과 보조를 맞추고 싶은 본능과 매일매일 투쟁하는 것과 같다.

재무 상태를 성공적으로 유지하는 사람들(반드시 소득이 높은 사람들은 아니다) 중에는 남들이 나에 대해 어떻게 생각하는지

눈곱만큼도 신경 쓰지 않는 경우가 많다.

저축을 할 수 있는 능력은 생각보다 우리 손에 달려 있다.

저축은 돈을 덜 쓰는 것만으로도 가능하다. 욕망을 줄이면 돈도 덜 쓸 수 있다. 남들이 나를 어떻게 생각하는지에 신경을 덜 쓰면 욕망도 줄어든다. 여러 번 언급했듯 돈은 금융보다 심리와 더 많이 연관되어 있다.

저축을 하는 데는 특별한 이유가 필요하지 않다.

사람들은 집 계약금을 마련하려고, 새 자동차를 사려고, 은퇴에 대비하려고 저축을 한다. 물론 그것도 훌륭한 일이다. 그러나 구체적으로 무언가를 구입하겠다는 목표가 있어야만 저축을 할 수 있는 것은 아니다. 그냥 저축 그 자체를 위해 저축할 수도 있다. 그리고 실은 그렇게 하는 것이 맞다. 모두가 그래야 한다.

구체적 목표를 위해서만 저축하는 것은 예측 가능한 세상에서나 합당한 얘기다. 우리가 사는 세상은 예측 가능하지 않다. 저축은 최악의 순간 우리를 기절초풍하게 만들 수 있는 불가피한 가능성에 대한 대비책이다.

특별한 지출 목표가 없는 저축의 또 하나 좋은 점은 7장에서 논의한 부분이다. 즉 내 시간을 내 마음대로 할 수 있는 능력이 생긴다. 돈으로 살 수 있는 유형적인 것들은 누구나 알고 있다. 반면 무형적인 것들은 헤아리기가 어렵고, 그래서 눈에 잘 띄지 않는다. 그러나 저축의 뻔한 목표가 되는 유형적인 것들보다 돈이 주는 무형적인 혜택이 우리의 행복을 증진시키는 데 훨씬 더 가치 있고 큰 도움이 된다.

지출 목표가 없는 저축은 우리에게 선택권과 유연성을 제공하며 내가 원하는 기회가 올 때까지 기다릴 수 있는 능력을 준다. 생각할 시간을 준다. 내 뜻대로 방향을 바꿀 수 있게 해준다.

저축하는 그 한 푼 한 푼은 다른 누군가가 가질 수도 있었던 미래의 포인트를 나에게 돌려주는 것과 같다.

> 은행에 있는 현금은 인생을 좌우하는 중요한 선택을
> 우리 스스로 할 수 있게 만든다.

은행에 있는 현금은 우리가 커리어를 바꾸고 싶을 때, 일찍 은퇴하고 싶을 때, 어떤 걱정으로부터 자유롭고 싶을 때 스스로 자유롭게 선택할 수 있는 여지를 준다. 이는 인생에 있어 대단한 혜택이다. 이 가치를 수치화할 수 있을까?

나는 계산할 수 없다고 생각한다. 두 가지 점에서 그렇다. 너무 크고 중요해서 가격을 붙일 수 없다. 그리고 말 그대로 계산이 불가능하기도 하다. 이자율을 계산하듯이 그 혜택을 계산할 수는 없기 때문이다. 우리는 계산할 수 없는 것은 간과하는 경향이 있다.

내 시간을 내 뜻대로 쓸 수 없으면 불운이 던지는 대로 무엇이든 수용하는 수밖에 없다. 그러나 시간을 마음대로 쓸 수 있는 유연성이 있다면 황금 같은 기회가 눈앞에 뚝 떨어질 때까지 기다릴 여유가 있다. 이게 바로 저축의 숨은 혜택이다.

어쩌면 은행에 있는 이자율 0퍼센트짜리 저축은 엄청난 혜택을 줄지도 모른다. 저축이 있다면 월급은 적지만 내가 바라는 더 큰 목적이 있는 직업을 선택할 수 있다. 저축이 있다면 간절한 순간 갑자기 찾아온 절호의 투자 기회를 잡을 수 있다.

남과 나를 구분 짓는 경쟁 우위가 될 수 있다.

과거에는 세상이 심하게 지역 중심적이었다. 역사학자 로버트 고든Robert Gordon에 따르면 100년 전만 해도 미국인의 75퍼센트가 전화기가 없었고 정기적인 우편 서비스도 이용할 수 없었다. 그래서 경쟁도 지극히 지역 중심적이었다. 평균적인 지능을 가진 노동자라 하더라도 그 동네에서는 최고일 수 있었고 최고의 대접을 받았다. 다른 동네에 있는 더 똑똑한 노동자와 경쟁할 필요가 없었기 때문이다.

지금은 그렇지 않다. 초연결 사회가 됐다는 것은 경쟁해야 할 인재 풀이 우리 동네의 수백, 수천 명에서 전 세계 수백만, 수십억 명으로 바뀌었다는 뜻이다. 특히나 근육이 아니라 머리를 써서 일하는 직업이라면 더욱 그렇다. 교육, 마케팅, 분석, 컨설팅, 회계, 프로그래밍, 저널리즘 심지어 의학 분야까지도 점점 더 글로벌 인재 풀에서 경쟁하는 환경이 되고 있다. 디지털화가 전 세계의 경계를 지워버리면 이런 분야는 더 늘어날 것이다. 벤처캐피털리스트 마크 앤드리슨_Marc Andreesen_의 말처럼 말이다. "소프트웨어가 세상을 잡아먹고 있다."

경쟁 범위가 확대되면 우리는 이렇게 자문해봐야 한다. "어떻게 해야 내가 눈에 띌 수 있지?"

이 질문에 대해 "나는 똑똑해."라고 말하는 것은 좋은 대답이 아니다. 세상에는 똑똑한 사람이 너무 많다. 매년 미국의 대학수능시험에서 최고 점수를 받는 사람만 600명 가까이 된다. 그와 몇 점 차이 나지 않는 사람이 7,000명이다. 승자독식의 글로벌 세상에서 이런 사람들은 점점 더 우리의 직접적인 경쟁자가 되고 있다. 지금처럼 서로 연결된 세상에서 지능은 믿을 만한 이점이 아니다. 그러나 '유연성'은 이점이 될 수 있다.

지능 경쟁이 치열하고, 많은 능력이 자동화된 세상에서 경쟁

우위는 복잡한 소프트 스킬soft skill 쪽으로 기운다. 소통 능력, 공감, 그리고 유연성 같은 것 말이다.

유연성이 있다면 커리어에서도, 투자에서도 좋은 기회를 기다릴 수 있다. 필요할 때 새로운 능력을 배울 수 있는 확률도 높을 것이다. 내가 할 수 없는 것들을 할 줄 아는 경쟁자를 급히 뒤쫓아야 한다는 압박도 덜 느낄 것이다. 그리고 내가 열정을 가진 일, 나에게 꼭 맞는 일을 나만의 속도에 맞춰 찾을 수 있는 여유가 더 있을 것이다. 새로운 일상을 찾을 수도 있고, 더 느리게 살 수도 있고, 전혀 다른 가정들을 가지고 인생에 대해 생각해볼 수도 있을 것이다. 대부분의 사람들이 할 수 없는 것들을 내가 할 수 있다는 사실은, 지능이 더 이상 지속 가능한 우위가 아닌 세상에서 당신을 두드러지게 만드는 몇 안 되는 능력이다.

내 뜻대로 쓸 수 있는 시간, 내 마음대로 할 수 있는 선택권을 더 많이 갖는 것은 세상에서 가장 가치 있는 화폐 중 하나다. 바로 그렇기 때문에 더 많은 사람들이 저축을 할 수 있고, 그리고 해야만 한다.

그리고 또 무엇이 필요할까? 너무 이성적이 되려는 것을 그만두어야 한다. 다음 장에서는 그 이유에 대해 알아보겠다.

저축이라니, 이 웬 고리타분한 얘기인가.

그럼에도 당신이 돈을 모아야 하는 이유.

상황에 휘둘려 싫은 일을 억지로 하고 있을 때

내가 원할 때 원하는 것을 할 수 있는 자율권을 갖고 싶을 때

예고 없이 찾아온 황금 같은 투자 기회를 잡고 싶을 때

그 순간 기대 없이 잠자고 있던 저축은
당신의 인생을 구원할지도 모른다.

11

적당히 합리적인 게 나을까,
철저히 이성적인 게 좋을까

Reasonable > Rational

앞뒤가 안 맞을 수도 있지만
인생이 늘 앞뒤가 맞는 건 아니잖아요.

우리는 스프레드시트가 아니다. 우리는 사람이다. 엉망진창
으로 사는, 감정적인 사람이다.

이 사실을 알아내는 데 시간이 좀 걸렸다. 하지만 이 생각이
번뜩 드는 순간, 나는 이게 금융에서 가장 중요한 부분 중 하나
라는 사실을 깨달았다.

관련해서 종종 간과되는 사실이 하나 있다. 금융에 관한 의
사결정을 내릴 때는 냉철하게 이성적이 되려고 하지 마라. 그냥
'꽤 적당히 합리적인' 것을 목표로 삼아라. 이게 더 현실적이며

장기적으로 고수할 확률도 크다. 돈 관리에서는 이것이 가장 중요하다.

무슨 이야기인지 이해하기 쉽게, 말라리아를 가지고 매독을 고치려고 했던 사람의 이야기를 해보자.

율리우스 바그너야우레크Julius Wagner-Jauregg는 오스트리아의 정신과 의사였다. 그에게는 두 가지 독특한 재주가 있었다. 패턴을 능히 인식하는 재주와 남들이 '미쳤다'고 하는 것을 '대담하다'고 보는 재주가 그것이었다.

그의 전공은 중증 신경매독으로, 당시에는 치료법이 없는 치명적인 질병이었다. 그런데 바그너야우레크는 여기서 한 가지 패턴을 눈치챘다. 신경매독 환자가 다른 질병으로 인한 열병을 장기간 앓을 경우, 신경매독이 낫는 경향이 있었다. 바그너야우레크는 사람들이 수백 년간 의심해왔으나 의사들이 잘 알아낼 수 없었던 것, 즉 '신체가 감염과 싸우는 데 열이 도움이 된다.'라는 가정을 세웠다. 그리고 이 결론에 근거해 곧장 실험을 해보기로 했다.

1900년대 초 바그너야우레크는 환자들에게 약한 정도의 장티푸스, 말라리아, 천연두를 각각 주사했다. 신경매독을 죽일 수 있을 만큼 강한 열병을 유발하기 위해서였다. 위험한 방법이었다. 일부 환자는 이 치료법 때문에 사망했다. 최종적으로 그는 약한 버전의 말라리아를 치료법으로 확정했다. 며칠간 끓는 듯한 열병을 앓은 후에는, 기나나무 껍질에서 추출한 알칼로이드인 퀴닌으로 말라리아를 퇴치할 수 있었기 때문이다.

몇 번의 비극적인 시행착오 끝에 그의 실험은 성공했다. 바그너야우레크는 '말라리아요법'으로 치료한 신경매독 환자 10명 중 여섯 명이 회복됐다고 보고했다. 환자를 그냥 놔두었을 때 회복하는 비율은 10명 중 세 명이었다. 그는 1927년 노벨 의학상을 수상했다. 노벨상위원회는 다음와 같이 기록했다. "바그너야우레크는 열병을 유도하여 정신질환을 치료하는 연구에 평생을 매진했다."[33]

다행히도 페니실린이 발명되어 신경매독 환자에게 말라리아요법을 쓸 일은 없어졌다. 그러나 바그너야우레크는 감염과 맞서 싸우는 데 열이 차지하는 역할을 인식하고 그것을 치료법으로 처방하기까지 한, 역사상 몇 안 되는 의사 중 한 명이다.

열이 나는 이유는 미스터리였기 때문에 열은 늘 두려움의 대상이었다. 고대 로마인들은 열병으로부터 사람들을 지켜주는 여신 페브리스를 숭배했다. 페브리스를 달래기 위해 신전에 부적을 남겨두고 다음번 오한은 잘 비켜가기를 바랐다.

그러나 바그너야우레크는 해결책을 찾아냈다. 열이 나는 것은 성가신 우연이 아니었다. 열은 신체가 회복으로 가는 길에 어떤 '역할'을 했다. 이제 우리는 열이 감염과 싸우는 데 유용하다는 좀 더 과학적인 증거를 가졌다. 일부 바이러스의 경우 체온이 1도 상승하면 복제 속도가 200배나 느려진다. 미국 국립보건원의 한 논문은 다음과 같이 밝힌다. "열이 나는 환자의 경과가 더 좋다는 사실을 수많은 연구자들이 확인했다."[34] 시애틀아동병원의 웹사이트를 보면 자녀의 체온이 조금만 올라가도 패닉에 빠지는 부모들을 위해 이렇게 안내해놓았다. "열은 인체의 면역 시스템을 가동시킵니다. 인체가 감염과 싸우게 도와줍니다. 37.8도에서 40도 사이의 정상적인 열은 아픈 아이에게 좋은 현상입니다."[35]

하지만 여기까지는 과학적인 이야기일 뿐 현실은 또 다르다. 열이 나는 것은 대개 동서고금을 막론하고 나쁜 일로 인식됐다. 우리는 열이 나는 즉시 타이레놀 같은 약으로 열을 내린다. 수백만 년간 방어기제로 진화한 것임에도 불구하고 세상의 모든 부모, 환자, 일부 의사 그리고 틀림없이 제약회사들은 열을 제거해야 할 불운한 사건으로 본다.

이런 시각은 과학적으로 알려진 내용과 배치된다. 다음과 같이 직설적으로 표현한 연구도 있다. "중환자실에서는 열을 치료하는 장면을 흔히 볼 수 있는데 이는 과학에 기초한 치료라기보다 교조적인 표준 관행과 관련된 것일 가능성이 크다."[36] 의

학역사센터의 하워드 마켈Howard Markel은 열을 두려워하는 풍조에 대해 이렇게 말하기도 했다. "이는 감염병 자체만큼이나 널리 퍼져 있는 문화적 관행이다."[37]

왜 이렇게 됐을까? 열이 도움이 된다면 왜 다들 열과 싸우려 할까? 복잡한 이유가 아니다. 열이 나면 아프다. 사람들은 아픈 게 싫다. 그게 전부다.

의사의 목표는 단순히 질병을 치료하는 게 아니다. 환자가 참을 만하고 적당히 합리적인 범위 내에서 질병을 치료하는 것이다. 열은 감염과 싸우는 데 소소한 도움을 줄 수는 있지만 열이 나면 아프다. 그 아픈 것을 멈추려고 의사를 찾아간다. 담요를 뒤집어쓰고 덜덜 떨고 있는 나에게 잘 검증된 연구 따위는 중요하지 않다. 열을 가시게 할 수 있는 약이 있다면 당장 나에게 달라.

감염이 있다면 열이 나고 싶어야 이성적일지 모른다. 그러나 적당한 생각은 아니다. 철저히 이성적이기보다는 적당히 합리적인 수준을 목표로 삼는 것이야말로 돈에 관한 의사결정을 내릴 때 고려해야 할 사항이다.

〜〜

금융이라는 학문은 수학적으로 최적의 투자 전략을 찾아내는 데 매진한다. 그러나 내 생각에 현실 세계의 사람들은 수학적으로 최적인 전략을 원하지 않는다. 사람들이 원하는 전략은 최대한 밤잠을 잘 수 있도록 해주는 전략이다.

해리 마르코비츠Harry Markowitz는 리스크와 수익률 사이의 교환관계를 수학적으로 탐구한 공로로 노벨상을 받았다. 언젠가 그는 본인의 돈은 어떻게 투자하고 있느냐는 질문을 받았다. 그는 자신의 수학 모형이 처음 개발된 1950년대의 자기 포트폴리오를 다음과 같이 설명했다.

> 주식시장이 한참 올랐는데 내가 주식을 갖고 있지 않다면, 혹은 내가 주식에 왕창 투자하고 있는데 주식시장이 한참 빠진다면 내가 얼마나 슬플지 한번 그려보았습니다. 저의 의도는 미래의 후회를 최소화하는 것이었습니다. 그래서 저는 투자금을 50대 50으로 나누어 채권과 주식에 투자했습니다.

나중에 마르코비츠는 투자 전략을 바꾸어 포트폴리오를 더 다양화했다. 하지만 여기서 눈여겨보아야 할 대목은 두 가지다.

첫째, '미래의 후회를 최소화'하는 것이 이론적으로 합리화하기는 쉽지 않지만 실생활에서는 쉽게 정당화된다는 사실이다. 철저히 이성적인 투자자는 객관적 수치에 기초해 의사결정을 내린다. 반면 적당히 합리적인 투자자가 의사결정을 내릴 때는 어떨까. 우리는 회의실에서 나를 존중해주었으면 싶은 동료들에게 둘러싸여 있거나, 경쟁자들과 나를 비교하지 말아줬으면 싶은 배우자와 함께 있거나, 스스로도 확신이 없거나 하는 상태일 수 있다. 엄격한 금융의 렌즈로 볼 때는 종종 무시되는 이 같은 사회적인 요소들이 투자에는 포함되어 있다.

둘째, '이렇게 하는 것도 괜찮다'는 사실이다. 마르코비츠와의 인터뷰에서 당신은 어떻게 투자하고 있느냐고 물었던 제이슨 츠바이크Jason Zweig는 나중에 다음과 같이 회상했다.

>>>>> 나는 사람들이 이성적이지도, 그렇다고 비이성적이지도 않다고 생각한다. 우리는 인간이다. 필요 이상으로 열심히 생각하고 싶어하지 않으며, 관심을 요구하는 사항들은 끝도 없다. 그렇게 보면 현대 포트폴리오 이론의 개척자가 정작 자신의 첫 포트폴리오는 본인의 연구와 거의 무관하게 설계했다는 사실도 놀랄 일이 아니다. 그가 나중에 그걸 수정한 것 역시 놀랍지 않다.[38]

마르코비츠는 이성적인 것도, 그렇다고 비이성적인 것도 아니다. 그는 적당히 합리적이다.

금융에서는 엄밀한 의미에서는 맞더라도 앞뒤 맥락상 난센스가 되는 것들이 존재한다. 2008년 예일 대학교의 두 연구자가 연구 결과를 발표했다. 이들은 젊은 사람들이 주식을 살 때 2 대 1 전략(내 돈 1달러당 2달러의 빚을 지는 것)을 사용해 은퇴자금을 극대화해야 한다고 주장했다. 그들은 투자자들이 나이가 들면서 레버리지를 서서히 줄여간다고 가정한다면, 과장된 시장의 롤러코스터를 감당할 수 있는 젊은 시절에는 더 많은 리스크를 감수하고 나이가 들면 리스크를 덜 감수할 수 있다고 제안했다.

연구자들은 레버리지를 사용하는 바람에 젊을 때 쫄딱 망하더라도(2 대 1 전략을 사용할 경우 시장이 50퍼센트만 하락해도 빈털터리가 된다), 장기적으로 보면 여전히 더 많은 돈을 갖게 된다는 사실을 보여주었다. 망한 그다음 날부터 다시 정신을 차리고, 계획대로 2 대 1 전략을 사용하는 계좌에 계속 적립금을 늘리면 된다는 것이다.

수학적으로는 정확하다. 이성적인 전략이다. 하지만 어이가 없을 만큼 적당하지 않은 전략이기도 하다. 자신의 퇴직계좌가 100퍼센트 증발하고 있는데 그것을 지켜만 보면서 아랑곳없이 해당 전략을 계속 유지할 수 있는 사람은 정상인 중에 아무도 없다. 사람들은 해당 전략을 포기하고 다른 옵션을 찾을 것이며, 아마도 자신의 자산관리사를 고소할 것이다.

이 연구자들은 자신들의 전략을 사용하면 "은퇴 시에 예상되는 자산이 일반 라이프사이클 펀드lifecycle fund(가입자가 나이를 먹어가면 점점 더 안정적인 쪽으로 투자 비중을 조절해주는 펀드-옮긴이)보다 90퍼센트나 더 많다."고 주장했다. 하지만 적당한가, 라는 기준에서는 100퍼센트 부족한 전략이었다.

사실 겉으로 비이성적으로 보이는 의사결정을 더 선호하는 데는 이유가 있다. 하나는 이것이다. 나는 여러분에게 투자 대상을 사랑하라고 말하고 싶다. 이는 전통적인 조언은 아니다. 투자자들은 자신의 투자 대상에 대해 아무 감정이 없다고 주장하는 것을 명예훈장처럼 생각한다. 그게 이성적으로 보이니까 말이다.

그러나 내 전략이나 내가 보유한 주식에 대해 아무 감정이 없어서 형편이 안 좋을 때 해당 전략이나 주식을 쉽게 포기해버린다면, 겉으로는 이성적으로 보이는 성향이 오히려 불리하게 작용한다. 반면에 자신의 전략을 사랑하는 적당히 합리적인 투자자는 그 전략이 엄밀히 보면 불완전하다고 해도 오히려 우위에 있다. 왜냐하면 이들은 그 불완전한 전략을 계속 고수할 가능성이 높기 때문이다.

형편이 안 좋을 때에도 전략을 견지하느냐 마느냐 하는 변수는 금융 실적과 관련성이 크다. 실적의 크기를 따져도 그렇고,

주어진 기간 동안 그 실적을 확보할 확률 면에서도 마찬가지다. 역사적으로 미국 시장에서 돈을 벌 확률은 하루로 치면 50 대 50이고, 1년으로 보면 68퍼센트이며, 10년으로 보면 88퍼센트, (지금까지는) 20년으로 보면 100퍼센트다. 뭐든 게임을 계속하게 만들어주는 것이라면 우리에게는 상당한 득이 된다.

'좋아하는 것을 하라.'는 말을 더 행복한 삶을 살기 위한 조언으로 보면 그저 포춘 쿠키에 적힌 글씨처럼 공허하게 느껴질 수 있다. 그러나 인내심을 주는 말로 본다면 어떨까. 인내심은 성공 확률을 나에게 유리한 쪽으로 옮겨오기 위한 필수 요소다. 이 점을 생각한다면 모든 금융 전략에서 '좋아하는 투자를 하는 것'이 대단히 중요함을 깨닫게 된다.

당신이 좋아하지 않는 유망 기업에 투자했다고 생각해보자. 형편이 좋을 때는 즐거울 수 있다. 그러나 틀림없이 조류는 바뀐다. 이때 당신은 관심도 없는 기업에서 갑자기 돈을 잃기 시작한다. 이는 이중고이며, 이럴 때 저항이 가장 작은 길은 다른 기업으로 옮겨가는 것이다. 하지만 해당 기업의 미션, 제품, 사람, 과학적 접근 등 어떤 이유로든 어느 기업을 열렬히 좋아해서 투자했다고 가정해보자. 당신이 돈을 잃고 있거나 기업이 어려움에 처하는 것과 같은, 틀림없이 오게 될 나쁜 시절이 왔을 때에도 덜 예민할 수 있다. 적어도 내가 뭔가 의미 있는 일에 참여하고 있다는 기분이 들기 때문이다.

'자국 편향home bias'이라는 것이 있다. 지구상의 나머지 95퍼센트는 무시하고 내가 살고 있는 국가의 기업에 투자하는 것을 선호하는 현상이다. 이성적인 결정은 아니다. 하지만 투자란 것이 사실상 모르는 사람에게 돈을 주는 일이나 마찬가지라는 사실을 고려하면 꼭 그렇지도 않다. 친숙함이 그렇게 모르는 사람을 계속 지지할 수 있는 믿음을 제공한다면, 그것도 적당히 합리적인 태도일 것이다.

데이트레이딩day trading(초단타 매매)이나 개별 주식을 고르는 것은 많은 투자자들에게 이성적이지 않은 행동이다. 성공 확률이 매우 낮기 때문이다. 그러나 그 덕분에 근질거리는 마음을 해소해서 나머지 포트폴리오를 건드리지 않을 수 있다면, 적은 양의 데이트레이딩이나 개별 종목 투자도 적당히 합리적인 행동이다. 펀드매니저 조시 브라운Josh Brown은 자신이 개별 주식도 조금씩 보유하는 이유를 이렇게 설명했다. "내가 더 많은 수익을 낼 수 있다고 생각해서 개별 주식을 사는 것은 아닙니다. 그냥 저는 주식을 좋아하고 스무 살 때부터 주식을 보유해왔어요. 그리고 내 돈이니까 뭐든 할 수 있는 거죠." 역시나 적당히 합리적이다.

경제나 주식시장에 관한 예측은 대부분 끔찍할 만큼 빗나

간다. 그러나 그런 예측을 해보는 것은 적당히 합리적인 행동이다. 아침에 일어나 스스로에게 어떤 일이 벌어질지 손톱만큼도 알 수 없다고 말하는 것은, 비록 그게 사실이라도 힘겨운 일이다. 예측에 기초해서 투자하는 것은 위험하다. 그러나 나는 사람들이 왜 내년에 무슨 일이 벌어질지 예측해보려 애쓰는지 알 것 같다. 이는 인간의 본성이다. 적당히 합리적인 행동이다.

고인이 된 뱅가드의 설립자 존 보글은 비용이 적게 드는 패시브$_{passive}$ 인덱스펀드에 투자할 것을 홍보하는 데 자신의 경력을 바쳤다. 사람들은 존 보글의 태도를 흥미롭다고 생각했다. 왜냐하면 그의 아들은 수수료가 높은 액티브$_{active}$ 헤지펀드 및 뮤추얼펀드의 매니저였기 때문이다. 존 보글 역시 일부 자금을 아들의 펀드에 투자하기도 했다. 이는 어떻게 설명할 것인가? "가족이니까 하는 일도 있잖아요." 보글은 〈월스트리트저널〉에 그렇게 밝혔다. "앞뒤가 안 맞을 수도 있지만 인생이 늘 앞뒤가 맞는 건 아니잖아요."[39] 실제로 인생은 앞뒤가 맞는 경우가 오히려 드물다.

Big Lesson of Investing

세상에 100퍼센트 상승곡선을 타는 투자는 거의 없다.

폭락 앞에서 멀쩡한 정신을 유지할 수 있는 투자자도 거의 없다.

이러니 우리는 숫자에 기반한 이성적 전략만으로는 버틸 수 없다.

적당히 합리적이고 적당히 감정적인 전략이
더 우세한 이유가 여기에 있다.

한 번도 일어난 적 없는 일은
반드시 일어나게 마련이다

Surprise!

분석의 실패가 아니다. 상상력의 실패다.

언젠가 스탠퍼드 대학교 스콧 세이건Scott Sagan 교수는 경제
나 투자시장에 관심 있는 사람이라면 누구나 벽에 걸어두어
야 할 이야기를 했다. "한 번도 일어난 적이 없는 일은 언제나
일어난다."

역사는 대체로 깜짝 놀랄 사건들을 연구한다. 그런데 투자자
나 경제학자들은 역사를 신성불가침의 가이드처럼 사용한다.
아이러니가 보이는가? 뭐가 문제인지 알겠는가?

경제나 투자의 역사를 깊이 이해하는 것은 똑똑한 행동이다.

역사는 기대치를 조정하게 도와주며, 사람들이 어디서 잘 틀리는지 연구할 수 있도록 도움을 준다. 어떤 것이 효과가 있을지 개략적인 가이드를 제공하기도 한다. 그러나 어떻게 보더라도 역사는 미래의 지도가 될 수 없다.

많은 투자자들이 빠지는 이 함정을 나는 '역사가의 예언 오류'라고 부른다. 혁신과 변화가 목숨과도 같은 분야에서 과거 데이터에 지나치게 의존해 미래 신호를 읽으려고 할 때 생기는 오류다.

이를 두고 투자자들을 탓할 수는 없다. 만약 투자를 엄밀한 과학이라고 생각한다면 역사는 미래에 대한 완벽한 가이드가 되어야 한다. 지질학자들은 수십억 년의 역사적 데이터를 통해 지구가 어떤 양태를 보이는지 모형을 세울 수 있다. 기상학자도 마찬가지다. 의사도 마찬가지다. 2020년에도 인간의 신장은 천 년 전인 1020년과 똑같은 방식으로 작동한다.

그러나 투자는 엄밀한 과학이 아니다. 투자란 수많은 사람이 한정된 정보를 가지고 자신의 행복에 엄청난 영향을 미칠 사안에 대해 불완전한 의사결정을 내리는 일이다. 그러니 똑똑한 사람들도 예민하고 탐욕스러워지며 편집증을 갖게 된다.

위대한 물리학자 리처드 파인먼Richard Feynman이 이런 말을 한 적이 있다. "전자電子에 감정이 있었다면 물리학이 얼마나 더 어려웠을지 상상해보라." 흠, 투자자들은 감정이 있다. 많은 투자자들이 감정을 갖고 있다. 그렇기 때문에 투자자들의 과거 행동에 기초해서 미래의 행동을 예측하기가 어려운 것이다.

　　　　　　　　　　　～〜～

경제학은 시간이 지나면 상황이 바뀐다는 사실을 초석으로 한다. '보이지 않는 손'은 뭐가 됐든 무한정 너무 좋거나 너무 나쁜 것을 싫어하기 때문이다. 투자가 빌 보너_{Bill Bonner}는 '미스터 마켓_{Mr. Market}'이 어떻게 움직이는지에 대해 이렇게 설명한 적이 있다. "그는 '지금 작동하는 자본주의'라는 티셔츠를 입고, 한 손에 커다란 해머를 들고 서 있다." 오래도록 그대로 있는 것들은 별로 없다. 그러니 역사가들을 예언가 취급해서는 안 된다.

돈과 관련해 가장 중요한 동인은 무엇일까. 사람들이 스스로 믿고 있는 이야기, 그리고 재화나 서비스에 대한 개인의 선호다. 이런 요소들은 가만히 있지 않는다. 문화와 세대에 따라 변한다. 항상 바뀌고 있고, 앞으로도 그럴 것이다.

이때 우리가 자기 자신에게 사용하는 정신적인 속임수가 있다. 겪어본 사람, 이미 해본 사람을 지나치게 우러러보는 것이다. 특정한 사건을 겪어보았다고 해서 반드시 다음번에 일어날 일을 잘 아는 것은 아니다. 사실 그런 경우는 거의 없다. 경험을 통해 예측력이 향상되는 것이 아니라 그저 자신감이 넘치는 경우가 더 많기 때문이다.

투자가 마이클 배트닉이 이 점을 잘 설명한 적이 있다. 요즘의 투자자들이 금리 상승을 겪어본 적이 한 번도 없기 때문에 (마지막으로 금리가 크게 상승한 것은 거의 40년 전이다) 이에 대비된 투자자가 거의 없다는 주장에 대해 배트닉은 그건 중요하지 않다고 얘기한다. 과거에 일어난 일을 경험하거나 심지어 연구한다고 해도, 미래에 금리가 상승할 때 벌어질 일에 대한 가이드가 될 수 없다는 것이다.

≪≪≪ 그래서 뭐? 금리가 급등하면 마지막 급등과 비슷할까, 아니면 그전 급등과 비슷할까? 자산의 종류가 달라도 비슷하게 움직일까, 똑같이 움직일까, 정반대로 움직일까?

투자를 하면서 1987년, 2000년, 2008년 사건을 겪은 사람들은 여러 가지 다른 종류의 시장을 경험한 셈이다. 또 다른 한편으로 보면 이런 경험들이 지나친 자신감으로 이어질 수도 있지 않을까? 내가 틀렸다는 사실을 인정하지 못할 수도 있지 않을까? 이전의 결과에 얽매이지 않을까?

투자의 역사에 지나치게 의존해 다음 일을 생각할 경우 두 가지 위험이 발생한다.

과거에 의존하면 미래를 바꾸어놓을 이례적인 사건을

놓칠 가능성이 크다.

역사적 자료에서 가장 중요한 사건은 보통의 경우에서 크게 벗어난 사건들이다. 기록을 깬 사건 말이다. 그런 것들이 경제와 주식시장을 크게 바꾼다. 대공황, 제2차 세계대전, 닷컴 버블, 9·11 테러, 2000년대 중반 주택시장 붕괴 등. 이런 몇 안 되는 이례적 사건들은 뒤이어 일어나는, 그와 무관한 수많은 사건에 영향을 끼친다.

19세기와 20세기에 태어난 사람은 150억 명이다. 그런데 그 중에 단 일곱 명이 태어나지 않았을 경우 오늘날 세계 경제, 나아가 세상 전체가 얼마나 달랐을지 상상해보라.

- 아돌프 히틀러_{Adolf Hitler}
- 이오시프 스탈린_{Iosif Stalin}
- 마오쩌둥_{Mao Zedong}
- 가브릴로 프린치프_{Gavrilo Princip}(제1차 세계대전의 계기가 된 사라예보 사건을 일으킨 인물-옮긴이)
- 토머스 에디슨_{Thomas Edison}
- 빌 게이츠
- 마틴 루터 킹_{Martin Luther King}

사실 이 목록이 가장 의미 있는 인물들인지는 잘 모르겠다. 그러나 이들 일곱 명이 자신의 족적을 남기지 않았다면 지금 세상은 국경에서부터 기술, 사회 규범까지 거의 모든 것이 달라졌을 것이다. 달리 표현하면 지난 세기에 0.00000000004퍼센트의 사람들이 세상의 방향을 절반 이상 결정했다는 뜻이다.

프로젝트, 혁신, 사건도 마찬가지다. 20세기에 다음의 것들이 없었다고 생각해보라.

- 대공황
- 제2차 세계대전
- 맨해튼 프로젝트(제2차 세계대전 때 사용된 원자폭탄 개발 프로젝트-옮긴이)
- 백신
- 항생제
- 아르파넷ARPANET(인터넷의 전신이 된, 미국 국방부에서 만든 컴퓨터 네트워크-옮긴이)
- 9·11 테러
- 소비에트 연방 몰락

20세기에 있었던 프로젝트와 사건이 얼마나 많을까? 수십억 개? 수조 개? 누가 알까. 하지만 이 여덟 가지 사건만 봐도 다른 것에 비해 세상의 질서를 수십, 수백 배 바꿔놓았다.

꼬리 사건을 과소평가하기 쉬운 이유는 사건들이 어떻게 눈덩이처럼 불어나는지 과소평가하기가 매우 쉽기 때문이다. 한 예로 9·11 테러는 미국 연방준비제도 이사회가 금리를 내리게 만들었고, 주택시장의 거품을 촉진했다. 이는 다시 금융위기로 이어졌고 고용시장 악화를 불러왔다. 그러자 수천만 명이 대학 교육을 받겠다고 나섰고, 1조 6,000억 달러에 달하는 학자금 대출 연체율이 10.8퍼센트에 이르게 됐다. 9·11 테러 당시 19명의 납치범들과 지금의 학자금 대출 문제가 직관적으로 연결되지는 않는다. 그러나 몇몇 이례적인 꼬리 사건이 좌우하는 세상에서는 이런 일들이 일어난다. 이처럼 세계 경제에서 일어나는 일 대부분은 예측 불가능했던 몇 안 되는 과거 사건들과 거의 연결되어 있다.

뜻밖의 사건이 일어나는 이유는 예측 모형이 잘못됐거나 우리의 지능이 낮아서가 아니다. 아돌프 히틀러가 태어나기 9개월 전, 그들의 부모가 싸웠을 확률은 그들이 아이를 만들었을 확률과 동일하다. 의학자 조너스 소크Jonas Salk가 백신 찾기 연구를 중도에 포기했다면 빌 게이츠는 소아마비로 죽었을 수도 있다. 바로 이런 이유 때문에 예측하기가 어렵다. 학자금 대출이 눈덩이처럼 불어나는 것을 예상할 수 없었던 이유는, 9월 11일에 공항 보안요원 중 한 명이 납치범의 칼을 압수했을 수도 있기 때문이다. 그게 전부다.

문제는 우리가 미래의 투자수익률에 관해 생각할 때 종종 대공황이나 제2차 세계대전 등을 가이드로 사용해 최악의 시나리오 같은 것을 짠다는 점이다. 기록을 갈아치운 그런 사건들은 전례가 없이 일어난 일들이다. 그러니 미래의 최악 혹은 최고의 사건이 과거의 최악 혹은 최고의 사건과 같은 수준일 거라 가정하는 예보관은 역사를 따르지 않는 셈이 된다. 왜냐하면 그런 가정은 미래에 유례없는 사건이 일어나지 않을 거라 가정하는 꼴이나 마찬가지이기 때문이다.

나심 탈레브의 저서 《행운에 속지 마라Fooled By Randomness》에는 다음과 같은 이야기가 나온다.

⫷⫷⫷ 파라오 시절 이집트에서 학자들은 나일강의 최고 수위선을 추적해 이를 근거로 향후에 벌어질 최악의 시나리오를 가늠했다. 2011년 쓰나미 때 참사를 빚은 후쿠시마 원자로 사태에서도 같은 현상을 볼 수 있다. 이 원자로는 과거에 있었던 역사상 최악의 지진을 견딜 수 있게 지어졌다. 건축자들은 그보다 훨씬 더 나쁜 경우는 상상하지 않았다. 과거 최악의 사건은 당시 사람들에게 틀림없이 깜짝 놀랄 일이었고 그 전까지는 유례가 없었다는 사실을 생각하지 않은 것이다.

이는 분석의 실패가 아니다. 상상력의 실패다. 미래의 모습이 과거와 전혀 딴판일 수 있음을 깨닫는 것은 특별한 능력이다. 금융시장 예측을 전문으로 하는 사람들 사이에서 그리 높이 사는 기술은 아니지만 말이다.

2017년 나는 뉴욕의 어느 만찬에 참석했다. 그 자리에서 대니얼 카너먼Daniel Kahneman은 우리의 예측이 틀렸을 때 투자자들은 어떻게 반응해야 하냐는 질문을 받고 이렇게 말했다.

> ≪≪≪ 우리는 실수를 했다는 사실을 인정할 때조차 "다시는 이런 실수를 안 해야지."라고 말합니다. 하지만 무언가를 예측하지 못해서 실수를 저질렀을 경우 알아야 할 건, 세상이 예측하기 힘들다는 사실입니다. 예상치 못한 일에 놀랐을 때 배워야 할 교훈은 바로 이겁니다. '세상에는 놀랄 일이 생긴다.'

'세상에는 놀랄 일이 생긴다.' 과거에 있었던 놀라운 일들을 미래의 가이드로 생각할 것이 아니라, 앞으로 어떤 일이 일어날지 전혀 모른다는 사실을 인정하는 계기로 삼아야 한다.

미래에 일어날 가장 중요한 경제적 사건(상황을 가장 많이 바꿔놓을 사건)에 대해 과거는 가이드를 거의 주지 않거나 전혀 주지 않는다. 그것들은 유례가 없는 사건이 될 것이다. 유례가 없기 때문에 우리는 준비되어 있지 않을 테고, 해당 사건이 그토록 큰 영향을 끼치는 데는 이런 이유가 한몫을 할 것이다. 이는 경기침체나 전쟁처럼 무서운 사건은 물론, 혁신처럼 좋은 사건에도 해당한다.

나는 이 예측이 맞으리라 자신한다. 놀랄 만한 일들이 상황을 가장 많이 바꿔놓았다는 것, 이것이 사실상 역사의 주요 지점마다 유일하게 정확했던 예측이기 때문이다.

> **역사는 경제나 주식시장의 미래에 대해**
> **잘못된 가이드가 될 수 있다.**
> **오늘날 세상에서 중요한 구조적 변화를 고려하지 않기 때문이다.**

큰 것 몇 가지만 생각해보자. 미국에 퇴직연금제도가 생긴 지 42년이 됐다. 개인연금제도는 1990년대에 만들어졌다. 그러니 오늘날 은퇴에 대비해 미국인들이 돈을 어떻게 모으고 있는지에 대한 분석이나 개인금융에 대한 조언은 불과 한 세대 전과도 직접적인 비교가 힘들게 됐다. 새로운 옵션들이 생겼고, 상황이 변했다.

아니면 벤처캐피털을 살펴보자. 25년 전만 해도 벤처캐피털은 거의 존재하지 않았다. 그런데 현재 규모가 큰 벤처캐피털 펀드 하나가 한 세대 전 해당 업계 전체보다 더 큰 규모를 자랑한다.[40] 나이키의 공동 설립자 필 나이트_Phil Knight_는 회고록에서 사업 초창기를 회상하며 다음과 같이 썼다.

>> 벤처캐피털 같은 것은 없었다. 가슴 부푼 젊은 사업가가
> 기댈 곳은 거의 없었다. 있다 해도 상상력이라고는 눈곱만큼도
> 없는, 리스크 회피적인 문지기들이 지키고 있었다. 은행가들 말
> 이다.

스타트업의 자금 조달과 관련한 불과 몇십 년 전의 데이터도
지금 시대에는 맞지 않는다는 이야기다. 투자 사이클, 스타트업
의 실패율과 관련해 우리가 아는 사항들은 탄탄한 역사적 기
초가 될 수 없다. 역사적으로 볼 때 지금 기업들이 자금을 조
달하는 방법은 그만큼 새로운 패러다임이기 때문이다.

주식시장도 마찬가지다. S&P500은 1976년까지 금융 기업을
포함하지 않았다. 지금은 금융 분야가 지수의 16퍼센트를 구성
한다. 50년 전에 기술주들은 사실상 존재하지도 않았다. 지금
은 기술주가 지수의 5분의 1 이상을 구성한다. 회계기준도 시
간이 흐르면서 바뀌었다. 공시제도며 감사제도, 시장 유동성도
마찬가지다. 상황은 변했다. 미국에서 경기침체의 간격도 지난
150년간 극적인 변화를 겪었다.

침체기의 평균 간격은 1800년대 말 2년에서 20세기 초에는
5년으로, 지난 50년간은 8년으로 넓어졌다.

미국 경제의 침체기

이 책을 쓰고 있는 현재, 우리는 침체기에 들어서고 있는 것으로 보인다. 마지막 침체기가 시작된 2007년 12월 이후 12년 만이다. 남북전쟁 이후 가장 긴 간격이다. 경기침체의 빈도가 왜 줄었는가와 관련해서는 수많은 이론이 있다. 그중 하나는 연방정부가 경기순환을 좀 더 잘 관리하게 됐거나, 아니면 적어도 경기순환의 길이를 좀 더 늘일 수 있게 됐다는 것이다. 또 다른 이론은 지난 50년을 지배한 서비스업에 비해 중공업이 호황과 불황의 과잉생산에 더 취약하다는 것이다. 여기서 비관적 관점 중 하나는 경기침체의 횟수는 줄었어도, 강도가 이전보다 더 세졌다는 것이다. 무엇이 이런 변화를 유발했는지는 특별히 중요하지 않다. 중요한 것은 상황이 분명 변했다는 사실이다.

투자에 관한 의사결정을 내릴 때 이런 역사적 변화가 어떻게 고려되어야 할까. 많은 사람들이 역사상 가장 위대한 투자 이론가라 믿는 벤저민 그레이엄의 저서와 관련하여 생각해보자. 그레이엄의 고전《현명한 투자자The Intelligent Investor》는 단순한 이론 이상이다. 이 책에는 투자자들이 똑똑한 의사결정을 내릴 때 사용할 만한 공식이 담겨 있고, 이는 우리에게 실용적인 방향을 알려준다.

　내가 그레이엄의 책을 읽은 것은 투자에 관해 처음 배우던 10대 때였다. 나는 이 책의 공식들이 마음에 와닿았다. 말 그대로 한 걸음, 한 걸음씩 부자가 되는 법을 알려주었기 때문이다. 지시 사항을 하나씩 따라가면 됐다. 아주 쉬워 보였다.

　그런데 공식들 중 몇 가지를 적용해보려고 하면 한 가지가 분명해진다. '실제로 효과가 있는 공식이 별로 없다.' 그레이엄은 순운영자산(쉽게 말해 은행에 있는 현금에서 모든 빚을 뺀 것)보다 낮은 가격에 거래되는 주식을 사라고 한다. 듣기에는 훌륭하다. 그러나 이렇게 싼 가격에 거래되는 주식은 이제는 거의 없다. 회계 부정으로 고발된 싸구려 주식이 아니고서는 말이다.

　그레이엄의 기준 중에는 보수적인 투자자라면 장부가치보다 1.5배 이상의 가격에 거래되는 주식은 피하라는 사항도 있다.

그런데 지난 10년간 이 규칙에 따랐다면 보험과 은행주 외에는 아무것도 가질 수 없었을 것이다.

《현명한 투자자》는 역사상 가장 훌륭한 투자서 중 하나다. 그러나 그레이엄이 발표한 공식들을 실천해서 잘살게 된 투자자가 한 명이라도 있는지 모르겠다. 이 책에는 지혜가 가득하다. 아마도 지금까지 출판된 그 어떤 투자서보다 많은 지혜가 담겨 있다. 그러나 실천 지침서로서의 가치는 의문스럽다.

어떻게 된 걸까? 그레이엄이 듣기에만 좋을 뿐 효과 없는 조언이나 하는 쇼맨십에 능한 사람이었을까? 아니다. 그레이엄은 본인 스스로도 크게 성공한 투자자였다.

그레이엄은 실용적인 사람이었다. 그리고 정말로 남다른 투자를 하는 사람이었다. 그는 자신이 고수해온 투자 개념이라고 해도 너무 많은 투자자들이 해당 이론을 따르게 되어 그 이론이 잠재적으로 쓸모가 없어지면 더는 얽매이지 않았다. 나중에 나온 그레이엄 책의 개정판에 주석을 달기도 했던 제이슨 츠바이크는 이렇게 썼다.

> 그레이엄은 자신의 가정을 끊임없이 실험하고 다시 테스트하며 어느 것이 효과가 있는지 찾으려 했다. 어제 효과 있었던 것이 아니라 오늘 효과 있는 것을 찾았다. 《현명한 투자자》의 개정판이 나올 때마다 그레이엄은 이전에 제안했던 공식을 버리

고 새로운 공식으로 그 자리를 대체했다. 사실상 이렇게 선언하는 것이나 마찬가지였다. '저 공식들은 더 이상 효과가 없거나 이전만큼 효과가 없습니다. 이것들이 지금 더 효과 있어 보이는 공식입니다.'

그레이엄에게 흔히 제기되는 비판 중 하나는 1972년판에 실린 공식들이 이제 모두 구닥다리라는 것이다. 이 비판에 대해 합당한 반응은 이것 하나밖에 없다. "당연하죠! 그 공식들은 그가 1965년판에 실린 공식들을 대체하려고 쓴 것들이니까요. 1965년판의 공식들은 1954년판의 공식들을 대체한 것이고, 1954년판의 공식들은 1949년판의 공식들을 대체한 것이고, 1949년의 공식들은 그가 1934년에 내놓은 《증권분석Security Analysis》의 최초 공식들을 강화하려고 쓴 것이니까요."

그레이엄은 1976년에 죽었다. 1934년부터 1972년 사이에 그의 공식들이 다섯 차례 폐기되거나 업데이트됐다면, 2020년에는 얼마나 유효할 거라 생각하는가? 2050년에는?

죽기 직전에 그레이엄은 개별 주식에 대한 상세한 분석(그는 이것으로 유명해졌다) 전략을 여전히 선호하느냐는 질문을 받았다. 그는 다음과 같이 답했다.

≪≪≪ 전반적으로 보면 아닙니다. 더 이상 우월한 가치 기회를 찾

기 위해 힘든 증권 분석 기법들을 사용하자고 주장하지는 않습니다. 예컨대 우리 책이 처음 출판됐던 40년 전이었다면 그럴 만한 가치가 있었습니다. 하지만 이후로 상황이 많이 변했으니까요.[41]

뭐가 바뀌었을까? 기회가 많이 알려지면서 경쟁이 심해졌다. 기술 덕분에 정보 접근성이 높아졌다. 공업 경제에서 기술 부문으로 산업이 이동했고 경기순환과 자본 사용 방법이 달라졌다. 상황은 변했다.

～

투자의 역사를 살펴보면 흥미로운 것이 있다. 뒤를 돌아보면 돌아볼수록 지금 세상에 더는 적용할 수 없는 이야기임을 깨닫는다. 수많은 투자자와 경제학자들이 수십 년, 심지어 수백 년의 데이터가 자신의 예측을 뒷받침한다는 사실에 안도감을 느낀다. 그러나 경제는 계속 진화하기 때문에 미래에 대한 최고의 가이드는 오히려 최신 이력인 경우가 많다. 최근의 역사에는 미래와 관련된 중요한 여건들이 포함되어 있을 가능성이 크기 때문이다.

투자 업계에서 흔히 누군가를 조롱할 때 "이번에는 다를 테지."라는 표현을 많이 쓴다. 다가오는 미래가 과거와는 전혀 다를 거라 예상하는 사람에게 반박하고 싶을 때 "아, 그러니까 너는 이번에는 다를 거라 생각하는구나?"라고 말하고는 대화를 끝내버리는 식이다. 이 표현은 투자자 존 템플턴John Templeton의 시각에서 유래했다. 그는 이렇게 말했다. "투자에서 제일 위험한 두 마디는 '이번에는 달라.'이다."

그러나 템플턴 역시 적어도 20퍼센트의 경우에는 미래가 과거와 다르다고 인정했다. 세상은 변한다. 당연하다. 그리고 시간이 지나면 중요해지는 것은 바로 그 변화들이다. 그래서 마이클 배트닉은 말했다. "투자에서 제일 위험한 일곱 마디는 '투자에서 제일 위험한 두 마디는 '이번에는 달라.'이다.'라는 말이다."

그렇다고 해서 우리가 돈과 투자에 대해 생각할 때 지난 역사를 무시해야 한다는 건 아니다. 대신 중요하게 고려할 사항이 있다. 일반적인 것, 즉 사람들이 탐욕이나 공포와 맺고 있는 관계, 스트레스를 받을 때 행동하는 방식, 인센티브에 반응하는 모습 같은 것들은 시간이 지나도 그대로인 경향이 있다. 돈의 역사를 탐구할 때는 바로 이런 것들에 주목해야 한다. 이에 반해 특정한 트렌드나 업계, 부문, 시장의 인과관계, 사람들이 자기 돈으로 뭘 해야 하는지 등등은 계속해서 진화하고 바뀐다. 그러니 역사가들은 예언가가 될 수 없다.

그렇다면 우리는 미래를 어떻게 생각하고 어떤 계획을 세워야 할까? 다음 장에서 살펴보도록 하자.

Big Lesson of Investing

가치투자의 아버지, 기업 분석의 창시자
워런 버핏의 스승이자 세기의 투자자

벤저민 그레이엄.

그는 자신의 이론과 공식을 수차례 보완하며
'미래의 예측 불허함'에 찬동했다.

누가 예상을 하고, 예측을 하고, 미래를 점치는가.

확실한 건, 세상에는 예측불허한 일이 생긴다는 그 사실뿐이다.

안전마진

Room for Error

아무리 내가 옳다 해도
내 앞에 있는 칩을 몽땅 걸 수 있는 순간은 없다.

아주 똑똑한 금융 행동이 뜻밖의 장소에서 발견될 때가 있다. 이를테면 라스베이거스 카지노 같은 곳에서 말이다. 물론 도박을 하는 모든 사람이 똑똑하게 행동한다는 이야기는 아니다. 그러나 카드 카운팅*card counting*을 하는 일부 블랙잭 플레이어를 보면 '실수에 대비한 여지'를 마련해둬야 함을 배울 수 있다. 이는 평범한 사람들 또한 돈 관리를 할 때 중요하게 삼아야 할 교훈이다.

블랙잭에서 카드 카운팅을 하는 기본 요령은 간단하다.

- 그 누구도 딜러가 다음번에 꺼낼 카드가 무엇일지 정확히 알 수 없다.
- 그러나 앞서 나온 카드가 무엇이었는지 계속 기억해나가면 아직 쌓여 있는 카드 더미에 어떤 카드가 남아 있을지는 계산할 수 있다.
- 이렇게 하면 딜러가 특정 카드를 꺼낼 '확률'을 알 수 있다.

플레이어는 내가 원하는 카드가 나올 확률이 높으면 더 많은 돈을 걸고, 확률이 낮으면 적은 돈을 건다. 이게 어떻게 가능한가 하는 것은 여기서 중요하지 않다. 중요한 것은 블랙잭에서 카드 카운팅을 하는 사람이 스스로 '확률 게임'을 하고 있을 뿐, 결코 확실한 건 아니라는 사실을 알고 있다는 점이다. 이들은 자신이 옳을 확률이 크지만, 틀릴 확률도 상당하다는 사실을 안다. 이 사람들이 전문 도박꾼임을 생각하면 이상하게 들릴 수도 있지만, 사실 이들의 전략은 전적으로 '겸손'에 의존하고 있다. 이들은 내가 모른다는 사실, 다음에 무슨 일이 벌어질지 정확히 알 수 없다는 사실을 알고 그에 따라 행동하기 때문이다.

카드 카운팅이 효과가 있는 이유는 하우스(해당 카지노) 쪽에서 플레이어 쪽으로 이길 확률을 아주 조금 옮겨주기 때문이다. 그러나 확률이 유리해 보인다고 해서 너무 큰돈을 건다면, 틀렸을 때 그만큼 큰돈을 잃기 때문에 게임을 지속할 돈이 남지 않을 수도 있다.

아무리 내가 옳다 해도 내 앞에 있는 칩을 몽땅 걸 수 있는 순간은 없다. 세상은 그 누구에게도 친절하지 않다. 적어도 지속적으로 친절하지는 않다. 따라서 우리는 우리가 저지를지도 모를 실수에 대비한 방책이 필요하다. 계획이 계획대로 되지 않을 때를 대비한 계획을 마련해둬야 한다.

《MIT 수학천재들의 카지노 무너뜨리기_{Bringing Down the House}》에서 성공한 카드 카운팅 플레이어로 묘사된 케빈 루이스_{Kevin Lewis}는 다음과 같이 설명했다.

〉〉〉〉 카드 카운팅이 통한다는 사실은 통계적으로 이미 증명되었지만 그렇다고 매번 이기게 만들어주는 것은 아니며, 카지노를 방문할 때마다 이기는 것은 더더욱 아니다. 아무리 운이 나빠도 견딜 수 있을 만큼의 충분한 돈을 갖고 있어야 한다.

예를 들어 우리가 카지노 측보다 대략 2퍼센트 정도 우위에 선다고 가정해보자. 이 말은 곧 49퍼센트의 경우에는 카지노가 이길 거라는 뜻이다. 따라서 어떤 변수가 발생하더라도 버틸 수 있을 만큼의 충분한 돈이 필요하다. 경험적으로는 대략 기본 배팅 금액의 100배 정도는 가지고 있어야 한다. 1만 달러로 시작한다고 가정했을 때 편안하게 플레이할 수 있는 기본 배팅 금액은 100달러인 셈이다.

역사적으로 보면 좋은 아이디어를 무리하게 밀고 나가 결국은 나쁜 아이디어와 다름없게 되는 일이 종종 있다. 실수에 대한 대비책을 만들어두는 것이 지혜로운 이유는 불확실성, 임의성, 여러 가지 확률들이 삶에 늘 존재하는 일부이기 때문이다. 이런 불확실성을 상대하는 유일한 방법은 '발생할 거라고 예상하는 일'과 '실제로 발생하는 일'이 크게 차이 나더라도 계속해서 싸울 수 있는 능력을 유지하는 것이다.

⌣

벤저민 그레이엄은 '안전마진'이라는 개념으로 유명하다. 이에 관해서는 그가 수학적으로 구구절절 설명해놓기도 했지만, 내가 좋아하는 설명은 그가 어느 인터뷰에서 자신의 이론을 한마디로 요약한 부분이다. 그는 "안전마진의 목적은 예측을 불필요하게 만들기 위한 것."이라고 했다. 이 간단한 말 속에 얼마나 강력한 힘이 있는지는 아무리 강조해도 지나치지 않을 정도다.

안전마진('실수에 대비한 여지' 내지는 '여분'이라 불러도 좋다)은 확실성이 아니라 확률에 의해 지배되는 세상을 안전하게 헤쳐 나가는 가장 효과적인 방법이다. 그리고 돈과 관련된 것들은 거의 모두 이런 유형의 세상에 존재한다.

정확한 예측은 어렵다. 카드 카운팅을 하는 사람은 이 점을 명확히 알고 있다. 잘 섞여 있는 카드 더미에서 특정 카드가 어디에 있을지는 누구도 알 수 없기 때문이다. 반면에 "향후 10년간 주식시장의 연평균 수익률이 얼마일까요?" 또는 "저는 몇 년 몇 월 며칠에 은퇴할 수 있을까요?"라고 묻는 사람은 그 사실을 잘 모른다. 우리가 할 수 있는 최선은 확률을 생각해보는 것이다.

그레이엄의 안전마진은 눈앞의 세상을 예측 가능한 것, 아니면 순전한 도박이라는 식의 흑백논리로 생각할 필요가 없다고 말한다. 애매한 영역, 그러니까 일정 범위의 잠재적 결과를 받아들일 수 있도록 하는 것이야말로 가장 똑똑한 길이다.

그러나 사람들은 돈과 관련한 거의 모든 일에서 실수의 여지를 과소평가한다. 주식 애널리스트들은 고객에게 가격 범위가 아니라 목표 가격을 제시한다. 경제 예측가들이 예상을 내놓을 때도 정확한 수치를 제시하지, 넓은 가능성을 제시하는 경우는 거의 없다. "확실히 알 수는 없습니다."라고 하면서 확률로 이야기하는 평론가보다는 굳건한 확실성을 가지고 말하는 평론가가 더 많은 추종자를 확보하기 때문이다.[42]

우리는 돈이 들어가는 모든 일, 특히 의사결정과 관련된 일에서 이런 모습을 보인다. 하버드 대학교의 심리학자 맥스 베이저먼Max Bazerman도 비슷한 사실을 밝힌 적이 있다. 누군가가 집을 리모델링한다고 하면 우리는 '예산이 25퍼센트에서 50퍼센트 정도 초과하겠군.' 하고 추정한다.[43] 그런데 내가 리모델링을 한다고 하면 정해진 예산 내에서 제때에 일이 끝날 거라 생각한다. 그리고 결국에는 실망한다.

우리가 실수의 여지를 인정하지 않는 이유는 두 가지다. 첫째, 미래에 무슨 일이 일어날지 누군가는 알고 있어야 한다고 생각하기 때문이다. 아무도 미래를 모른다는 사실을 인정하면 마음이 너무나 불안하다. 둘째, 따라서 예측 가능한 미래를 활용할 수 있는 행동을 취하지 않는 것은 자신에게 손해라고 생각한다.

우리는 실수의 여지를 평가절하하고 오인한다. 사람들은 종종 실수에 대비한 여지를 마련하는 것을 보수적인 대비책이라 생각한다. 큰 리스크를 떠안고 싶지 않거나 자신의 관점에 자신 없는 사람들이 쓰는 방법이라고 말이다. 그러나 제대로 사용한다면 정반대의 효과를 낼 수 있다.

실수할 수 있음을 인정하고 대책을 마련해두는 것은 어느 정도의 잠재적 결과를 견딜 수 있게 한다. 버틸 수만 있으면 확률이 낮은 상황에서도 이득을 취할 때까지 살아남을 수 있다. 아주 큰 이득은 자주 발생하지 않는다. 자주 없는 일이기도 하거니와 불어나는 데 시간이 걸리기 때문이다. 따라서 자신의 전략 속에 실수에 대비한 대책(현금)을 충분히 포함시킨 사람은 다른 곳(주식)에서 어려움에 처하더라도, 즉 잘못해서 쫄딱 망하거나 게임이 끝나거나 더 많은 칩을 투자하는 사람에 비해 우위에 선다.

～⌣～

빌 게이츠는 이 점을 잘 이해하고 있었다. 마이크로소프트가 설립된 지 얼마 되지 않았을 때 일이다. "아무 수입이 없어도 직원들에게 1년 동안 월급을 줄 수 있을 만큼 은행에 충분한 현금을 보유하고 싶다는, 어마어마하게 보수적인 접근법을 생각해냈습니다." 워런 버핏도 2008년 버크셔 해서웨이 주주들에게 비슷한 생각을 밝힌 적이 있다. "저는 언제나 충분한 정도 이상의 현금을 가지고 버크셔 해서웨이를 경영하겠다고 신용평가기관과 나 자신에게 맹세해왔습니다. (중략) 설사 이윤을 더 낼 가능성이 있다 하더라도 저는 단 하루라도 밤잠을 설치는 선택은 하지 않을 것입니다."[44]

투자자들이 특히 실수의 여지를 생각해야 할 경우가 몇 가지 있다. 하나는 변동성이다. 자산가치가 30퍼센트 하락해도 살아남을 수 있는가? 스프레드시트상에서는 그럴지 모른다. 실제로 지불할 금액을 다 지불하고 현금흐름을 플러스로 유지할 수 있을지도 모른다. 그러나 정신적으로는 어떨까? 자산가치의 30퍼센트 하락이 우리의 정신에 어떤 영향을 미칠지에 대해서는 과소평가하기 쉽다. 막상 기회가 최고조에 달했을 때 자신감은 푹 꺼져있을지도 모른다. 당신 혹은 당신의 배우자는 이제 그만 새로운 계획을 찾자고, 새로운 커리어를 찾자고 설득할 수도 있다.

나는 손실을 본 이후 지쳐서 그만둔 투자자들을 여럿 알고 있다. 그들은 육체적으로 지쳤다. 이 숫자들이 말이 되는지 안 되는지 알려주는 것은 스프레드시트가 잘한다. 그러나 밤에 아이들을 재우면서 '만약 이 투자 결정이 잘못됐다면 아이들의 미래가 망가지지 않을까?'라고 걱정하는 당신의 마음이 어떨지 알려주지는 못한다. 실수의 여지를 생각할 때 엄밀한 의미에서 '견딜 수 있는 것'과 '정서적으로 가능한 것' 사이의 차이를 간과하기 쉽다.

다른 하나는 은퇴 준비다. 역사를 살펴보면 1870년대 이후 미국 주식시장의 연평균 수익률은 물가상승률을 감안했을 때 6.8퍼센트였다. 이를 적당히 합리적인 초기 근사치로 사용한다면 다양화된 포트폴리오를 가지고 은퇴 시의 기대수익률을 추산할 수 있을 것이다. 그리고 다시 수익률에 대한 해당 가정을 사용해 목표 금액을 모으기 위해 매달 얼마를 적립해야 하는지 계산할 수 있다.

그런데 미래 수익률이 이보다 낮다면 어떻게 할 것인가? 장기적 이력은 장기적 미래를 추산할 때는 좋은 기준이지만, 만약 당신의 목표 은퇴일이 예컨대 2009년 같은 지독한 약세장 한가운데가 되어버린다면? 미래의 약세장에 당신이 겁이 나서 주식을 포기하는 바람에 미래의 강세장을 놓치게 되어 실제 수익률이 시장 평균보다 낮아진다면? 당신이 30대에 큰 병에 걸려 병원비를 내기 위해 은퇴자금을 인출해야 한다면? 이런 가정들에 대한 답은 "과거에 예측한 것처럼 은퇴할 수는 없다."이다. 큰일이다.

해결책은 간단하다. 미래 수익률을 추산할 때 역으로 실수의 여지를 이용하라. 이는 과학이라기보다 예술에 가깝다. 20장에서 더 자세히 이야기하겠지만, 나의 경우 평생 미래 수익률이 역사적 평균보다 3분의 1 더 낮다고 가정한다. 그래서 나는 미래가 과거와 닮았다고 가정할 때보다 더 많은 금액을 모은다. 나의 '안전마진'인 셈이다. 과거에 비해 3분의 1 낮은 것보다 실제로 미래가 더욱 암담할 수도 있다. 하지만 이런 안전마진마저 없다면 100퍼센트 실망하는 일만 남는다. 3분의 1의 완충역이면 밤잠을 설치지 않을 수 있다. 그리고 운이 좋아 미래가 실제로 과거와 닮은꼴이 된다면 나에게는 그저 기쁜 소식이 될 것이다. 찰리 멍거는 "행복해지는 최선의 길은 목표를 낮추는 것이다."라고 말했다. 이 얼마나 멋진 말인가 말이다.

실수의 여지와 사촌 격인 또 하나가 있다. 나는 이를 '리스크에 대한 낙관적 편향' 내지는 '러시안 룰렛은 통계대로 움직여야 한다 신드롬'이라고 부른다. 어떤 상황에서도 불리한 경우를 받아들일 수 없을 때 나에게 유리한 확률에 애착을 갖는 것을 말한다.

나심 탈레브는 이렇게 말했다. "리스크를 좋아하면서도 파산을 절대 면할 수 있다." 그리고 사실 그렇게 해야만 한다.

큰돈을 벌려면 리스크를 감수해야 한다. 그러나 리스크 때문에 망할 수 있다면 그 어떤 리스크도 감수할 가치가 없다. 러시안 룰렛을 할 때 확률은 우리에게 유리하다. 그러나 러시안 룰렛의 불리한 결과는 유리할 때 생길 수 있는 결과를 감수할 만큼의 가치가 없다. 이 리스크를 보상할 수 있는 안전마진이란 없다.

돈 문제도 마찬가지다. 부동산 가격은 거의 해마다 상승하고, 당신은 거의 매년 월급을 받을 것이다. 그러나 어떤 것이 맞을 확률이 95퍼센트이고 틀릴 확률이 5퍼센트라면, 이것은 사는 동안 언젠가는 불리한 경우를 분명 경험할 거라는 뜻이다. 그 불리한 경우의 대가가 파산이라면, 95퍼센트의 유리한 경우가 있다 해도 그 위험은 감수할 가치가 없다. 유리한 경우의 대가가 아무리 매력적이더라도 말이다.

여기서 악마는 바로 레버리지다. 레버리지, 즉 돈을 더 많이 벌기 위해 빚을 내는 것은 통상적인 위험을 파산에 이를 위험으로까지 발전시킨다. 위험한 점은 대부분의 경우 이성적인 낙천주의가 종종 파산의 확률을 가려버린다는 점이다. 그래서 우리는 만성적으로 리스크를 과소평가하게 된다.

지난 10년간 미국의 주택 가격은 30퍼센트 하락했다. 몇몇 기업은 채무를 변제하지 못했다. 이게 자본주의다. 이런 일이 생긴다. 그러나 높은 레버리지를 사용하는 사람들은 여기에 더해 이중으로 피해를 입었다. 이들은 파산했을 뿐만 아니라 그 파산으로 인해 재기할 수 있는 모든 기회마저 잃었다. 기회가 무르익은 순간에 말이다. 2009년에 집을 가지고 있다가 모든 것을 날린 사람은 2010년에 주택담보대출 금리가 낮아졌음에도 이를 이용할 수가 없었다. 리먼 브러더스는 2009년에 값싼 대출에 투자할 기회가 없었다. 이미 파산했기 때문이다.

이런 일이 일어나지 않도록 하기 위해 나는 나의 돈을 둘로 나누어 생각한다. 일정 부분은 리스크를 감수하고, 다른 부분은 리스크를 아주 멀리한다. 이는 일관성 없는 행동이 아니다. 당신은 이게 일관성이 없다고 믿을 것이다. 나는 그저 나의 리스크가 제값을 할 때까지 오랫동안 살아남고 싶은 것뿐이다. 성공하려면 살아남아야 한다. 이 책에서 여러 번 이야기한 요점을 다시 한번 반복하겠다. '당신이 원할 때, 원하는 것을, 원

하는 사람과, 원하는 만큼 오랫동안 할 수 있는 능력의 ROI(투자수익률)는 무한하다.'

～

실수에 대비한다는 게 일어날 수 있다고 예상하는 일 주변으로 목표를 넓히기만 하는 것은 아니다. 실수에 대한 대비책은 당신이 상상조차 못한 일, 당신이 맞닥뜨릴 가장 골치 아픈 사건으로부터 당신을 보호하는 데 도움을 준다. 다음을 보자.

제2차 세계대전 기간에 벌어진 스탈린그라드 전투는 역사상 가장 큰 전투였다. 이와 관련해 사람들이 리스크에 어떻게 대처하는지 보여주는 믿기지 않는 이야기가 여럿 있다.

하나는 1942년 말에 일어난 일이다. 독일의 탱크 부대가 도시 밖 풀밭에서 대기 중이었다. 최전선에서 탱크가 간절히 필요해졌을 때 모두를 놀라게 만든 일이 일어났다. 거의 모든 탱크가 움직이지 않는 것이다.

해당 부대에 속한 탱크 104대 중 작동하는 것은 20대도 되지 않았다. 엔지니어들은 문제가 무엇인지 금세 찾아냈다. 역사가 윌리엄 크레이그_{William Craig}는 이렇게 표현한다. "후방에서 쉬는 몇 주 동안 들쥐들이 탱크 안에 집을 짓고 전기선을 둘러싼 절연재를 죄다 먹어치웠다."

당시 독일군은 전 세계에서 가장 발전된 장비를 보유하고 있었다. 그런 그들을 무너뜨린 것은 다름 아닌 들쥐였다. 독일군이 얼마나 황당했을지 상상이 될 것이다. 그들의 마음속에 들쥐라는 존재는 한 번도 스친 적이 없었다. 세상 그 어느 탱크 개발자가 들쥐 방어책을 생각할까? 합리적인 개발자 중에서도, 탱크 역사를 공부한 개발자 중에서도 없을 것이다.

하지만 이런 일들은 언제나 벌어진다. 우리는 온갖 리스크에 대한 대비책을 세우지만 도저히 상상할 수 없는 완전히 미친 일들이 일어난다. 그리고 그런 미친 일들이야말로 가장 큰 손해를 끼친다. 그런 미친 일들은 생각보다 자주 일어나고, 우리는 그에 대처할 방안이 없기 때문이다.

2006년 워런 버핏은 언젠가 자신을 대신할 사람을 찾고 있다고 발표했다. "한 번도 마주친 적 없는 것들을 포함하여 심각한 리스크를 알아채고 이를 회피하도록 뼛속 깊이 프로그램 된 사람"을 찾는다고 했다.[45]

나는 우리 회사 콜라보레이티브 펀드Collaborative Fund가 지원한 여러 스타트업을 통해 이 능력을 실제로 목격한 적이 있다. 설립자에게 자신들이 직면한 가장 큰 리스크를 나열해보라고 하면 흔히 등장하는 것들이 있다. 그것들 외에, 우리 회사 포트폴리오에 있는 기업들이 대처해야 했던 예상 밖 이슈를 몇 가지만 나열하면 다음과 같다.

- 수도관이 파열되면서 홍수가 나서 회사 건물이 훼손됐다.
- 회사 건물에 도둑이 세 번이나 들었다.
- 회사가 자체 제조공장에서 쫓겨났다.
- 어느 고객이 보건복지부에 전화해서 매장이 문을 닫았는데, 알고 보니 해당 고객은 다른 손님이 매장에 개를 들이는 게 싫었던 것이었다.
- CEO가 온 신경을 집중해야 할 자금 모집 기간 중에 그의 이메일 계정이 도용당하는 사건이 벌어졌다.
- 회사 설립자가 신경쇠약에 걸려 아무것도 못 하게 됐다.

몇몇은 회사의 미래에 심대한 영향을 끼쳤다. 그리고 이 중에 미리 내다볼 수 있는 사건은 하나도 없었다. 왜냐하면 문제를 해결해야 할 CEO나 그들이 아는 누군가에게 일어난 적 없는 사건들이기 때문이다. 지도에 없는 땅이었다.

〜

알려지지 않은 리스크를 피하는 것은 이미 그 정의에서부터 거의 불가능하다. 상상할 수 없는 일을 대비할 수는 없다. 이런 일에서 생기는 피해에 대비하는 한 가지 방법은 '단일 실패점 single point of failure'이다.

인생의 많은 일에 적용할 수 있는 훌륭한 경험치 중에 '부러질 수 있는 모든 것은 언젠가는 부러진다.'라는 것이 있다. 많은 것들이 한 가지에 의존하고 있는데 그 한 가지가 부러질 수 있는 것이라면, 이는 참사가 닥칠 날을 손꼽아 기다리고 있는 것이나 마찬가지다. 여기서 그 '한 가지'가 바로 단일 실패점이다.

단일 실패점을 만들지 않는 데 능한 사람들도 있다. 비행기에 들어가는 중요 시스템은 거의가 백업backup이 있고, 백업의 백업이 있는 경우도 있다. 현대식 제트기는 네 개의 전기 시스템을 여분으로 갖고 있다. 엔진 하나만으로도 날 수 있을 뿐만 아니라, 엄밀히 말하면 엔진이 하나도 없어도 착륙은 가능하다. 왜냐하면 모든 제트기는 엔진에서 나오는 역추진력 없이 브레이크만으로도 활주로에서 멈출 수 있어야 하기 때문이다. 마찬가지로 현수교 역시 케이블이 여럿 떨어져 나간다고 해도 추락하지 않는다.

돈과 관련하여 가장 큰 단일 실패점은 월급에만 의존해서 단기지출 자금을 마련하고 저축은 전혀 하지 않는 바람에, 내가 생각하는 지출과 미래에 혹시 생길 수 있는 지출 사이에 여유가 전혀 없는 것이다. 심지어 아주 부자인 사람들도 종종 간과하는 한 가지를 앞에서 보았다. '저축을 하는 데는 특별한 이유가 필요하지 않다.' 차를 사려고, 집을 사려고, 은퇴 준비를 하려고 저축하는 것도 괜찮다. 하지만 우리가 전혀 예측할 수 없는, 심지어는 이해조차 할 수 없는 일들(금융 분야의 들쥐에 해당하는 것들)을 위해 저축을 하는 것도 똑같이 중요하다.

내 저축을 어디에 사용할지 예측하는 것은, 미래의 내 지출이 정확히 무엇일지 인지하고 있음을 가정한다. 하지만 그런 세상에서 사는 사람은 없다. 나는 저축을 많이 하지만 이 저축을 무엇에 사용할지는 전혀 모르겠다. 이미 알려진 리스크만을 대비하는 금융 계획은 현실 세계를 살아남을 만큼 충분한 안전 마진을 갖기 힘들다.

실제로 모든 계획에서 가장 중요한 부분은 계획이 계획대로 되지 않을 때를 위한 계획을 세워두는 것이다. 이것이 당신에게는 어떻게 해당할지 다음 장에서 살펴보자.

맞을 확률이 95퍼센트이고 틀릴 확률이 5퍼센트라면,
이는 언젠가는 불리한 경우를 경험할 거라는 뜻이다.

그 불리한 경우의 대가가 파산이라면
95퍼센트의 유리한 경우가 있다 해도
그 위험은 감수할 가치가 없다.

파산을 하면 모든 것이 끝나기 때문이다.

과거의 나 vs. 미래의 나

You'll Change

'미래의 나'는 과거의 내가 내린 결정에 대해
늘 기뻐하지만은 않는다.

어릴 때 함께 자란 친구 중에 부잣집 자식도, 타고난 머리가
있는 것도 아니지만 내가 아는 사람들 중 가장 열심히 노력하
는 친구가 있었다. 이런 사람들은 우리에게 알려줄 수 있는 게
무척 많다. 성공에 이르는 그 한 걸음, 한 걸음을 적나라하게 이
해하고 있기 때문이다.

10대 때 이 친구의 인생 목표이자 꿈은 의사가 되는 것이었
다. 확률이 크지 않았다고 말하는 것은 좋게 돌려서 이야기한
것이다. 당시에는 합리적인 사람이라면 누구도 이 친구가 의사

가 될 수 있다고 생각하지 않았다. 그러나 친구는 포기하지 않았다. 비록 같은 수업을 듣는 학생들보다 열 살은 더 많았지만, 결국 의사가 됐다.

아무것도 없는 데서 시작해 꿋꿋이 밀고 나가서, 모든 예상을 뒤엎고 의대를 졸업하고 가장 존경받는 직업 중 하나를 갖게 되면 성취감이 얼마나 클까?

몇 년 전 그 친구와 이야기를 나누었는데 대화는 다음과 같이 진행됐다.

> **나**: 진짜 오랜만이네! 어떻게 잘⋯.
>
> **친구**: 끔찍한 직업이야.
>
> **나**: 허허, 뭐⋯.
>
> **친구**: 끔찍한 직업이라고, 친구야.

10분간 이런 대화가 이어졌다. 스트레스와 긴 근무 시간 때문에 친구는 완전히 녹초가 되어 있었다. 친구는 지금 자신의 위치가 실망스러운 눈치였다. 15년 전에 바랐던 곳을 향해 그토록 열심히 달려왔는데 말이다.

심리학에 따르면 사람들은 자신의 미래를 예측하는 능력이 형편없다. 목표를 상상하는 것은 쉽고 재미있다. 그러나 경쟁적인 목표 아래 현실적인 스트레스가 증가하는 상황에서 목표를 상상하는 것은 전혀 다른 문제다. 이는 우리가 미래의 경제적 목표를 계획하는 능력에도 큰 영향을 미친다.

～～

　다섯 살짜리 꼬마들은 크면 트랙터를 몰고 싶어한다. 어린 소년의 눈에 그보다 더 좋아 보이는 직업은 많지 않다. 이들에게 좋은 직업이란 시작도 끝도 "부릉부릉, 삐삐, 커다란 트랙터 나가신다!"이기 때문이다.

　그러다가 크고 나면 많은 꼬마들이 어쩌면 트랙터를 모는 게 최고의 직업은 아닐 수도 있음을 깨닫는다. 어쩌면 좀 더 명성이 있거나 돈이 되는 직업을 원할 수도 있다. 그래서 10대가 되면 변호사가 되기를 꿈꾼다. 이제는 계획이 세워졌다고 '확신'한다. 남은 문제는 로스쿨과 그 비용이다.

　그렇게 변호사가 되면 근무 시간이 너무 길어서 가족들 얼굴조차 보기 힘들어진다. 그래서 아마도 임금은 더 낮지만 근무 시간이 더 자유로운 일자리를 구한다. 그러고 나면 육아 비용이 너무 많이 들어서 월급 대부분이 육아에 들어간다는 사실을 깨닫고, 직장을 다니지 않고 집에서 아이를 돌보기로 한다. 이들은 마침내 옳은 선택을 했다고 결론을 내린다. 그러다가 70세가 되면 평생 집에 있다는 건 은퇴 준비를 할 여유가 없다는 뜻임을 깨닫는다.

많은 사람들이 비슷한 궤적을 따라간다. 미국의 중앙은행인 연방준비제도에 따르면 대학졸업자 중 27퍼센트만이 전공과 관련된 직업을 가진다.[46] 집에서 자녀를 돌보는 부모의 29퍼센트가 학사 학위를 소지하고 있다.[47] 물론 본인이 받은 교육을 후회하는 사람은 별로 없다. 그러나 이제 막 자녀를 낳은 30대는 목표를 정하던 18세에는 상상도 못 한 방식으로 인생을 생각할 수 있음을 알아야 한다.

장기적인 재무 계획은 필수이다. 그러나 상황은 변한다. 주변 세상도 변하고, 나의 목표도 변하고, 욕망도 변한다. "미래에 무슨 일이 벌어질지 모른다."라고 말하는 것과 미래의 내가 무엇을 원할지 모른다는 사실을 인정하는 것은 또 다른 문제다. 실제로 우리 중에 이 사실을 인정하는 사람은 별로 없다. 미래에 내가 무엇을 원할지에 대한 생각이 바뀔 가능성이 높음에도, 지속 가능한 장기적 의사결정을 내리기란 쉽지 않다.

심리학자들이 쓰는 용어 중에 재미있는 말이 하나 있다. '역사가 끝났다는 착각The End of History Illusion.' 역사는 끝났고 변화는 더 이상 없을 거란 착각이다. 과거에 비해 자신이 얼마나 많이 변했는지는 예민하게 인지하면서, 미래에 자신의 성격이나 욕망, 목표 등이 변할 수 있음은 과소평가하는 것을 말한다. 하버드 대학교 심리학자 대니얼 길버트Daniel Gilbert의 말을 들어보자.

≪≪≪ 인생의 모든 단계에서 우리가 내리는 의사결정은 '미래의 나'라는 사람의 삶에 심대한 영향을 미친다. 그런데 '미래의 나'는 과거의 내가 내린 결정에 대해 늘 기뻐하지만은 않는다. 그래서 젊은이들은 10대 시절 큰돈을 들인 타투를 지우는 데 큰돈을 쓴다. 중년들은 젊어서 서둘러 했던 결혼의 이혼을 서두른다. 노인들은 중년에 얻으려 노력한 것들을 잃기 위해 노력한다. 그런 식이다.[48]

그는 이렇게 말했다. "우리는 누구나 착각을 가지고 돌아다닌다. 역사, 즉 내 개인의 역사가 방금 끝났고, 바로 얼마 전에야 나라는 사람이 늘 되어야 했던 바로 그 사람이 됐고, 남은 평생 계속 그 사람일 거라 착각한다." 길버트의 연구는 18세부터 68세까지의 사람들이 향후 자신이 얼마나 많이 변할지에 대해 과소평가한다는 사실을 보여주었다. 그런데 우리는 끝내 이 교훈을 배우지 못하곤 한다.

이것이 장기적인 금융 계획에 어떤 영향을 미칠지 생각해보라. 찰리 멍거는 복리의 첫 번째 규칙은 "절대 불필요하게 중단하지 않는 것."이라 했다. 그러나 인생에서 원하는 바가 계속 바뀌는데 어떻게 금융 계획(커리어, 투자, 지출, 예산 등)을 중단하지 않을 수 있을까? 쉽지 않은 일이다. 로널드 리드(앞에서 만나보았던 잡역부 출신의 자산 부자)나 워런 버핏 같은 사람들이 그토록 성공한 데는 수십 년간 같은 일을 하면서 복리가 제힘을 발휘하게 놔둔 덕도 있다.

그러나 많은 사람들은 평생 동안 워낙 많이 변하기 때문에 수십 년간 같은 일을 하고 싶어하지 않는다. 그 비슷한 것도 원하지 않는다. 그래서 우리가 가진 돈은 80년짜리 수명 하나가 아니라, 아마도 20년 단위의 네 개 수명을 가질 것이다.

내가 아는 젊은 사람들 중에는 일부러 적은 수입으로 소박한 삶을 살며 만족하는 이들이 있다. 반대로 호화로운 생활을 하려고 뼈 빠지게 일하면서 만족하는 사람들도 있다. 양쪽 다 리스크가 있다. 전자는 가정을 꾸리거나 은퇴할 준비가 되지 않을 위험이 있고, 후자는 젊고 건강한 시절을 좁은 사무실에서만 보냈다고 후회할 위험이 있다.

이 문제에 쉬운 해결책은 없다. 다섯 살짜리에게 트랙터 기사가 아니라 변호사가 되어야 한다고 말해보라. 아마 악을 쓰며 싫다고 말할 것이다.

⌣

만약 당신이 장기적 의사결정을 준비하고 있다면 염두에 둘 것이 두 가지 있다.

첫째, 금융 계획에서 양극단은 피해야 한다.

자신이 매우 낮은 소득에도 만족할 거라 가정하거나, 높은 소득을 위해 끝도 없는 긴 시간 노동을 택하는 것은 언젠가 후회할 확률이 높다. 왜냐하면 사람들은 대부분 상황에 적응하기 때문이다. 극단적인 계획이 주는 이점, 즉 거의 아무것도 가지지 않는 소박함이나 거의 모든 것을 가질 때의 기쁨은 사라지기 마련이다.

양극단은 그 단점들(은퇴할 여력이 되지 않거나 돈을 좇는 데 다 써버린 인생을 돌아보는 것) 때문에 계속해서 후회를 남긴다. 앞서 세운 계획을 포기하고 잃어버린 시간을 만회하기 위해 반대 방향으로 두 배 더 빠르게 뛰어야 한다면 후회는 더 고통스럽다.

복리의 효과가 가장 잘 나타나려면 어느 계획이 수년 혹은 수십 년간 성장할 수 있는 시간이 주어져야 한다. 이는 저축에만 해당하는 이야기가 아니다. 커리어나 인간관계에서도 마찬가지다. 끈기가 핵심이다. 시간이 지남에 따라 우리의 정체성이 바뀌어가는 경향이 있음을 고려하면, 인생 모든 지점에서 균형을 유지하는 것이 미래의 후회를 피하고 끈기를 높일 수 있는 전략이 된다.

직장 생활을 하는 내내 적당한 연간 저축을 유지하고, 적당한 자유 시간을 가지고, 지나치게 긴 통근 시간을 만들지 않고,

적어도 어느 정도의 시간을 가족과 함께 보내는 것을 목표로 잡아보라. 이 중 어느 하나라도 극단으로 흐르는 경우보다는 내가 세운 계획을 고수하고 후회를 피할 가능성이 높아질 것이다.

둘째, 우리의 마음이 변한다는 현실을 받아들여야 한다.

내가 만난 직장인 중 몇몇은 매우 힘든 상황에 처해 있었는데 그들에겐 한 가지 공통점이 있었다. 만 18세 때 대학 전공에 따라 결정한 커리어를 자신이 고른 분야라는 이유만으로 줄곧 고수하고 있었던 것이다. 우리가 '역사가 끝났다는 착각'이 존재함을 인정한다면, 아직 합법적으로 술을 마실 나이가 되기도 전에 선택한 직업을 사회보장 제도의 혜택을 받을 나이가 될 때까지 계속 좋아할 확률이 높지 않다는 사실을 깨달을 것이다. 이때 요령은 변화라는 현실을 받아들이고 최대한 빨리 다음으로 넘어가는 것이다.

〈월스트리트저널〉의 투자 칼럼니스트 제이슨 츠바이크는 심리학자 대니얼 카너먼이 《생각에 관한 생각Thinking, Fast and Slow》을 집필할 때 함께 작업했다. 츠바이크는 카너먼의 큰 장점인 성격적 특성에 관해 이야기한 적이 있다. "내가 대니얼을 보면서 가장 경이로웠던 것은 우리가 방금 끝낸 것을 그대로 폭파시킬 수 있는 능력이었다." 츠바이크와 카너먼은 챕터 하나를 가지고 끝없이 작업했다고 한다.

>>>>> 그러고 나면 순식간에 카너먼은 알아보지도 못할 만큼 변형된 버전의 원고를 보내왔다. 시작도 다르고, 끝도 다르고, 생각도 못 한 일화와 증거를 삽입하고, 듣도 보도 못 한 연구를 인용했다.

이어서 츠바이크는 이렇게 말했다. "내가 대니얼에게 어떻게 앞선 원고를 쓴 적도 없는 사람처럼 다시 시작할 수 있냐고 묻자 그는 잊지 못할 대답을 해주었다. "나한테는 매몰 비용이 없어요."[49]

매몰 비용(환불받을 수도 없는 과거의 노력에 얽매인 의사결정을 하게 만든다)은 사악한 역할을 한다. '미래의 나'를 '과거의 나'의 포로로 만든다. 이는 마치 낯선 사람이 나 대신 인생의 중요한 의사결정을 내리는 것이나 마찬가지다.

내가 지금과 다른 사람일 때 세웠던 금융 목표는 생명 유지 장치를 달고 시간을 질질 끌 게 아니라 가차 없이 버리는 편이 낫다. 그것이 미래의 후회를 최소화하는 전략이다. 더 빨리 이런 결단을 내릴수록, 더 빨리 새로운 복리의 마법을 시작할 수 있다.

Big Lesson of Investing

사람은 변한다.

이토록 흔한 명제를 왜 자신의 투자에는 대입하지 않을까.

장기 계획을 짜는 것은 생각보다 어렵다.

시간이 지나면 사람들은 목표도, 욕망도 바뀌기 때문이다.

story
15

보이지 않는 가격표
Nothing's Free

모든 것에는 가격이 있다.
그러나 모든 가격이 가격표에 표시되는 것은 아니다.

모든 것에는 가격이 있다. 여기서 핵심은 가격이 얼마인지, 그리고 기꺼이 지불할 만한지를 파악하는 데 있다. 문제는 수많은 것들의 가격이 직접 겪어보기 전에는 분명하지 않고, 그 사이 청구서의 납부 기한이 도래한다는 점이다.

2004년에 GE는 시가총액 3,300억 달러 규모의 세계 최대 기업이었다. 앞선 10년간 매년 세계 1위 또는 2위를 차지해온 GE는 자본주의 사회의 귀족 기업이 무엇인지를 보여주는 빛나는 사례였다.

그리고 모든 것이 산산조각 났다. 2008년 금융위기 사태로 GE의 금융 사업부(회사 이윤의 절반 이상을 공급하고 있었다)는 혼란에 빠졌다가 결국에는 헐값에 팔렸다. 이어 사운을 걸었던 석유 사업과 에너지 사업은 참사를 빚었고 결국 수십억 달러의 손실로 처리됐다. 주가는 2007년 주당 40달러에서 2018년에는 주당 7달러까지 하락했다.

2001년부터 회사를 운영해온 CEO 제프 이멜트Jeff Immelt에게 즉각적이고 혹독한 비난이 쏟아졌다. 사람들은 그의 리더십과 인수합병, 배당금 삭감, 정리해고 그리고 (당연하게도) 주가 폭락에 대해 이멜트를 비난했다. 그럴 만도 했다. 호시절에 왕가의 부를 가지고 보상받았던 자들은 썰물이 되면 책임을 지는 게 당연했다. 결국 이멜트는 2017년 사임했다.

이멜트는 물러나면서 의미심장한 이야기를 남겼다. 그의 행동이 잘못됐고 이런저런 일들을 했어야 한다고 비난하는 사람들에 대한 얘기였다. 이멜트는 후임자에게 이렇게 말했다. "뭐든 밖에서 보면 쉬워 보이는 법이죠."

뭐든 밖에서는 쉬워 보이는 이유는 경기장에 서 있는 사람이 맞닥뜨린 어려움이 종종 군중들에게는 보이지 않기 때문이다.

비대해진 조직, 단기투자자, 규제 당국, 노조, 관료주의 간의 충돌하는 요구들, 이런 것들을 처리하기란 매우 어렵다. 뿐만 아니라 직접 상대해보기 전에는 문제의 심각성을 인지하는 것조차 쉽지 않다. 14개월을 버틴 이멜트의 후임자 역시 이 점을 배워야 했다.

대부분의 일은 이론상으로 볼 때보다 실제로 해보면 더 어렵다. 때로 우리가 자만하는 탓도 있지만, 더 큰 원인은 우리가 성공의 대가를 잘 알아보지 못해 그 값을 제대로 치르지 못하기 때문이다.

～

2018년까지 50년 동안 S&P500지수는 119배가 올랐다. 당신은 그냥 뒷짐 지고 앉아서 돈이 불어나도록 내버려두기만 하면 그만이었다. 그러나 성공적인 투자 역시 밖에서 볼 때는 쉬워 보이는 법이다. 어디에서나 "주식을 장기 보유하라."는 말을 한다. 훌륭한 조언이다. 하지만 눈앞에서 주식가격이 붕괴하고 있을 때 장기적인 관점을 유지하고 버티는 것이 얼마나 어려운 일인지 아는가?

다른 모든 것들과 마찬가지로 성공적인 투자에는 대가가 따라붙는다. 그러나 그 대가는 달러나 센트로 지불하는 것이 아니다. 그 대가는 변동성, 공포, 의심, 불확실성, 후회로 지불해야 한다. 이것들은 모두 실시간으로 직접 상대해보기 전에는 간과하기 쉽다.

투자에 대가가 있다는 사실을 알아보지 못하기 때문에 우리는 공짜로 무언가를 얻으려 한다. 이는 가게에 든 좀도둑이 그렇듯이 끝이 좋을 수 없다.

새 차를 갖고 싶다고 하자. 새 차의 가격은 3만 달러. 당신에게는 세 가지 옵션이 있다.

1. 3만 달러 제값을 지불한다.
2. 값싼 중고차를 찾아낸다.
3. 훔친다.

여기서 99퍼센트의 사람들은 세 번째 옵션은 피해야 한다는 사실을 안다. 차를 훔쳤을 때 치러야 할 결과가 얻을 이익보다 훨씬 더 크기 때문이다.

그런데 만약 당신이 평화롭게 은퇴할 수 있도록 앞으로 30년간 11퍼센트의 연간 수익률을 얻고 싶다고 하자. 이런 보상이 공짜로 주어질까? 당연히 아니다. 세상은 결코 그렇게 친절하지 않다. 가격표가 있고, 지불해야 할 청구서가 있다. 이 경우 가격표란 큰 수익을 안겼다가 순식간에 다시 뺏어가는 시장의

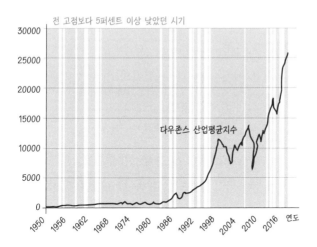

전 고점보다 5퍼센트 이상 낮았던 시기

끝없는 조롱이다. 배당금을 포함하면 1950년에서 2019년까지 다우존스 산업평균지수의 수익률은 연간 11퍼센트 정도였다. 훌륭한 수치다. 그러나 이 기간 동안 성공의 대가는 지독하리만치 비쌌다. 위의 표에서 음영으로 표시된 부분은 전 고점보다 최소 5퍼센트 이상 낮았던 시기다.

이게 바로 시장수익률의 대가다. 수수료, 입장료다. 쓰라린 대가다. 대부분의 상품과 마찬가지로 수익이 크면 클수록 치러야 할 가격도 높다. 2002년부터 2018년까지 넷플릭스의 주가는 3만 5,000퍼센트 올랐지만, 기간 중 94퍼센트의 날이 전 고점보다 낮은 가격에 거래됐다. 1995년부터 2018년까지 몬스터 비버리지Monster Beverage의 주가는 31만 9,000퍼센트가 올랐지만

(역대 가장 높은 수익률에 속한다), 기간 중 95퍼센트의 경우 전 고점보다 낮은 가격에 거래됐다.

중요한 것은 여기서부터다. 자동차의 경우와 마찬가지로 당신에게는 몇 가지 옵션이 있다.

1. 당신은 변동성과 격변을 받아들이며 대가를 지불할 수 있다.
2. 불확실성이 덜하고 수익도 덜한, 말하자면 중고차 같은 자산을 찾아낼 수 있다.
3. 자동차 절도죄에 해당하는 것을 시도해볼 수 있다. 당연히 수반되는 변동성을 피하면서 수익을 얻으려 시도해보는 것이다.

투자의 경우에는 많은 사람들이 세 번째 옵션을 선택한다. 자동차 절도와 마찬가지로 사람들은 (비록 의도는 좋고 법률도 지키지만) 대가를 치르지 않고 수익을 얻기 위한 작전과 전략을 짠다. 사람들은 샀다가 팔았다가를 반복한다. 다음번 경기 침체가 오기 전에 팔았다가, 다음번 호황이 오기 전에 사려고 시도한다. 약간이라도 경험이 있는 투자자라면 변동성이 흔히 발생한다는 사실을 잘 안다. 그래서 그들은 논리적으로 다음 단계처럼 보이는 방법을 취한다. 즉 변동성을 피하려 애쓰는 것이다.

그러나 돈의 신은 대가를 치르지 않고 이득을 취하려는 자들을 좋게 보지 않는다. 물론 자동차 절도범 중에는 잡히지 않는 자들도 있지만 대부분은 붙잡혀서 벌을 받는다. 투자도 마찬가지다.

펀드평가회사인 모닝스타Morningstar가 전략적인 뮤추얼펀드들의 실적을 들여다본 적이 있다. 시시때때로 주식과 채권을 오가는 전략을 쓰면서 가격 하락 리스크는 낮추고 시장수익률을 얻으려는 펀드들이었다.[50] 이들은 대가를 치르지 않고 수익을 얻고 싶어했다. 모닝스타는 미국 주식시장이 새로운 경기침체에 대한 공포로 폭주하면서 S&P500지수가 20퍼센트 이상 하락한 2010년 중반부터 2011년 말까지에 초점을 맞춰 연구했다. 전략적 펀드들이 효과를 발휘해야 할 바로 그런 환경이었다. 그들이 빛날 수 있는 시기였다.

모닝스타에 따르면 이 시기에 112개의 전략적 뮤추얼펀드가 있었는데, 주식-채권 비율이 60 대 40인 단순한 펀드보다 위험조정 수익률이 더 좋은 펀드는 9개에 불과했다. 전략적 펀드 중에서 고점 대비 최대 하락 비율이 가만히 내버려둔 인덱스펀드보다 더 작은 경우는 4분의 1도 되지 않았다. 모닝스타는 "몇몇 예외가 있기는 했으나 (전략적 펀드들은) 수익은 적고 변동성은 더 컸거나, 가격 하락 리스크의 영향을 (개입하지 않은 펀드와) 같은 정도로 받았다."고 밝혔다.

개별 투자자들이 투자할 때도 이런 유혹에 빠진다. 모닝스타에 따르면 평범한 주식형 펀드 투자자는 자신이 투자한 펀드보다 연간 0.5퍼센트만큼 실적이 떨어졌다. 사서 가만히 들고 있어야 할 때에 사고판 결과다.[51] 아이러니한 점은 대가를 피하려고 하는 투자자는 결국 대가를 두 배로 치른다는 점이다.

~

다시 GE로 돌아가보자. GE가 저지른 많은 실수 중 하나는 잭 웰치Jack Welch가 CEO로 있던 시절에 시작됐다. 잭 웰치가 유명해진 것은 항상 월스트리트의 추정치를 넘어서는 분기별 주당순이익을 거두었기 때문이다. 월스트리트의 애널리스트들이 주당 0.25달러를 예상하면 잭 웰치는 사업의 상태나 경제 현황과 관계없이 0.26달러를 내놓았다. 그가 이렇게 할 수 있었던 것은 숫자를 만졌기 때문이었다(완곡하게 표현한 것이다). 종종 향후 분기의 수익을 끌어다 이번 분기에 넣는 식으로 숫자를 입맛대로 조종했다.

〈포브스〉는 수십 가지 사례 중 하나를 보도했다. "(GE는) 2년 연속으로 최종 사용자가 아닌 이름 없는 금융 협력사에 기관차를 '팔았다'. 해당 기관차의 소유에 따른 리스크는 대부분 GE에게 남아 있는 거래였다."[52]

잭 웰치는 이런 장난을 쳤다는 사실을 부정하지 않았다. 그의 책《잭 웰치 끝없는 도전과 용기_Straight From the Gut_》에 이렇게 썼다.

> ≪≪≪≪ 우리 회사 각 사업 부문의 리더들이 위기에 대응하는 방식은 GE 문화의 전형을 보여주었다. 비록 분기 실적은 마감됐지만 다수의 리더들이 즉시 어닝 격차를 메우는 데 동참하겠다고 나섰다. 일부는 예상 못 한 격차를 메우는 데 자신의 사업 부문에서 추가로 1,000만 달러, 2,000만 달러, 심지어 3,000만 달러를 찾아낼 수 있다고 했다.

그 결과 잭 웰치가 리더로 있는 동안 주주들은 대가를 치를 필요가 없었다. 일관성과 예측 가능성이 생겼다. 불확실성에 놀랄 필요 없이 주가는 매년 급등했다. 그러다가 늘 그렇듯 청구서 지급 기한이 도래했다. GE의 주주들은 그동안 회계 조작으로 방어해오던 매머드급 손실을 10년간 경험해야 했다. 웰치 시대의 이득 1센트가 이제는 10센트의 손실로 돌아왔다.

이런 사례 중 가장 이상한 경우는 미국의 국책 주택담보대출 보증기관이자 실패한 두 공룡, 프레디 맥_Freddie Mac_(연방주택저당공사)과 패니 메이_Fannie Mae_(연방저당권협회)였다. 2000년대 초반 이들은 수십억 달러씩 당기 실적을 '과소 신고'했다. 분기 이득을 향후 실적에 분산시켜서 투자자들에게 굴곡이 없고 예측 가능하다는 착각을 심어주려는 의도였다.[53] 대가를 지불할 필요가 없다는 착각 말이다.

～

우리가 질문해야 할 것은 이것이다. 자동차나 주택, 음식, 휴가의 대가는 기꺼이 지불하는 사람들이 왜 훌륭한 투자수익의 대가를 지불하는 것은 기를 쓰고 피하려 하는가?

답은 간단하다. 성공 투자의 대가는 당장 명확하게 보이지 않기 때문이다. 가격표처럼 눈에 보이지 않기 때문에, 청구서 지급 기한이 도달해도 좋은 것을 얻은 데 대한 수수료처럼 느껴지지 않는다. 오히려 뭔가를 잘못한 데 대한 벌금처럼 느껴진다. 일반적으로 사람들은 수수료를 내는 것은 괜찮지만 벌금은 피해야 한다고 생각한다. 교통 범칙금과 국세청 과징금은 뭔가 잘못한 게 있어서 벌을 받아야 한다는 뜻이다. 나의 부가 감소하는 것을 지켜보며 그 감소가 벌금이라고 생각하는 사람은 미래의 벌금을 피하려고 하는 게 자연스러운 반응이다.

별것 아닌 것처럼 들릴지 몰라도 중요하다. 시장 변동성을 벌금이 아니라 수수료처럼 생각하자. 이렇게 사고하면 투자 결과가 나에게 이로운 방향으로 작용할 때까지 오랫동안 살아남는 사고방식을 키울 수 있다. "나는 내 돈의 20퍼센트를 잃어도 괜찮아."라고 말할 수 있는 투자자는 많지 않다. 특히 20퍼센트 하락을 한 번도 경험해본 적 없는 초보 투자자에게는 두 배로 힘든 일이다.

그러나 변동성을 수수료로 인식하면 모든 게 달리 보인다. 디즈니랜드의 입장료는 100달러다. 대신 아이들과 잊지 못할 근사한 하루를 얻는다. 2018년에는 1,800만 명이 넘는 사람들이 이 수수료를 낼 가치가 있다고 생각했다. 100달러를 벌금이나 벌이라고 느낀 사람은 거의 없다. 내가 수수료를 낸다는 점이 분명할 때는 수수료가 가치 있다는 사실이 명백하게 보인다.

투자도 마찬가지다. 투자에서 변동성은 거의 언제나 수수료이지 벌금이 아니다. 시장수익률은 절대로 공짜가 아니며 앞으로도 마찬가지일 것이다. 시장수익률은 다른 모든 상품과 마찬가지로 대가를 요구한다. 이 수수료를 내라고 강요한 사람은 아무도 없다. 디즈니랜드에 가라고 강요한 사람이 아무도 없는 것처럼 말이다. 입장료가 10달러 정도인 동네 행사에 가거나 아무 돈도 내지 않고 집에 있는 방법도 있다. 그러고도 여전히 좋은 시간을 보낼지도 모른다. 그러나 보통은 지불한 만큼 대가를 얻는다. 시장도 마찬가지다. 변동성과 불확실성이라는 수수료(수익률의 대가)는 현금이나 채권 같은 값싼 공원보다 높은 수익률을 얻기 위한 입장료다.

요령은 시장 수수료가 지불할 가치가 있다고 스스로를 설득하는 것이다. 변동성과 불확실성에 제대로 대처하는 방법은 그것밖에 없다. 그냥 참는 것이 아니라 지불할 가치가 있는 입장료라는 사실을 깨달아야 한다.

그럴 만한 가치가 항상 '보장'되는 것은 결코 아니다. 디즈니랜드에 비가 올 때도 있다. 그러나 입장료를 벌금으로 보게 되면 절대로 이 마법을 즐길 수 없다. 대가가 무엇인지 제대로 알고 그 값을 지불하면 되는 것이다.

Big Lesson of Investing

성공적인 투자에는 대가가 따라붙는다.

그 비용은 달러나 센트가 아니다.

변동성, 공포, 의심, 불확실성, 후회의 형태로 지불해야 한다.

story

16

너와 나는 다른 게임을 하고 있다

You & Me

나와 다른 게임을 하는 사람들에게서
금융 신호를 읽지 않도록 조심하라.

2000년대 초반 닷컴버블의 붕괴로 가계 자산은 6조 2,000억 달러가 감소했다. 주택시장의 거품이 꺼졌을 때는 8조 달러 이상이 공중으로 날아갔다. 금융시장의 거품이 사회적으로 얼마나 큰 타격을 입힐 수 있는지는 아무리 강조해도 지나치지 않다. 금융시장의 거품은 인생을 망쳐놓는다.

왜 이런 일들이 일어나는 걸까? 그리고 왜 '계속해서' 일어나는 걸까? 우리는 왜 교훈을 얻지 못하는 걸까? 흔히 나오는 답은 사람들이 탐욕스럽다는 것이다. 그리고 탐욕은 지울 수 없는 인간 본성의 특징이라고도 한다.

그게 사실일 수도 있다. 대부분의 사람들에게는 그 정도 답으로도 충분하다. 그러나 1장에서 한 이야기를 잊지 말자. '미친 사람은 아무도 없다.' 사람들은 후회할 금융 의사결정을 내린다. 종종 별 정보도 없이, 아무 논리도 없이 그런 의사결정을 내린다. 그런데 결정을 내릴 당시에는 그 의사결정이 말이 된다. 그저 탐욕을 탓하는 것으로 끝낸다면 사람들이 왜, 어떤 식으로 탐욕스러운 의사결정을 합리화하는지에 대한 중요한 교훈을 놓치게 된다.

경제 거품에서 무언가를 배우기 힘든 이유 중에는 거품이라는 게 암과 달라서 조직검사를 통해 명확한 진단이나 경고를 낼 수 없다는 이유도 있다. 경제 거품은 오히려 정당의 부상 및 몰락과 더 비슷하다. 지나고 보면 결과는 알 수 있지만 원인과 책임에 대해서는 절대로 의견이 일치하지 않는다.

투자수익을 내기 위한 경쟁은 치열하고, 자산은 매 시점마다 반드시 누군가 소유주가 있다. 이 말은 곧 거품이라는 개념이 논란의 대상이 될 거라는 뜻이다. 왜냐하면 소유주가 누구든 자신이 고평가된 자산을 가졌다고 믿는 사람은 아무도 없기 때문이다. 지나고 나서야 우리는 교훈을 배우기보다는 빈정거리며 손가락질이나 할 가능성이 크다.

나는 경제 거품이 왜 발생하는지 온전히 설명할 수 있는 날이 올 거라 생각하지 않는다. 이는 전쟁이 왜 일어나느냐고 묻는 것과 같다. 거의 언제나 여러 가지 이유가 있고, 그 이유 중에는 상충하는 것들도 많으며, 모두 논란의 여지가 있다. 간단한 답을 내놓기에는 너무 복잡한 주제다.

그렇지만 흔히 간과되기도 하고 당신에게도 직접 해당할 수 있는 이유 한 가지를 제시하겠다. '투자자들은 자신도 모르게 나와 다른 게임을 하는 투자자로부터 신호를 읽는다.'

───※───

금융 세계에는 나쁜 개념이 하나 있다. 악의는 없어 보이지만 이루 헤아릴 수 없을 만큼 막대한 손해를 끼치고 있는 개념이다. 바로 '자산에는 단일한 합리적 가격이 있다.'는 생각이다. 정작 투자자들은 서로 다른 목표와 시간 계획을 갖고 있는데 말이다.

스스로에게 물어보라. 오늘 구글의 주가는 얼마여야 하는가? 그 답은 '당신'이 누구냐에 따라 달라진다.

30년을 내다보고 있는가? 그렇다면 향후 30년간 구글의 예상 현금흐름을 할인율로 할인하는 냉철한 분석이 들어가야 좋은 가격이라고 할 것이다.

10년 내에 현금화할 계획인가? 그렇다면 향후 10년간 기술

업계의 잠재력과 구글의 경영진이 비전을 실행할 수 있을지를 분석해 매도가를 산출할 수 있을 것이다.

1년 내에 팔 생각인가? 그렇다면 구글의 현재 제품 판매 사이클과 약세장이 오지 않을지를 눈여겨보라.

데이트레이더_{day trader}(초단타 매매를 하는 사람)인가? 그렇다면 좋은 가격이 '무슨 상관'인가? 지금부터 점심시간 사이에 몇 달러를 쥐어짜내는 것은 어느 가격대에서든 달성할 수 있다.

투자자들이 서로 다른 목표와 시간 계획을 갖고 있다면(실제로 모든 유형의 자산에서 그렇다), 누군가에게는 말도 안 되어 보이는 가격이 다른 사람에게는 합리적일 수 있다. 서로 눈여겨보는 요소가 다르기 때문이다.

1990년대 닷컴버블을 예로 들어보자. 1999년 야후 주가를 보고 "미쳤네! 도대체 매출의 몇 배야?! 말도 안 되는 밸류에이션이었네!"라고 말할 수 있다. 그러나 1999년에 야후 주식을 보유하고 있던 많은 투자자들은 워낙에 시간을 짧게 보고 있었기 때문에 말도 안 되는 가격을 지불하는 것이 '그들에게는 말이 되는' 일이었다. 데이트레이더에게는 야후의 가격이 주당 5달러든 500달러든, 그날 주가가 움직이는 방향만 맞으면 원하는 것을 얻을 수 있었다. 몇 년간 실제로 그래 왔다.

금융시장의 철칙 하나는 '돈은 끝까지 투자수익률을 좇아간다.'는 것이다. 어느 자산에 모멘텀_{momentum}(자산 가격이 특정 방향으로 움직이는 경향을 나타내는 개념-옮긴이)이 붙으면, 다시 말해 한동안 해당 자산의 가격이 꾸준히 오르고 있다면 일단 단기 투자자들이 해당 자산의 가격이 계속 오를 거라 가정하는 것은 미친 생각이 아니다. 무한히 오를 거라는 게 아니다. 그들이 필요로 하는 단기간만 오르면 된다. 모멘텀이 단기투자자들을 끌어들이는 것은 꽤나 합리적인 일이다.

그러고 나면 본격적인 질주의 시기다. 단기수익률의 모멘텀이 충분히 많은 돈을 끌어들이면, 대부분 장기투자였던 투자자 구성이 단기투자로 옮겨가면서 거품이 형성된다. 이 과정은 자체적으로 강화된다. 투자자들이 단기수익률을 끌어올리면 더 많은 투자자가 모여든다. 머지않아(오래 걸리지 않는 경우가 많다) 시장가격을 결정하는 지배적 주체는 시간을 더 짧게 보는 투자자들이 된다.

거품은 가치 상승에 대한 것이 아니다. 어떤 현상, 즉 더 많은 단기투자자가 경기장에 입장하면서 투자 시간 지평^{time horizons}이 줄어드는 현상의 징후일 뿐이다. 투자 후 매도하여 수익을 얻기까지의 기간이 짧아진다는 뜻이다. 다음을 보자.

흔히 닷컴버블은 미래에 대한 비이성적인 낙천주의가 지배한 시기였다고 말한다. 그러나 당시 가장 흔했던 헤드라인 중 하나는 거래량이 신기록을 썼다는 발표였다. 이는 투자자들이 '하루 안에' 사고팔 때 벌어지는 현상이다. 투자자들, 특히나 가격을 결정하는 투자자들은 향후 20년을 생각하지 않았다. 1999년에 평균적인 뮤추얼펀드의 연간 매매회전율은 120퍼센트였다. 기껏해야 그들은 8개월 정도를 내다보고 있었다는 뜻이다. 그런 뮤추얼펀드를 사는 개인 투자자들도 마찬가지였다. 매기 마하르_Maggie Mahar_는 《불_Bull!_》에 다음과 같이 썼다.

> 1990년대 중반이 되자 언론은 연간 성적표를 분기 보고서로 대체했다. 이런 변화는 투자자들이 실적을 좇도록 자극했다. 투자자들은 서둘러 달려가 차트 제일 위에 있는 펀드를 샀다. 펀드 가격이 가장 비쌌던 시기에 말이다.

당시는 데이트레이딩과 단기 옵션 계약, 실시간 시장 해설이 횡행하던 시대였다. 장기적 관점과 결부시킬 수 있는 것들은 아니다.

～

2000년대 중반, 주택시장 거품 때도 같은 일이 벌어졌다. 향후 10년간 자녀들을 키우려고 플로리다에 다닥다닥 붙어 있는 침실 두 개짜리 주택을 70만 달러에 산다는 것은 정당화하기 힘들다. 하지만 몇 달 후에 해당 주택을 오른 가격으로 다시

시장에 내놓고 단기차익을 얻을 계획이라면 충분히 말이 되는 결정이다. 실제로 거품 기간에 많은 사람들이 그렇게 하고 있었다.

애텀Attom은 주택시장 거품 기간 동안 부동산 거래 이력을 추적하여 데이터로 내놓았다. 그에 따르면 미국에서 12개월 내에 한 번 이상 거래된 주택 수는 2000년 1분기 2만 호에서 2004년 1분기 10만 호 이상으로 다섯 배가 증가했다.[54] 거품이 꺼진 후 단기차익 거래는 급감하여 분기당 4만 호 이하로 떨어졌고, 이후 대략 이 수준을 유지하고 있다.

이들 단기차익 거래자들이 장기적인 주택수익 비율을 신경이나 썼을까? 자신들이 지불하는 가격이 장기적인 소득 증가로 뒷받침될 거라 생각했을까? 물론 아니다. 그런 숫자들은 이들의 게임과 관련이 없었다. 단기차익 거래자들에게 중요한 것은 다음 달 주택가격은 이달보다 오를 거라는 사실뿐이었다. 그리고 실제로 오랫동안 그랬다.

이들 투자자에 대해 할 말은 많다. 투기꾼이라고 부를 수도 있다. 무책임하다고 말할 수도 있다. 어마어마한 리스크를 감수하는 것에 고개를 절레절레 저을 수도 있다.

그러나 이들 모두를 비이성적이라고 말할 수는 없다. 거품이 형성되는 것은 사람들이 비이성적으로 장기투자에 참여해서가 아니다. 스스로 자라고 있는 모멘텀을 붙잡기 위해 사람들이 단기거래 쪽으로 움직이는, 어느 정도 이성적인 행동을 하기 때문이다.

모멘텀이 큰 단기수익률을 만들어내고 있는데 과연 어떻게 해야 할까? 앉아서 가만히 지켜봐야 할까? 절대 아니다. 세상은 그런 식으로 돌아가지 않는다. 사람들은 언제나 이윤을 좇는다. 단기거래자들이 활동하는 영역에서 장기투자를 지배하는 규칙들(특히 밸류에이션 관련)은 무시된다. 지금 하고 있는 게임과 무관하기 때문이다. 그래서 사태는 흥미로워지고 문제도 발생한다.

거품이 피해를 주는 것은 장기투자자들이 자신들과는 다른 게임을 하는 단기거래자들로부터 신호를 읽기 시작할 때다. 1999년에 시스코_{Cisco}의 주식은 300퍼센트가 올라 주당 60달러가 됐다. 이때 시가총액은 6,000억 달러에 이르렀으니 정신나간 가격이었다. 시스코가 그 정도 가치가 된다고 생각한 사람은 거의 없었다. 그저 데이트레이더들이 하루하루를 즐기고 있었을 뿐이다. 경제학자 버턴 말키얼_{Burton Malkiel}이 언젠가 지적했듯이, 그 가격은 시스코의 성장률이 20년 내에 미국 경제 전체보다 더 커질 수 있다는 의미였다.

당신이 1999년 당시의 장기투자자라고 상상해보자. 시스코를 살 수 있는 유일한 가격은 60달러뿐이다. 많은 사람들이 그 가격에 시스코 주식을 사고 있다. 그러니 당신은 주변을 둘러보며 이렇게 중얼거렸을 수 있다. "우와, 이 사람들은 내가 모르는 뭔가를 알고 있는 건지도 몰라." 그래서 따라 샀을 수도 있다. 심지어 똑똑한 행동이라고 생각했을 수도 있다.

당신이 깨닫지 못하고 있는 것은, 시스코 주가의 한계 가격을 결정하고 있던 거래자들은 당신과 전혀 다른 게임을 하고 있다는 사실이다. 주당 60달러는 그 거래자들에게는 그런대로 합리적인 가격이었다. 왜냐하면 그들은 그날 안에, 아마도 주가가 더 올랐을 때 주식을 팔 계획이었기 때문이다. 그러나 60달러는 당신에게는 예고된 참사였다. 왜냐하면 당신은 장기적으로 그 주식을 보유할 계획이었기 때문이다.

이 두 투자자들은 서로가 존재하는지조차 잘 모른다. 하지만 같은 운동장에 서서 서로를 향해 달려간다. 둘의 경로가 충돌하면 다치는 사람이 나온다. 금융과 투자에 관한 많은 의사결정들이 남들이 뭘 하는지를 지켜보며 그들을 흉내 내거나 그들과 반대로 투자하는 식으로 이뤄진다. 그러나 어떤 사람이 왜 그렇게 행동하는지 이유를 모른다면 그들이 얼마나 오랫동안 그 행동을 계속할지, 무엇 때문에 마음을 바꿔먹을지, 그들이 과연 교훈을 배우게 될지 당신은 알 수 없다.

CNBC의 어느 평론가가 "이 주식은 사셔야 합니다."라고 말한다고 해보자. 이때 그는 당신이 누구인지 모른다. 이 사실을 명심하라. 당신은 재미로 투자하는 10대인가? 가진 돈이 얼마 없는, 남편 잃은 노부인인가? 이번 분기가 끝나기 전에 실적을 맞추려는 헤지펀드매니저인가? 이들 세 사람의 우선순위가 같다고 생각할 수 있을까? 특정 주식이 어느 수준에서 거래되든 세 사람 모두에게 알맞을 수 있을까? 말도 안 되는 소리다.

다른 투자자들이 나와 다른 목표를 가졌다는 사실을 이해하기는 쉽지 않다. 왜냐하면 이성적인 사람들이 나와 다른 렌즈로 세상을 볼 수 있음을 깨닫는 것이 심리학적으로 쉽지 않기 때문이다. 모든 투자자는 최고 수익을 내는 사람들을 부러워한다. 이는 마약과 같아서 기업가치를 의식하고 있던 투자자들마저 촉촉한 눈빛의 낙천주의자로 돌변시킬 수 있다. 나와는 다른 게임을 하는 누군가의 행동에 휘말려 내 현실을 망각하기 때문이다.

나와 다른 게임을 하는 사람들에게 휘둘리면 돈을 쓰는 방식마저 바뀔 수 있다. 특히 선진국에서는 소비자 지출의 많은 부분이 사회적으로 결정된다. 내가 동경하는 사람들의 영향을 교묘히 받아 소비를 한다. 우리는 사람들이 자신을 동경하기를 은근히 바라기 때문이다.

그러나 남들이 자동차, 주택, 옷, 휴가에 얼마를 쓰는지는 볼 수 있어도 그들의 목표, 걱정, 포부가 무엇인지는 볼 수 없다. 명망 높은 로펌의 파트너 변호사가 되고 싶은 젊은 변호사에게는, 트레이닝 바지를 입고도 일할 수 있는 나 같은 작가에게는 전혀 필요 없는 외관이 필요할 수 있다. 그의 구매 행태를 보고 내가 기대치를 잡는다면 나는 곧 실망할지 모른다. 왜냐하면 나는 그 젊은 변호사와는 달리 그런 곳에 돈을 쓴다 해서 커리어에 도움을 받지 않기 때문이다. 그와 나의 스타일이 같을 수도 있다. 하지만 중요한 건 우리가 다른 게임을 하고 있는 사실이다. 내가 이 사실을 이해하는 데는 꽤나 오랜 세월이 걸렸다.

여기서 알아야 할 건 다음과 같다. 돈과 관련해 가장 중요한 점은 내가 시간을 어떻게 보고 있는지를 이해하고, 나와 다른 게임을 하는 사람들의 행동에 설득당하지 않는 것이다. 당신이 지금 어떤 게임을 하고 있는지 파악하는 데 비상한 노력을 기울여라. 그렇게 하는 사람이 얼마나 적은지 알면 놀랄 정도다.

돈을 투자하는 모든 사람을 가리켜 '투자자'라 부른다. 마치 농구 선수들이 같은 규칙을 가지고 같은 게임을 하는 것처럼 말이다. 하지만 이런 생각이 얼마나 잘못됐는지를 깨달으면, 내가 어떤 게임을 하고 있는지를 파악하는 이 간단한 일이 대단히 중요하다는 것을 알 수 있다.

오래전에 나는 이렇게 쓴 적이 있다. "나는 세상이 진짜 경제 성장을 이뤄낼 수 있다고 낙관하는 수동적 투자자다. 나는 향후 30년간 바로 그러한 성장이 내 투자에도 쌓여갈 거라 확신한다."

이렇게 미션 선언문을 써놓고 나면 관련 없는 모든 것, 이를테면 올해 시장 성적이 어땠는지, 내년에 경기침체가 찾아올지 등은 내가 하는 게임에 속하지 않는다는 사실을 알게 된다. 따라서 그런 것에 관심을 기울이지 않게 되고, 그에 설득당할 위험도 없게 된다.

Big Lesson of Investing

스스로에게 물어보라.

30년을 내다보고 있는가?

아니면 10년 내에 현금화할 계획인가?

아니면 1년 내에 팔 생각인가?

아니면 데이트레이더인가?

당신의 투자는 이 질문에 대한 대답에서부터 시작되어야 한다.

story

17

비관주의의 유혹
The Seduction of Pessimism

낙관주의는 제품 홍보처럼 들리고
비관주의는 나를 도와주려는 말처럼 들린다.

"세상이 지옥에 떨어질 거라는 얘기를 사람들이 왜 좋아하는지 나는 도저히 이해할 수가 없다." 일리노이 대학교의 경제사학자 디르드리 매클로스키 *Deirdre McCloskey*는 이런 말을 남겼다.

보통은 낙관주의에 베팅하는 것이 최선이다. 대부분의 경우, 대부분의 사람들에게 세상은 점점 더 나아지는 경향이 있기 때문이다. 그러나 비관주의는 우리 가슴속에 특별한 자리를 차지한다. 비관주의는 낙관주의보다 그저 더 흔하기만 한 것이 아니다. 비관주의는 낙관주의보다 더 똑똑하게 들린다. 지성을 사로잡고, 더 많은 관심을 받는다. 낙관주의는 종종 리스크를 의식하지 못하는 것처럼 보인다.

여기서 먼저 낙관주의가 무엇인지부터 정의하고 가자. 진짜 낙관주의자는 모든 게 멋질 거라고 믿는 사람이 아니다. 그건 그냥 안일한 태도다. 낙관주의는 중간에 차질이 있더라도 시간이 지나면 좋은 결과가 나올 확률이 크다는 믿음이다. 낙관주의의 기초는 단순하다. 사람들은 아침에 일어나서 문제를 일으키려 하기보다는, 상황을 조금 더 좋게 더 생산적으로 만들려고 한다는 것이다. 복잡한 것도 아니고, 보장이 되지도 않는다. 다만 낙관주의는 대부분의 사람에게 대부분의 경우 가장 합리적인 베팅이다. 고인이 된 통계학자 한스 로슬링Hans Rosling은 이렇게 표현했다. "나는 낙관주의자가 아니다. 나는 아주 진지하게 가능성을 따지는 사람이다."

그러면 이제 낙관주의보다 더 설득력 있는 낙관주의의 형제, 비관주의에 관해 이야기해보자.

～

2008년 12월 29일. 현대 경제사에서 최악이었던 한 해가 저물어가고 있었다. 전 세계 주식시장이 붕괴됐다. 세계 금융 시스템이 생명 유지 장치에 의존해 하루하루를 연명하고 있었다.

실업률이 급증하고 있었다.

상황이 더 이상 나빠질 수 없겠다 싶었을 때 〈월스트리트저 널〉은 우리가 아직 아무것도 보지 못했다고 주장하는 기사를 발표했다. 〈월스트리트저널〉은 러시아 교수이자 정치과학자 이 고르 파나린₍Igor Panarin₎의 전망을 1면에 실었다. 파나린 교수의 경 제 전망은 SF 작가들의 솜씨를 방불케 했다. 기사는 아래와 같 았다.

> ≪≪≪ (파나린 교수는) 2010년 6월 말 혹은 7월 초, 미국이 여섯
> 조각으로 쪼개질 거라고 한다. 그에 따르면 알래스카는 다시
> 러시아의 지배에 놓일 것이다. (중략) 캘리포니아는 그가 '캘리포
> 니아 공화국'이라 부르는 구심점을 형성하고 중국의 일부가 되
> 거나 그 영향력 아래 놓일 것이다. 텍사스는 '텍사스 공화국'의
> 중심이 되어 다른 여러 주와 함께 멕시코의 일부가 되거나 그
> 영향력하에 놓일 것이다. 워싱턴 D.C.와 뉴욕은 '대서양 아메리
> 카'의 일부가 되어 유럽연합에 합류할 수도 있다. 캐나다는 파나
> 린 교수가 '북중부 아메리카 공화국'이라 부르는 북부 주들
> 을 차지할 것이다. 하와이는 일본이나 중국의 보호국이 될 것이
> 고 알래스카는 러시아에 편입될 것이다.[55]

이것은 골방에 앉아서 횡설수설 지껄이는 어느 블로거의 글

도 아니고, 과대망상에 빠진 누군가가 작성한 뉴스레터도 아니다. 세계에서 가장 명망 있는 금융지 1면에 실린 기사다.

경제에 대해 비관적 시각을 갖는 것은 상관없다. 심지어 종말론적 시각을 갖는 것까지도 괜찮다. 실제 역사는 단순한 경기침체가 아니라 해체 과정을 겪은 국가들의 사례로 가득하니까 말이다. 하지만 파나린 교수 방식의 이야기에서 우리가 흥미롭게 보아야 할 점은 따로 있다. 이와 극단적 반대에 있는 이야기, 즉 터무니없이 낙관적인 예측은 종말을 예언하는 자들의 글처럼 진지하게 받아들여지지 않는다는 사실이다.

1940년대 말 일본을 생각해보자. 당시 일본은 제2차 세계대전의 패배로 인해 철저히 파괴된 상태였다. 경제적으로든, 산업적으로든, 문화적으로든, 사회적으로든 말이다. 1946년의 혹독한 겨울은 기근을 유발했고 식량은 1인당 하루 800칼로리도 공급하지 못하는 수준이었다.[56]

이 시기에 일본의 어느 학자가 다음과 같은 기사를 작성했다고 상상해보라.

≪≪≪ 모두 기운을 내라. 우리가 죽기 전에 이 나라 경제는 제2차 세계대전이 끝나기 전보다 거의 15배 크기로 성장할 것이다. 기대 수명은 거의 두 배가 될 것이다. 주식시장은 역사상 그 어느 국가도 본 적 없을 만큼의 수익을 낼 것이다. 40년 이상 실업률

6퍼센트를 넘지 않을 것이다. 전자 혁신과 기업경영 시스템의 세계 리더가 될 것이다. 머지않아 우리는 넘치는 부를 가지고 미국인들이 가장 소중하게 생각하는 부동산 일부를 소유할 것이다. 한편 미국은 우리의 가장 가까운 동맹국이 될 것이며 우리의 경제적 통찰을 따라 하려고 애쓸 것이다.

사람들은 방이 떠나가라 웃으며 글쓴이가 정신과 진단을 받아야 한다고 했을 것이다. 하지만 이 내용은 전후 일본에서 '실제 일어난 일'임을 명심하라. 여기에서도 파나린과 정반대의 관점은 우스꽝스럽게 보이고 그 반대로 종말을 예측하는 내용은 그렇게 보이지 않는다.

그렇다. 비관주의는 낙관주의보다 더 똑똑한 소리처럼 들리고 더 그럴싸해 보인다. 누군가에게 모든 게 잘될 거라고 말해보라. 상대는 어깨를 으쓱하고 말거나 못 믿겠다는 눈빛을 보낼 것이다. 누군가에게 당신이 위험에 처해 있다고 말해보라. 상대는 두 귀를 쫑긋 세우고 당신의 입만 바라볼 것이다.

어느 똑똑한 사람이 나에게 내년에 10배가 오를 주식을 알려주겠다고 하면, 나는 즉시 그를 헛소리나 하는 사람으로 치부할 것이다. 하지만 헛소리를 잘하는 사람이 내가 가진 주식이 회계 부정 때문에 폭락할 거라고 말하면 나는 모든 일정을 제쳐두고 그의 한 마디, 한 마디에 귀를 기울일 것이다.

큰 경기침체가 올 것이라 말해보라. 신문사에서 전화가 올 것이다. 내년에도 평균 성장률을 기록할 거라고 말해보라. 아무도 관심을 갖지 않을 것이다. 제2의 대공황이 다가온다고 말해보라. TV에 출연하게 될 것이다. 좋은 시절이 올 거라고, 혹은 시장이 상승할 거라고, 혹은 어느 기업이 어마어마한 잠재력이 있다고 말해보라. 평론가나 구경꾼이나 한목소리로 당신은 세일즈맨이거나 리스크를 모른다고 말할 것이다.

투자 뉴스레터 업계는 이 점을 오랫동안 알고 있었고, 그래서 그곳에는 종말을 예언하는 사람들로 득실거린다. 그들이 활동하는 주식시장은 지난 100년간 1만 7,000배가 올랐는데(배당금 포함) 말이다.

이는 금융 분야에만 해당하는 이야기가 아니다. 매트 리들리 Matt Ridley 는 《이성적 낙관주의자 The Rational Optimist》에 다음과 같이 쓰고 있다.

> ≪≪≪ 비관주의자들의 끝없는 북소리는 그 어느 낙관주의자의 팡파르도 묻어버리게 마련이다. (중략) 세상이 점점 더 나아지고 있다고 말하는 사람은 순진하다거나 몰지각하다는 소리나 듣지 않으면 다행이다. 세상이 앞으로도 계속 점점 더 나아질 거라고 말하면 정신 나간 황당한 사람으로 간주된다. 반면에 재앙이 곧 닥칠 거라고 말하면 맥아더 재능상을 받거나 심지어 노벨평

화상을 받을 수도 있다. 성인이 된 이후 내 평생 (중략) 비관주의의 이유는 유행에 따라 바뀌어도, 비관주의 자체는 늘 그 자리에 있었다.

"내가 물어본 사람들은 모두 세상이 실제보다 섬뜩하고, 폭력적이고, 절망적이라고, 즉 더 극적이라고 생각했다." 한스 로슬링이 그의 저서 《팩트풀니스Factfulness》에서 한 말이다.

경제 성장은 물론이고 의학 기술의 약진, 주식시장의 상승곡선, 사회적 평등에 이르기까지 인간이 평생 동안 얼마나 많은 진보를 이룰 수 있는지를 깨닫는다면, 낙관주의가 비관주의보다 더 많은 관심을 받으리라 생각할 것이다. 그러나 현실은 그렇지 않다.

비관주의가 지적인 매력을 풍긴다는 사실은 수백 년 전부터 알려져 있다. 존 스튜어트 밀John Stuart Mill은 1840년대에 이렇게 썼다. "내가 관찰한 바로는, 남들이 절망할 때 희망을 갖는 인물이 아니라 남들이 희망에 찰 때 절망하는 인물이 많은 사람들로부터 현자로 추앙받는다."

문제는 왜 그런가 하는 점이다. 그리고 이렇게 비관주의에 끌리는 인간의 성향이 우리가 돈을 생각하는 방식에 어떤 영향을 미치는가에 대해 생각해보자.

'아무도 미치지 않았다'는 전제를 다시 한번 되새겨보자. 돈 문제에 관한 한 비관주의가 매력적으로 들리는 데는 그럴 만한 이유가 있다. 그 이유가 무엇인지 알면 비관주의를 지나치게 맹신하지 않는 데 도움이 될 것이다.

일부는 본능적인 것이기에 어쩔 수가 없다. 대니얼 카너먼은 손실을 극도로 싫어하는 것이 진화 과정에서 만들어진 생존책이라 말한다. 그는 다음과 같이 쓰고 있다.

> 직접적으로 서로 비교하거나 견주어보면 손실이 이득보다 더 커 보인다. 긍정적 기대나 경험, 그리고 부정적 기대나 경험, 이 두 가지가 비대칭적인 힘을 갖게 된 배경에는 진화론적 역사가 있다. 기회보다는 위협을 더 긴급한 일로 취급하는 유기체는 그렇지 않은 유기체보다 살아남아 번식할 확률이 더 크기 때문이다.

이 외에 경제적 비관주의가 경제적 낙관주의보다 더 쉽고, 흔하고, 설득력 있어 보이는 데는 몇 가지 이유가 더 있다.

돈은 어디에나 있기 때문에

나쁜 일이 생기면 모든 사람에게 영향을 미친다.

예컨대 날씨의 경우는 그렇지 않다. 플로리다에 허리케인이 닥친다 해도 미국인의 92퍼센트는 직접적인 위험에 놓이지 않는다. 그러나 경기침체가 닥치면 당신을 포함해 한 사람도 빠짐없이 영향을 받는다. 그러니 '주의를 기울인다.'

주식시장처럼 구체적인 경우도 마찬가지다. 미국 가정의 절반 이상이 주식을 직접 소유하고 있다.[57] 그렇지 않은 사람들에게도 주식시장의 방향 전환은 미디어를 통해 너무나 크게 홍보된다. 주식을 갖고 있지 않은 가정조차 다우존스 산업평균지수는 가장 많이 보는 경제 지표 중 하나다.

주식시장이 1퍼센트 상승한 것은 저녁 뉴스에 간단히 언급되고 넘어간다. 그러나 주식시장이 1퍼센트 하락하면 피처럼 붉은색에 대문자로 뉴스를 보도할 것이다. 이러니 불균형을 피하기 어렵다. 그리고 시장이 왜 올랐는지 물어보거나 설명하려는 사람은 거의 없지만('원래 올라야 하는 거 아냐?'라고 생각한다), 왜 하락했는지 설명하려는 시도는 늘 있다. 투자자들이 경제성장률을 걱정하나? 연방준비제도 이사회에서 또 일을 망쳤나? 정치가들이 뭔가 잘못된 결정을 내리고 있나? 아직도 마무리되지 않은 일이 있나?

왜 시장이 하락했는지에 대한 다양한 설명은 다음에 벌어질 일에 관해 이야기하고, 걱정하고, 스토리를 짜기 쉽게 만든다. 보통은 역시나 같은 내용이다.

주식이 없는 사람이라 해도 이런 내용은 관심을 사로잡을 것이다. 대공황을 촉발시켰던 1929년 주식시장 대폭락 전날 주식을 소유한 미국인은 2.5퍼센트에 불과했다. 그러나 미국인 대다수는, 어쩌면 전 세계가 주식시장 폭락에 입을 다물지 못하고 이 사태를 지켜보았다. 이게 나의 미래에 대해 어떤 신호를 주는 것인가 하면서 말이다. 당신이 변호사였든, 농부였든, 자동차 정비공이었든, 모두에게 해당하는 이야기였다.

역사가 에릭 라우치웨이Eric Rauchway의 말을 들어보자.

> 이러한 가치 폭락으로 즉각적인 고통을 받은 미국인은 소수에 불과했다. 그러나 나머지 사람들도 너무 가까이서 시장을 지켜보고 이를 본인의 운명에 대한 지표로 간주한 나머지, 갑자기 경제활동의 많은 부분을 중단해버렸다. 경제학자 조지프 슘페터Joseph Schumpeter는 나중에 이렇게 썼다. "사람들은 발밑의 땅이 무너지는 것처럼 느꼈다."[58]

관심이 있든 없든 당신의 인생에 영향을 미치는 주제가 두 가지 있다. 바로 '돈과 건강'이다. 건강 문제는 개인에 따라 상황이 달라지지만 돈 문제는 보다 전체적으로 움직인다. 한 사람의 의사결정이 나머지 모든 사람에게 영향을 주는 연결된 시스템 내에서, 금융 리스크가 보기 드문 스포트라이트를 받고 관심을 사로잡는 것은 충분히 이해되는 일이다.

비관주의자들은 시장이 어떻게 적응해갈지를 고려하지 않고
미래를 추정한다.

2008년 환경주의자 레스터 브라운Lester Brown은 이렇게 썼다. "2030년이 되면 중국은 하루 9,800만 배럴의 석유를 필요로 할 것이다. 현재 전 세계 하루 석유 생산량은 8,500만 배럴이고 이보다 크게 증가하는 일은 아마 없을 것이다. 전 세계 석유 비축량이 바닥날 것이다."[59]

그의 말이 맞다. 해당 시나리오에 따르면 전 세계 석유가 동날 것이다. 그러나 시장은 그런 식으로 움직이지 않는다.

경제학에는 이런 철칙이 있다. '극단적으로 좋은 상황이나 극단적으로 나쁜 상황은 오래 지속되는 경우가 거의 없다. 예측하기 힘든 방식으로 수요와 공급이 적응하기 때문이다.'

브라운의 예측이 나온 직후 석유 업계에 무슨 일이 일어났는지 떠올려보라. 2008년에는 전 세계 수요(주로 중국 수요)가 잠재적 생산량에 근접할 만큼 증가하면서 유가가 치솟았다. 2001년 배럴당 20달러였던 것이 2008년 138달러까지 올랐다.[60]

가격이 그 정도까지 올랐다는 것은 석유 시추가 땅에서 금을 캐내는 것과 같아졌다는 의미였다. 석유 생산업체들의 인센

티브도 극적으로 바뀌었다. 유가가 배럴당 20달러일 때는 시추 비용이 판매 가격을 상쇄하지 못하는 석유는 채굴할 가치가 없는 것으로 판단됐다. 그러나 유가가 배럴당 138달러가 되자 그런 곳도 인생에 다시없을 노다지가 됐다.

그러자 새로운 수압파쇄fracking 및 수평시추 기술이 등장했다. 인류 역사 내내 지구에 비축된 석유량은 거의 변함이 없었고, 꽤 오래전부터 우리는 석유 매장량이 많은 곳이 어디인지 알고 있었다. 바뀐 것은 땅속에서 경제적으로 석유를 뽑아내는 기술이었다. 석유의 역사를 연구한 대니얼 예긴Daniel Yergin은 이렇게 쓰고 있다. "미국에 있는 석유 매장량의 86퍼센트는 발견 당시의 추산량이 아니라 수정된 양이다." 기술 발전으로 매장량이 수정됐기 때문이다.

그러면서 2008년 수압파쇄법이 본격 확산되기 시작했다. 미국에서만 석유 생산량이 2008년 하루 기준 대략 500만 배럴에서 2019년 1,300만 배럴로 늘어났다.[61] 전 세계 석유 생산량은 이제 하루 1억 배럴이 넘는다. 브라운이 최고점으로 가정했던 것보다 20퍼센트 더 많은 양이다.

2008년에 석유 추세를 추정하던 비관주의자에게는 상황이 당연히 나빠 보였다. 그러나 필요가 모든 발명의 어머니라는 사실을 잘 아는 현실주의자에게는 상황이 훨씬 덜 무서웠다.

나쁜 상황은 계속 나쁜 채로 남아 있을 거라는 가정은 누구나 쉽게 할 수 있는 예측이고 설득력도 있다. 세상이 바뀌는 것을 굳이 상상할 필요가 없기 때문이다. 그러나 문제는 고쳐지고 사람들은 적응한다. 위협이 크면 해결책이 나올 동인도 똑같이 커진다. 이는 경제사에서 흔히 볼 수 있는 플롯임에도 불구하고, 단편적 예측을 내놓는 비관주의자들은 이 사실을 너무 쉽게 잊는다.

> 진보는 너무 느리게 일어나서 알아채기가 힘들지만
> 파괴는 너무 빠르게 일어나서 무시하기가 어렵다.

하루아침에 벌어진 비극은 많다. 하루아침에 일어난 기적은 흔치 않다. 1889년 1월 5일 〈디트로이트 프리 프레스Detroit Free Press〉는 언젠가 인간이 새처럼 날 수 있을 거라는 오랜 꿈을 밀어냈다. 이 신문은 비행기가 "불가능해 보인다."라고 썼다.

> 필요한 연료와 엔지니어를 탑재한 하늘을 나는 기계의 최소 무게는 300에서 400파운드 이상이 될 수밖에 없다. (중략) 그러나 무게 하한은 분명 50파운드를 크게 넘지 않을 것이다. 그 이상이 되면 동물은 날지 못한다. 자연은 이 한계에 도달했고 아무리 노력해도 그 이상을 넘을 수 없었다.

6개월 뒤 고등학교를 중퇴한 오빌 라이트_{Orville Wright}는 형 윌버_{Wilbur}를 도와 뒷마당 헛간에서 인쇄기를 뚝딱 만들었다. 형제가 합작하여 만든 첫 번째 발명품이었다. 그 뒤에도 발명품은 계속됐다.

20세기의 가장 중요한 발명품 목록을 꼽는다면 비행기는 적어도 5위 안에 들 것이고 어쩌면 1위일 수도 있다. 비행기는 '모든 것'을 바꿔놓았다. 세계대전을 일으켰고, 세계대전을 끝냈다. 도시와 시골 사이의 격차에 다리를 놓고 대양과 각국을 이으면서 전 세계를 연결했다.

그러나 라이트 형제가 최초의 비행기를 만든 기나긴 여정에는 흥미진진한 반전이 있다. 두 사람이 비행을 정복했음에도 불구하고 아무도 눈치채지 못한 것이다. 누구도 관심이 없는 듯했다. 프레더릭 루이스 앨런은 1952년에 발표한 미국사 책에서 이렇게 썼다.

≪≪≪≪ 몇 년이 흐른 후에야 대중들은 라이트 형제가 뭘 하고 있는지 이해했다. 사람들은 비행이 불가능하다고 너무나 확신했다. 그래서 1905년 오하이오주 데이턴에서 라이트 형제가 나는 것을 목격한 사람들 대부분은 자신이 본 것은 틀림없이 어떤 속임수라고 판단했다. 마치 오늘날 텔레파시 시연을 본 대부분의 사람들이 했을 법한 생각이었다. 라이트 형제의 최초 비행 이

후 거의 4년 반이 흐른 1908년 5월이 되어서야 이들 형제가 하고 있는 일을 취재하기 위해 노련한 기자들이 파견됐고, 이들이 보내온 흥분된 속보를 노련한 편집자들이 온전히 믿기 시작했으며, 마침내 세상은 인간의 비행이 성공했음을 깨달았다.

심지어 사람들은 비행기라는 경이로운 발명품을 이해한 후에도 오랫동안 그 가치를 과소평가했다. 처음에 비행기는 주로 군용 무기로 보였다. 그다음에는 부자들의 장난감으로 보였다. 그런 다음 아마도 몇몇 사람들의 이동 수단으로 이용됐다.

1909년 〈워싱턴 포스트The Washington Post〉는 다음과 같이 썼다. "상업용 화물기 같은 것은 절대로 나오지 않을 것이다. 화물차는 계속해서 그 육중한 무게를 참을성 많은 지구 위로 느릿느릿 끌고 갈 것이다." 그리고 5개월 후 첫 화물기가 이륙했다.

비행기에 대해 낙관적인 의견을 갖는 데 수년이 걸렸던 것과 기업 부도와 같은 비관적 요인에 사람들이 얼마나 빨리 관심을 기울이는지를 비교해보라. 대규모 전쟁은 또 어떤가. 비행기 추락은 또 어떤가. 라이트 형제의 비행기가 처음으로 언급된 사례 중 하나는 1908년 토머스 셀프리지Thomas Selfridge라는 육군 중위가 시범 비행 중 사망했을 때였다.[62]

몸집을 불리며 성장하는 데는 오랜 시간이 걸리지만, 파괴는 단 몇 초, 단 한 차례 실패로도 일어난다. 그저 순간적인 자신감 상실로도 일어나는 것이 파괴다.

비관주의를 중심으로 이야기를 만들어내기가 쉬운 이유는 따끈따끈한 최근 이야기가 더 많기 때문이다. 반면 낙관적 이야기는 역사와 발전을 길게 보아야 한다. 그렇기 때문에 사람들이 잊어버리기가 쉽고 조각을 맞추기도 어렵다.

의학의 발전 과정을 보자. 작년 한 해를 살펴보는 것은 큰 도움이 되지 않는다. 10년을 살펴보아도 크게 다르지 않다. 그러나 지난 50년을 살펴보면 대단한 것들이 보인다. 예를 들어 국립보건원에 따르면 1965년 이후 심장질환으로 인한 표준화 사망률은 70퍼센트 이상 감소했다.[63] 심장질환 사망자가 70퍼센트 감소했다는 것은 매년 50만 명의 미국인을 구한다는 뜻이다. 애틀랜타 전 인구에 해당하는 사람이 '매년 목숨을 구한다.'고 상상해보라.

그러나 이런 발전은 더디게 일어나기 때문에 테러나 비행기 추락사고, 자연재해 같은 빠르고 급작스러운 손실만큼 사람들의 관심을 사로잡지 못한다. 허리케인 카트리나가 일주일에 다섯 번씩 매주 닥친다고 해도(만약 그랬다면 얼마나 많은 관심이 집중됐을까) 지난 50년간 심장질환 감소로 구해낸 목숨에 미치지 못한다.

똑같은 것이 비즈니스에도 적용된다. 어느 제품이나 어느 기업이 얼마나 중요한지 깨닫는 데는 수년이 걸린다. 반면에 실패는 하루아침에도 일어날 수 있다. 주식시장에서는 6개월간 주가가 40퍼센트 하락한다면 국회 조사를 받을 수도 있지만, 6년간 주가가 140퍼센트 오른다면 아무도 눈치채지 못할 수도 있다. 커리어의 경우 명성을 쌓는 데는 평생이 걸리지만, 그 명성은 이메일 한 통으로도 파괴될 수 있다. 잠깐의 비관주의는 삽시간에 퍼질 수 있는 반면, 강력한 동인을 가진 낙관주의는 눈에 띄지도 않는다.

이는 우리가 앞서 살펴본 교훈을 다시 한번 강조한다. '투자를 할 때는 성공의 대가(기나긴 성장 도중에 발생하는 변동성과 손실)가 무엇인지 파악하고 기꺼이 그 대가를 지불해야 한다.'

2004년 〈뉴욕타임스〉는 스티븐 호킹Stephen Hawking 박사를 인터뷰했다. 호킹 박사는 스물한 살에 운동신경세포병에 걸려 온몸이 마비되고 말을 할 수 없게 됐다. 컴퓨터를 통해 호킹 박사는 비전문가들에게 책을 팔게 되어 무척 기쁘다고 말했다.

"늘 이렇게 명랑하십니까?" 기자가 물었다. "스물한 살 때 나는 기대치가 0이 됐습니다. 이후로는 모든 게 보너스지요." 그가 답했다.

모든 게 잘될 거라 기대하면 최상의 시나리오가 실현되더라도 별 감흥이 없게 된다. 비관주의는 기대치를 낮추고, 실제로 가능한 결과와 내가 기뻐할 수 있는 결과 사이의 거리를 좁힌다. 어쩌면 그래서 비관주의가 그토록 매혹적인지도 모른다. 모든 게 잘 안 될 거라고 기대하는 것은 그게 사실이 아니었을 때 반갑게 놀랄 수 있는 최선의 방법이다. 아이러니하게도, 그렇기 때문에 우리는 낙관적으로 생각할 만하다.

Big Lesson of Investing

6개월간 주가가 40퍼센트 하락하면
온 미디어에 빨간불이 켜지고 사람들은 크게 동요한다.

하지만 6년간 주가가 140퍼센트 오르면
아무도 눈치조차 채지 못한다.

이것이 비관주의의 늪이다.

18

"간절하면 믿게 되는 법이죠"

When You'll Believe Anything

매력적인 허구와 스토리는 왜 통계보다 강력한가.

지구에 파견된 외계인이 있다. 그의 임무는 우리 경제를 예의 주시하는 것인데, 뉴욕 상공을 배회하며 2007년에서 2009년 사이 경제 규모와 변화를 평가하려고 한다.

2007년 새해 전야에 그는 타임스퀘어 상공을 맴돈다. 수만 명의 행복한 인파 주위로 휘황찬란한 조명, 거대한 광고판, TV 카메라 들이 보인다. 2009년 새해 전야에 다시 타임스퀘어를 찾는다. 수만 명의 행복한 인파 주위로 휘황찬란한 조명, 거대한 광고판, TV 카메라 들이 보인다. 똑같아 보인다. 그는 무슨 차이가 있는지 알 수가 없다.

뉴욕 곳곳에 거의 같은 수의 인파가 떠밀려 가고 떠밀려 온다. 그들 주위의 빌딩도 같은 수고, 그 안에 들어 있는 책상도, 컴퓨터도 같은 수고, 연결된 인터넷도 같은 수다. 도시 밖에서는 같은 수의 공장과 창고가 똑같은 고속도로로 연결되어 있고, 같은 수의 트럭들이 달리고 있다. 땅으로 좀 더 가까이 내려와 보니 같은 수의 대학에서 같은 주제를 가르치며 같은 수의 사람들에게 똑같은 학위를 나눠주고 있다. 획기적인 아이디어를 보호하는 특허도 같은 수다.

그는 기술이 발전한 것을 눈치챈다. 2009년에 모든 사람이 들고 다니는 스마트폰이 2007년에는 없었다. 컴퓨터도 좀 더 빨라졌다. 의술도 더 좋아졌다. 자동차 연비도 개선됐다. 태양광 기술과 수압파쇄 기술도 발전했다. 소셜미디어가 기하급수적으로 성장했다. 나라 곳곳을 비행해도 같은 것이 보인다. 지구 곳곳을 비행해도 역시나 똑같다. 경제는 거의 같은 형편이고, 어쩌면 2009년이 2007년보다 더 좋아진 것 같다고 결론 내린다.

그러다가 숫자를 살펴본다. 2009년 미국의 가계가 2007년보다 16조 달러나 가난해졌다는 사실에 그는 충격을 받는다. 미국의 실업자가 1,000만 명이나 늘어난 사실을 접하고 입이 떡 벌어진다. 설마 하고 의심하던 찰나, 주식시장의 가치가 2년 전의 절반에 불과하다는 것을 알게 된다. 경제 잠재력에 대한 사람들의 예측이 이처럼 곤두박질쳤다는 사실이 믿기지 않는다.

"이해가 안 가는군." 그가 말한다. "도시들도 봤고, 공장들도 봤어. 당신들은 똑같은 지식, 똑같은 도구, 똑같은 생각을 갖고 있어. 아무것도 바뀌지 않았다고! 그런데 왜 더 가난해진 거야? 왜 더 비관적이 된 거야?"

2007년과 2009년 사이에 외계인이 볼 수 없었던 차이가 하나 있다. 바로 '경제에 관해 우리가 스스로에게 들려주는 이야기'다. 2007년 우리는 주택가격 안정과 은행가들의 신중함, 금융시장의 정확한 리스크 평가 능력에 관한 이야기를 했다. 그러나 2009년에는 더 이상 그 이야기를 믿지 않았다. 변한 것은 그것뿐이었다. 하지만 그게 세상의 모든 차이를 낳았다.

주택가격이 계속 상승할 거라는 내러티브가 한 번 깨지자 주택담보대출 미상환율이 상승했고, 은행은 돈을 잃었으며, 다른 사업체에 빌려주는 대출금을 줄였다. 이는 정리 해고로 이어졌고, 그러자 소비가 줄었고, 이는 다시 더 많은 해고로 이어졌다.

새로운 내러티브를 고수한다는 점 외에, 2009년의 부와 성장 여력은 2007년과 똑같거나 아니면 더 컸다. 그런데도 경제는 80년 만에 최악의 타격을 받았다. 이는 예컨대 1945년 독일과는 다른 상황이다. 당시 독일은 제조 기반이 깡그리 사라졌다. 2000년대 일본과도 달랐다. 당시 일본은 생산가능 인구가 줄어들고 있었다. 이는 '눈에 보이는' 경제적 손실이다. 2009년에 우리는 스스로에게 '내러티브 손실'을 입혔고, 그 결과는 끔찍했다. 존재하는 가장 강력한 경제적 힘 중 하나였다.

~~~

경제나 사업, 투자, 커리어의 성장을 생각할 때 우리는 눈에 보이는 것들을 먼저 생각한다. 얼마나 많은 것을 갖고 있고 무엇을 할 수 있는가, 하고 말이다. 그러나 눈에 보이지 않는 스토리는 다른 것들과는 비교도 안 될 만큼 강력한 힘을 경제에 미친다. 스토리는 경제의 유형적 부분이 작동할 수 있게 하는 연료, 내지는 우리의 능력을 억제하는 브레이크와 같다.

스토리가 좌우하는 세상에서 개인이 돈을 관리할 때 염두에 두어야 할 사항이 두 가지 있다.

무언가가 사실이기를 간절히 바랄수록

그게 사실일 확률을 과대평가하는 스토리를 믿을 가능성이 커진다.

당신 인생에서 가장 행복했던 날은 언제인가? 다큐멘터리 〈영원히 사는 법How to Live Forever〉에서 100살이 넘은 부인에게 무심코 이런 질문을 하자, 그녀는 놀라운 답을 내놓는다.

"휴전 기념일이요." 1918년 제1차 세계대전을 끝낸 휴전 협정일을 가리킨 것이었다. "왜요?" 프로듀서가 물었다. "다시는 전쟁이 없을 거라 생각했으니까요." 하지만 21년 뒤 제2차 세계대전이 일어나 7,500만 명이 죽었다.

인생에는 우리가 사실이길 간절히 바라기 때문에 사실이라 믿는 것들이 많이 있다. 나는 그런 것들을 '매력적인 허구'라고 부른다. 매력적인 허구는 우리가 돈을 생각하는 방식에 큰 영향을 미친다. 특히 투자와 경제에 관해서 말이다.

당신은 똑똑하다. 해결책을 찾고 싶다. 하지만 통제할 수 있는 부분은 한정적이고, 중대한 사안이 걸려 있다. 바로 이럴 때 매력적인 허구가 발생한다. 매력적인 허구는 아주 강력해서 거의 아무것이나 믿게 만든다.

간단한 예를 하나 보자. 알리 하자지라는 사람의 아들이 아팠다. 예멘인들이 모여 사는 그의 동네 어른들이 민간요법을 하나 제안했다. 아들의 가슴에 불타는 꼬챙이 끝을 밀어 넣어 병이 몸 밖으로 빠져나오게 하자는 것이다. 이 방법을 쓴 후 하자지는 〈뉴욕타임스〉에 다음과 같이 말했다. "돈은 없고 아들이 아프면 뭐라도 믿게 되죠."[64]

제대로 된 의료기술이 나오기 수천 년 전부터 다양한 치료법이 있었다. 세균이 발견되고 과학적 방법이 나오기 전에는 피 뽑기, 굶기기, 몸에 구멍을 뚫어서 악마를 빼내기 등 아무 효과는 없고 죽음을 재촉하는 여러 방법을 사용했다.

미친 것처럼 보인다. 하지만 간절히 필요한데 좋은 해결책이 보이지 않거나 이용할 수 없는 형편이라면, 저항이 가장 적은 길은 하자지의 추론을 따르는 것이다. '아무거라도 믿어보는 것.' 그저 아무거나 시도하는 게 아니라 '믿는' 것이다.

런던 대역병의 연대기를 썼던 영국의 소설가 대니얼 디포Daniel Defoe는 1722년에 다음과 같이 말했다.

> ≪≪≪ 사람들은 이전의 그 어느 때보다 예언과 점성술적 주술, 어리석은 미신에 중독됐다. (중략) 달력을 보고 소스라치게 놀랐다. (중략) 주택의 기둥과 거리 모퉁이에는 자신에게 치료책이 있다고, 자신을 찾아오라는 의사나 무식한 자들의 광고 전단이 덕지덕지 붙어 있었다. 그런 전단은 보통 다음과 같은 과장된 문구로 시작했다. '틀림없는 역병 예방약.' '감염을 막아주는 확실한 보존제.' '공기 오염을 막아주는 특효 약물.'

역병으로 18개월 만에 런던 시민의 4분의 1이 죽었다. 이 정도로 큰 위험이라면 뭐라도 믿을 것이다.

그렇다면 이번에는 똑같이 정보가 제한적이고 중대한 사안이 걸렸을 때, 우리의 금융 의사결정에 어떤 영향을 주게 될지 생각해보자.

별로 성공한 이력도 없는 TV 투자 해설에 사람들은 왜 귀를 기울이는 걸까? 투자에 걸린 것이 워낙 큰 이유도 일부 있다. 주식 몇 가지만 잘 고르면 큰 노력을 기울이지 않고도 부자가 될 수 있다. 누군가의 예측이 현실이 될 확률이 1퍼센트만 있더라도 그리고 그게 실현될 경우 내 인생이 바뀐다면, 관심을 기울이는 것은 미친 짓이 아니다. 혹시 모르지 않는가?

금융에 관한 의견은 너무 많기 때문에 모두 따를 수는 없다. 따라서 어느 한 전략을 택하거나 어느 한쪽 편을 들게 되고, 그렇게 되면 당신은 금전적으로뿐만 아니라 정신적으로도 그쪽 편에 서서 투자하게 된다. 어느 주식이 10배 오르기를 바란다면, 그쪽이 당신이 택한 무리다. 어느 경제정책이 극심한 인플레이션을 불러온다고 생각하면, 그게 당신이 편든 쪽이다.

이런 것들은 확률이 낮은 도박일 수 있다. 문제는 이를 지켜보는 사람들이 1퍼센트처럼 낮은 확률은 조정할 수도 없고, 조정하지도 않는다는 점이다. 많은 사람들이 그냥 내가 사실이길 바라는 것이 명백한 사실이라고 믿어버린다. 그렇게 믿는 이유는 현실이 됐을 때 어마어마한 결과가 나올 수 있기 때문이다.

투자는 매일 극단적 보상의 기회가 주어지는 몇 안 되는 분야 중 하나다. 사람들은 돌팔이 날씨 예보관은 믿지 않으면서 돌팔이 금융가는 믿는다. 다음 주에 주식시장이 어떨지 정확히 예측한 데 따른 보상은 다음 주에 햇빛이 날지, 비가 올지 예측한 데 대한 보상과는 차원이 다르기 때문이다.

2018년까지 10년 동안 적극적인 운용 전략을 펼친 뮤추얼펀드의 85퍼센트가 벤치마크보다 낮은 성적을 냈다.[65] 보통은 이처럼 낮은 성적을 내는 업계는 틈새시장이며 사업을 지속하기 어려울 거라 생각한다. 그러나 실제로 이들 펀드에 투자된 금액은 거의 5조 달러에 이른다.[66] '제2의 워런 버핏'을 따라 투자할 수 있는 기회를 준다고 해보자. 사람들은 열렬한 믿음을 가질 테고 수백만 명이 평생 모은 돈을 쏟아부을 것이다.

아니면 버니 매도프를 떠올려보자. 뒤돌아보면 그의 폰지 사기는 너무나 뻔한 것이었다. 그는 매번 똑같은 수익률을 보고했고, 감사를 받는 회계법인은 널리 알려지지 않은 곳이었으며, 어떻게 그런 수익률을 냈는지 정보를 제대로 공개하지도 않았다. 그런데도 매도프는 전 세계에서 가장 박식한 투자자들에게서 수십억 달러를 모집했다. 그는 멋진 이야기를 들려줬고, 사람들은 믿고 싶어했다. 이 점이 바로 실수의 여지에 대한 대비, 유연성, 경제적 독립성(앞서 논의한 중요한 테마들)이 반드시 필요한 이유 중 하나다.

'사실이길 바라는 것'과 '원하는 결과를 얻기 위해 사실이어야 하는 것' 사이 간격을 더 크게 인식할수록 '금융 분야의 매력적인 허구'로 인한 피해자로 전락하지 않을 수 있다.

어떤 예측을 하면서 실수의 여지를 가늠할 때조차 우리는 바란다. 잠재적 결과의 범위가 '내가 옳은 것'과 '내가 아주아주 옳은 것' 사이에 있었으면 하고 말이다. 그러나 가장 위험한 것은 무언가가 사실이기를 너무나 간절히 바란 나머지, 예측 범위가 현실과 아주 동떨어져버리는 것이다.

미국 연방준비제도 이사회는 2007년 마지막 회의에서 2008년과 2009년의 경제성장률에 대한 예측을 내놓았다.[67] 경제 약화에 지칠 대로 지친 이사회는 낙관적이지 않았다. 이사회는 잠재성장률 범위를 1.6퍼센트에서 2.8퍼센트 사이로 예측했다. 말하자면 이게 연방준비제도 이사회의 안전마진, 실수할 수 있는 여지였다. 현실에서 미국 경제는 2퍼센트 이상 쪼그라들었다. 연방준비제도 이사회의 추정치 하한을 오차 범위보다 거의 세 배나 벗어났다는 뜻이다.

정책 입안자들이 대놓고 경기침체를 예언하기는 쉽지 않다. 경기침체는 본인들의 커리어를 복잡하게 만들기 때문이다. 그래서 최악의 예상도 성장이 '더디다' 수준을 잘 벗어나지 않는다. 매력적인 허구이고 믿기 쉬운 예언이다. 그보다 더 나쁜 것을 예상하는 것은 생각하는 것만으로도 괴롭기 때문이다.

우리는 정책 입안자들을 손쉽게 비난하긴 하지만, 사실 우리 모두가 어느 정도 그렇게 하고 있다. 그리고 이런 일은 양방향으로 일어난다. 경기침체가 다가온다고 생각해서 미리 주식을 현금으로 바꿨다면, 경제에 대한 당신의 시각은 당신이 일어났으면 하고 바라는 일 때문에 갑자기 왜곡될 것이다. 사소한 소동이나 목격담 하나도 마침내 올 게 왔다는 신호처럼 보일 것이다. 실제로 그래서가 아니라 당신이 그걸 바라기 때문이다.

인센티브는 강력한 동인이다. 나의 금융 목표 및 전망에 이런 것들이 어떤 영향을 미치는지 늘 염두에 두어야 한다. 아무리 강조해도 지나치지 않는 것은, 금융에서 실수의 여지보다 더 큰 힘을 발휘하는 것은 없다는 사실이다. 중대한 것이 걸려 있을수록, 실수의 여지도 크게 잡아야 한다.

세상에 대한 관점은 누구나 불완전하다.
우리는 그 구멍을 메우기 위해 스토리를 만들어낸다.

이 글을 쓰는 지금 내 딸은 한 살 정도 됐다. 모든 것을 궁금해하고 엄청나게 학습이 빠르다. 하지만 나는 종종 우리 딸이 이해할 수 없는 것들에 관해 생각해본다.

딸은 아침마다 아빠가 왜 일하러 가는지 이유를 모른다. 청구서, 가계, 커리어, 승진, 은퇴 준비 같은 것은 딸에게 완전히 낯선 개념이다. 딸에게 연방준비제도, 신용파생상품, 북미자유무역협정 같은 것을 설명해야 한다고 생각해보라. 불가능하다.

그렇다고 해서 딸이 어둠 속에서 사는 것은 아니다. 딸은 어리둥절한 채로 헤매고 다니지 않는다. 비록 한 살에 불과하지만 세상 원리에 대해 자기만의 생각이 있다. 담요는 따뜻하고, 엄마가 붙잡는 것은 위험해서이고, 대추야자는 달다.

딸이 마주치는 모든 것은 자신이 머릿속으로 구성한 수십 가지 모형 중 하나에 딱 맞아 떨어진다. 내가 출근할 때 딸은 '월급이 뭐야? 청구서가 뭐야?' 하면서 나를 붙잡는 게 아니다. 딸은 이 상황에 대해 아주 명확한 설명을 갖고 있다. '아빠는 나랑 놀아주지 않을 거고, 나는 아빠가 놀아주길 바랐기 때문에, 지금 나는 슬프다.'

딸은 아는 게 별로 없지만 그 사실을 깨닫지 못한다. 왜냐하면 지금 무슨 일이 벌어지고 있는지, 자신이 아는 몇 안 되는 지식을 바탕으로 일관된 이야기를 스스로에게 들려주고 있기 때문이다.

나이가 몇 살이든 우리는 이와 똑같이 하고 있다. 딸과 마찬가지로 나는 내가 모르는 것은 모른다. 따라서 나 역시 내가 마음껏 사용할 수 있는 머릿속의 한정된 모형을 가지고 세상을 설명한다. 딸과 마찬가지로 나는 내가 마주치는 모든 것에서 가장 이해하기 쉬운 이유를 찾는다. 그리고 딸과 마찬가지로 나는 그중 많은 것들을 틀린다. 왜냐하면 나는 스스로 생각하는 것보다 세상 원리에 대해 아는 것이 훨씬 적기 때문이다.

이는 팩트_{fact}를 기반으로 하는 대부분의 주제에 해당하는 이야기다. 역사를 예로 들어보자. 역사란 이미 있었던 일을 되 짚는 것에 불과하다. 당연히 명확하고 객관적이어야 한다. 그러 나《역사로부터 배우기 Why Don't We Learn From History?》에서 B. H. 리 들 하트 B. H. Liddell Hart 는 다음과 같이 말한다.

> ≪≪≪ (역사는) 상상력이나 직관의 도움 없이는 해석될 수 없다. 너무나 압도적인 양의 증거들이 있기 때문에 선별은 불가피하 다. 선별도 하나의 기술이다. 역사를 읽는 사람은 자신의 의견이 옳다는 것을 증명하고 확인해줄 내용을 찾아보는 경향이 있 다. 그들은 충성심을 옹호한다. 단언 혹은 공격의 목적을 가지 고 역사를 읽는다. 불편한 진실에는 저항한다. 왜냐하면 누구나 정의의 편이고 싶기 때문이다. 우리가 모든 전쟁을 끝내기 위해 전쟁을 시작하는 것과 마찬가지다.

대니얼 카너먼은 사람들이 과거를 이해하기 위해 스스로에 게 들려주는 이야기에 대해 이렇게 언급했다.

> ≪≪≪ 지나고 보면 과거를 설명할 수 있다는 사실은 마치 세상 이 이해할 만한 것이라는 듯한 착각을 일으킨다. 우리는 세상이 이해되지 않을 때조차 이해가 된다고 착각한다. 이 때문에 많은 분야에서 실수가 생기니 큰일이다.

사람들은 이해할 수 없는 것과 마주치면 보통은 자신이 이해하지 못한다는 사실을 깨닫지 못한다. 나만의 시각과 세상 경험을 바탕으로, 그 경험이 아무리 제한적이라고 해도 설명을 만들어낼 수 있기 때문이다. 우리는 누구나 이 복잡한 세상이 이해가 가기를 바란다. 그래서 사실상 사각지대라고 할 수 있는 구멍들을 채워줄 이야기를 스스로에게 들려준다. 그런 스토리들이 우리에게 끼치는 경제적인 영향은 환상적인 것이 될 수도 있고 끔찍할 수도 있다.

　세상의 원리에는 내가 모르는 부분이 있기 때문에 주식시장이 왜 그런 식으로 움직이는지 내가 완전히 오해할 수도 있다. 그리고 그 오해로 인해 다음번에 주식시장에 무슨 일이 벌어질지 내가 알 수 있다는 지나친 자신감이 생길 수도 있다. 주식시장과 경제를 예측하는 일이 그토록 어려운 이유에는, 세상이 당신 생각처럼 움직인다고 생각하는 사람이 이 세상에 당신밖에 없는 탓도 있다. 당신이 의사결정을 내린 이유를 나는 이해조차 할 수 없고, 내가 맹목적으로 당신을 따라 할 경우 해당 의사결정은 당신에게는 맞는 것이어도 나에게는 참사가 될 수 있다. 16장에서 보았듯이 바로 이런 식으로 거품이 형성된다.

　내가 얼마나 모르는지를 인정하는 것은 나의 통제를 벗어난 일이 세상에 얼마나 많은지를 인정하는 것과 같다. 받아들이기 힘들 수 있다.

시장예측을 생각해보라. 우리의 예측은 아주, 아주 형편없다. 한번은 내가 계산해본 적이 있는데, 시장이 매년 역대 평균만큼씩 상승한다고 가정하더라도 월스트리트 대형은행의 최고 시장전략가 20인의 연간전망 평균을 따르는 것보다 더 정확했다. 경기침체를 예측하는 능력 역시 별반 다르지 않다. 또한 대형 사건은 느닷없이 터지기 때문에 예측이 도움이 되기보다는 오히려 해를 끼칠지 모른다. 예상하지 못한 사건들이 결과의 대부분을 좌지우지하는 세상에 대해 예측이 가능하다는 착각을 불러일으키기 때문이다. 칼 리처즈Carl Richards는 이렇게 쓰고 있다. "리스크란 내가 모든 경우의 수를 다 생각했다고 여길 때 남은 것이다."

사람들은 이 점을 알고 있다. 내가 만난 투자자 중에서 진심으로 전체적인 시장예측이 정확하다거나 유용하다고 생각하는 사람은 없었다. 그럼에도 불구하고 미디어나 재무상담가들이나 할 것 없이, 아직도 예측에 대한 수요는 어마어마하다. 이유가 뭘까?

심리학자 필립 테틀록Philip Tetlock이 이런 말을 한 적이 있다. "우리는 내가 예측 가능하고 통제 가능한 세상에 살고 있다는 믿음이 필요하다. 그래서 그 필요를 충족시켜주겠다고 약속하는, 권위 있게 들리는 사람들에게 의지한다."

'필요를 충족시킨다'는 말은 훌륭한 표현이다. 내가 통제권을 갖고 있다고 믿고 싶은 마음은 계산하고 해결해야 할 분석적인 문제가 아니라, 누가 긁어주어야 할 정서적 가려움증 같은 것이다. 통제할 수 있다는 착각이 불확실하다는 현실보다 오히려 설득력 있다. 그래서 우리는 결과를 통제할 수 있다는 스토리에 집착한다.

$$\smile$$

이런 문제가 생기는 이유는 우리가 정확성의 영역과 불확실성의 영역을 혼동하는 탓도 있다. 미국항공우주국NASA에서 발사한 뉴호라이즌스 우주선이 2015년에 명왕성을 지나쳤다. 9년 반 동안 48억 킬로미터를 움직인 여정이었다. NASA에 따르면 "2006년 1월 발사했을 때 예측한 것보다 1분가량 덜 걸렸다."고 한다.[68]

생각해보자. 테스트해본 적도 없고 10년이 걸리는 여정에서 NASA는 99.99998퍼센트의 정확성을 보였다. 이는 마치 뉴욕에서 보스턴까지 가는 데 100만 분의 4초밖에 틀리지 않은 예측이나 마찬가지다.

그러나 천체물리학은 정확성의 영역이다. 인간의 행동, 감정 같은 예측 불허의 것들에 영향을 받지 않는다. 금융과는 다르다. 비즈니스, 경제, 투자는 불확실성의 영역이다. 이런 것들은 깔끔한 공식으로 쉽게 설명할 수 없는 여러 의사결정에 압도적으로 좌우된다. 명왕성으로 가는 여정과는 다르다. 그런데 우리는 비즈니스나 경제, 투자가 명왕성으로 가는 여정과 같기를 간절히 바란다. NASA의 엔지니어가 결과를 99.99998퍼센트 통제하고 있다는 아이디어가 근사하고 편안하기 때문이다. 마음이 너무나 편안해지기 때문에 우리는 삶의 다른 부분, 예컨대 돈 문제 같은 영역에서도 꽤 많은 통제력을 갖고 있다는 스토리를 스스로에게 들려주고 싶은 유혹을 느낀다.

카너먼은 그런 스토리가 다음과 같은 경로를 따른다고 했다.

- 계획을 세울 때 우리는 내가 하고 싶은 것, 내가 할 수 있는 것에 초점을 맞춘다. 내 결과에 영향을 줄지도 모르는 의사결정을 내리게 될 남들의 계획이나 능력은 소홀히 한다.
- 과거를 설명할 때도, 미래를 예측할 때도 우리는 인과관계에 미치는 능력의 역할에 초점을 맞추고 운의 역할은 소홀히 한다.
- 우리는 내가 아는 것에 초점을 맞추고 모르는 것은 소홀히 한다. 그래서 나의 믿음에 지나친 자신감을 갖게 된다.

카너먼은 이것이 비즈니스에 미치는 영향을 다음과 같이 설명했다.

《《《혁신적인 스타트업의 설립자 및 참여자들에게 여러 차례 이런 질문을 했다. "당신이 회사에서 하는 일이 이 일의 결과를 어느 정도나 좌우할까요?" 분명히 쉬운 질문이다. 답은 금방 나왔고, 그 답이 80퍼센트 이하였던 적은 한 번도 없다. 회사가 성공할지 확신하지 못할 때조차 이 대담한 사람들은 자신의 운명이 거의 전적으로 자신의 손에 달려 있다고 생각한다. 이들은 틀렸다. 스타트업의 결과는 자신들의 노력 못지않게 경쟁자의 실적과 시장의 변화에 크게 의존한다. 그러나 사업가들은 자연히 자신이 가장 잘 아는 것에 초점을 맞춘다. 나의 계획, 행동, 자금 모집 가능성 같은 가장 직접적인 위협과 기회 같은 것들 말이다. 경쟁자에 대해서는 이만큼 잘 알지 못한다. 그래서 자연스럽게 경쟁이 큰 역할을 차지하지 않는 미래를 상상하는 것이다.

우리는 누구나, 어느 정도 그렇게 하고 산다. 그리고 내 딸과 마찬가지로 스스로가 그렇게 하는 것을 전혀 개의치 않는다. 우리는 눈을 감고 어리둥절한 채로 헤매고 다니는 게 아니다. 우리는 내가 우연히 아는 것들을 기초로, 내가 활동하는 세상이 이해가 된다고 생각해야만 한다. 그렇지 않으면 아침에 침대에서 빠져나오기도 힘들 것이다.

하지만 지구 위를 배회하던 그 외계인은 어떨까? 눈에 보이는 것을 기초로 무슨 일이 벌어지는지 안다고 확신했으나, 남들 머릿속에서 진행되는 스토리를 알 수 없었기에 완전히 틀린 생각을 하고 있던 그 외계인 말이다. 우리 모두가 그 외계인이다.

우리는 예측 가능하고 통제 가능한 세상에 살고 있다는
믿음이 필요하다.

그래서 그 필요를 충족시켜주겠다고 약속하는,
권위 있게 들리는 사람들에게 의지한다.

돈에 대한 보편적인 진실 몇 가지

All Together Now

우리는 같은 이야기를 들어도
다른 결론에 도달할 수 있다.

 대단하다. 아직까지 이 책을 읽고 있다니! 이제 그동안 우리
가 배운 몇 가지를 묶어볼 시간이다. 이번 장은 총정리와도 같
다. 여러분이 더 나은 금융 의사결정을 내리는 데 도움이 될 만
한 실천 가능한 교훈을 살펴볼 것이다.

 먼저 들려줄 이야기가 하나 있다. 치과 예약을 잡았다가 아
주 끔찍한 결과를 낳은 에피소드다. 돈에 관해 조언하는 것이
얼마나 위험한 일인지를 이 사례를 통해 느낄 수 있을 것이다.

클래런스 휴스_{Clarence Hughes}가 치과에 간 것은 1931년이었다. 그는 입안에 방사통증이 있었다. 의사는 통증을 완화하기 위해 클래런스에게 대충 마취를 했다. 몇 시간 후 클래런스가 깨어보니 치아가 16개 사라지고 편도선은 제거되어 있었다. 모든 게 엇나갔다. 일주일 후 클래런스는 수술 후유증으로 숨졌다.

클래런스의 아내는 치과의사를 고소했다. 그러나 고소 이유는 수술이 잘못됐다는 사유가 아니었다. 1931년에는 모든 수술이 죽을 위험을 각오한 것이었다. 아내의 말에 따르면 클래런스는 애초에 그런 시술 내용에 동의한 적이 없고, 만약 의사가 클래런스의 의향을 물어봤다면 동의하지 않았을 거라고 했다.

사건은 여러 법정을 전전했으나 결론이 나지 않았다. 1931년 당시에는 의사와 환자 사이의 동의 여부가 그렇게 이분법적이지 않았다. 한 법정은 의사에게는 최선의 의료 결정을 내릴 수 있는 자유가 필요하다고 정리했다. "그런 자유가 없다면 우리는 과학 발전의 혜택을 누릴 수 없을 것이다."

역사의 대부분 기간 동안 의사가 할 일은 환자를 고치는 것이고, 환자가 의사의 치료 계획에 대해 어떻게 생각하는지는 중요하지 않다는 게 의료 윤리였다. 이런 철학에 대해 제이 카츠_{Jay Katz} 박사는 《의사와 환자 사이 침묵의 세상_{The Silent World}

Between Doctor and Patient》에 다음과 같이 썼다.

>≪≪≪ 의사들은 그런 목적을 달성하기 위해 환자의 신체적, 정서적 욕구를 살필 의무가 있다고 느꼈다. 그리고 의사결정을 내려야 할 때는 환자와 상의하지 않고 독단으로 해야 한다고 생각했다. 환자가 의사결정의 짐을 의사와 공유할 자격이 있을지 모른다는 생각은 결코 의료 윤리의 일부가 아니었다.

이는 자존심이나 악의가 아니었다. 두 가지를 믿었기 때문이었다. 첫째, 모든 환자는 병이 낫기를 원한다. 둘째, 환자를 낫게 하는 보편적이고 옳은 방법이 있다. 이 두 가지를 믿는다면 치료 계획에 대해 환자의 동의를 요구하지 않는 것이 합리적이었다.

그러나 의료는 그런 식으로 작동하지 않는다. 지난 50년간 의과대학들은 질병을 치료하는 것에서 환자를 치료하는 쪽으로 미묘하게 교수법을 바꾸었다. 즉 치료 계획의 여러 옵션을 펼쳐놓고 환자가 최선의 길을 결정할 수 있게 해주었다.

이런 트렌드를 이끌었던 것 중에는 환자 보호와 관련된 법률도 있고, 큰 영향력을 발휘한 카츠의 책도 역할을 했다. 카츠는 책을 통해 의료적 가치에 대해 환자는 의사와 아주 다른 관점을 가질 수도 있다고 주장하면서, 치료 방법을 선택하는 데 환자의 믿음이 고려되어야 한다고 주장했다. 그는 다음과 같이 썼다.

> ≪≪≪ 의사가 자신의 의학 기술과 과학적 지식을 펼칠 때 순전히 그의 선한 의도, 그리고 무엇이 옳은 일인지 판단할 수 있는 그의 능력에만 의존해야 한다고 주장하는 것은 위험한 난센스다. (중략) 그렇게 간단한 문제가 아니다. 의료는 복합적인 직업이며, 의사와 환자의 상호작용 역시 복합적이다.

이 마지막 줄이 중요하다. '의료는 복합적인 직업이며, 의사와 환자의 상호작용 역시 복합적이다.'

이와 비슷한 직업이 또 있다. 바로 재무 상담이다. 당신 돈을 가지고 어떻게 하라고 나는 말해줄 수가 없다. 왜냐하면 나는 당신이 누구인지 모르기 때문이다. 나는 당신이 뭘 원하는지 모른다. 언제 그것을 원하는지 모른다. 왜 원하는지 모른다. 따라서 나는 당신 돈을 가지고 어떻게 하라고 말하지 않을 것이다. 나는 클래런스 휴스를 치료했던 치과의사처럼 당신을 대하고 싶지는 않다.

그러나 의사나 치과의사가 쓸모없는 존재가 아닌 것은 분명하다. 그들에게는 지식이 있다. 그들은 확률을 안다. 그들은 뭐가 주로 효과가 있는지 안다. 비록 환자가 어떤 치료법이 자신에게 꼭 맞을지 의사와는 다른 결론에 도달한다 하더라도 말이다.

재무 상담가도 마찬가지다. 돈에는 보편적인 진실이 있다. 비록 사람들이 그 진실을 자신의 재무 상황에 어떻게 활용할지, 재무 상담가와는 다른 결론에 도달한다 하더라도 말이다.

이 점을 미리 경고해두고, 여러분이 더 나은 결정을 내리는 데 도움이 될 몇 가지를 살펴보겠다.

일이 잘 풀릴 때는 겸손을 찾기 위해 노력을 기울이고,

일이 잘못될 때는 용서와 연민을 찾기 위해 최선을 다하라.

겉으로 보이는 것만큼 좋은 경우도, 나쁜 경우도 결코 없다. 세상은 크고 복잡하다. 행운과 리스크는 모두 실재하며 식별하기가 어렵다. 예측할 수도 없다. 그러니 나를 판단할 때도 남을 판단할 때도 겸손을 찾고 용서와 연민을 생각하라. 행운과 리스크의 힘을 존중한다면 실제로 내가 통제할 수 있는 사항에 초점을 맞출 확률이 높아질 것이다. 또한 올바른 롤모델을 찾을 확률도 커질 것이다.

자존심은 줄이고 부는 늘려라.

저축이란 당신의 자존심과 소득 사이에 생긴 틈이고, 부는 눈에 잘 보이지 않는다. 따라서 미래에 더 많은 것 혹은 더 많은 옵션을 갖기 위해, 오늘 내가 살 수 있는 것을 사지 않을 때 부가 만들어진다. 당신이 아무리 많은 돈을 번다고 해도, 지금 당장 그 돈으로 누릴 수 있는 즐거움을 덮어두지 않으면 부는 절대로 쌓이지 않을 것이다.

밤잠을 설치지 않을 방법을 택하라.

돈을 관리함에 있어서는 밤잠을 설치지 않고 안심할 수 있는 방법을 찾아야 한다. 이는 최고 수익률을 노려야 한다거나 소득의 몇 퍼센트를 저축하라고 하는 것과는 완전히 다른 이야기다.

어떤 사람은 최고 수익률을 올리지 못하면 잘 자지 못한다. 또 어떤 사람은 보수적으로 투자해야만 제대로 휴식을 취할 수 있다. 누구나 자신만의 기준이 있다. 그러나 '이게 내가 밤에 잘 자는 데 도움이 될까?'라는 기준은 모든 금융 의사결정에서 누구에게나 최고의 이정표다.

시간을 보는 눈을 넓혀라.

더 나은 투자자가 되고 싶을 때 당신이 할 수 있는 가장 강력한 조치는 시간 보는 눈을 넓히는 것이다. 투자에서 가장 강력한 힘을 가진 것은 시간이다. 시간은 작은 것을 크게 키우고, 큰 실수를 약화시킨다. 시간이 행운과 리스크를 돌려놓을 수는 없지만, 기다린 사람에게 그 가까운 곳까지 결과를 밀어줄 수는 있다.

포트폴리오의 일부가 아닌 전체를 보라.

많은 것이 잘못되더라도 개의치 마라. 절반을 틀려도 여전히 큰돈을 벌 수 있다. 왜냐하면 소수의 작은 것들이 다수의 결과를 책임지기 때문이다. 투자나 비즈니스에서 뜻대로 되지 않는 것이 있어도 편하게 생각해야 한다. 세상은 원래 그런 것이다.

내가 잘하고 있는지 판단할 때는 개별 투자를 보지 말고, 전체 포트폴리오를 살펴야 한다. 투자의 많은 부분이 형편없더라도 몇 개만 뛰어나면 괜찮다. 보통은 이것이 최고의 시나리오다. 개별 투자에 초점을 맞추어 내가 잘하고 있는지를 판단하면, 잘한 것은 실제보다 더 멋있게 보이고 실패한 것은 실제보다 더 후회스러워 보인다.

내 시간을 내 뜻대로 하는 데 돈을 써라.

내 시간을 내 뜻대로 할 수 없는 것은 행복을 가로막는 보편적이고 강력한 장애물이다. 지금까지 언급한 말 중 가장 강력한 한마디를 다시 반복하겠다. 당신이 원할 때, 원하는 것을, 원하는 사람과 함께, 원하는 만큼 오랫동안 할 수 있는 능력은 돈이 당신에게 줄 수 있는 가장 큰 배당금이다.

남에게 더 친절하고, 자신에게 덜 요란해져라.

당신이 가진 물건에 열광하는 것은 당신 자신뿐이다. 당신이 고급 스포츠카를 타고 다닐 때 사람들은 차를 보지 당신을 보는 것이 아니기 때문이다. 스스로 질문해보자. 나는 진정으로 무엇을 원하는가? 멋진 차와 좋은 시계인가? 아니면 사람들의 존경과 칭찬인가? 당신이 정말 원하는 것은 후자일지 모른다. 그런 것들을 얻을 확률이 더 높아지는 것은 자동차 배기량과 번쩍이는 시계를 통해서가 아니라 친절과 겸손을 통해서다.

저축하라. 그냥 저축하라.

저축을 하는 데는 특별한 이유가 필요하지 않다. 자동차, 계약금, 비상시 의료비를 위해 저축하는 것도 훌륭하다. 그러나 예측이 불가능하거나 정의할 수 없는 목적을 위해 저축하는 것도 최고의 이유가 된다. 누구에게나 삶은 놀랄 일들의 연속이다. 특별히 용도를 정해두지 않은 저축은 최악의 순간 당신을 놀라 자빠지게 만들 수도 있는 사건에 대한 대비책이다.

성공을 위한 비용은 기꺼이 지불하라.

가치 있는 것 중에서 공짜로 얻어지는 것은 없다. 성공적인 투자에도 비용이 드는 법. 그러나 가장 큰 비용에는 눈에 보이는 가격표가 없다는 사실을 기억하라. 불확실성, 의심, 후회는 돈의 세계에서 흔히 볼 수 있는 비용이다. 이런 것들은 지불할 가치가 있는 경우가 많다. 이것들을 수수료(무언가 좋은 것을 얻기 위해 지불할 가치가 있는 가격)로 보아야지, 벌금(피해야 할 처벌)으로 보아서는 안 된다.

실수의 여지에 항상 대비하라.

미래에 일어날 법한 일, 그리고 내가 잘살기 위해 꼭 일어나야 하는 일, 그 사이에 존재하는 간극은 당신을 인내하게 만든다. 이러한 인내는 시간이 지나면 복리가 마법을 부리도록 만들어준다. 혹시 있을지도 모를 실수의 여지에 대비하는 것은 보수적인 방책처럼 보이지만, 이 덕분에 파산하지 않고 게임을 계속 이어나갈 수만 있다면 이보다 더 큰 값어치는 없을 것이다.

장기적인 결정을 내릴 때 극단적 선택은 피하라.

시간이 지나면 누구나 목표가 바뀌고, 욕망이 바뀐다. 따라서 금융과 투자에 관련한 과거의 결정이 극단적이면 극단적일수록 변해가는 당신이 후회할 가능성도 커진다.

리스크를 좋아하라.

사람들의 예측 능력은 형편없다. 또한 결과에 큰 영향을 미치는 대형 사건은 느닷없이 일어난다. 그러니 리스크는 존재할 수밖에 없고 받아들이는 수밖에 없다. 리스크를 좋아하라. 시간이 지나면 제값을 할 것이다. 그러나 파산할 정도의 리스크는 극도로 조심해야 한다. 아예 파산해버리면 기회는 영영 사라진다. 시간이 지나 제값을 할 미래의 리스크를 감수할 방도가 없기 때문이다.

나의 게임이 무엇인지 정의하라.

모든 사람은 목표가 다르고 계획이 다르다. 즉 나의 게임과 너의 게임은 다르다. 따라서 같은 주식과 채권을 사더라도 이후의 행보는 달라질 수밖에 없다. 그러니 다른 사람의 움직임에 부화뇌동해선 안 된다. 나의 행동이 나와 다른 게임을 하는 사람들의 영향을 받지 않게끔 하라.

돈 문제에 있어 각자 의견은 다르다. 혼란을 존중하라.

똑똑하고 합리적인 사람들도 돈 문제에 대해서는 의견이 나뉜다. 사람마다 목표와 욕망에 큰 차이가 있기 때문이다. 하나의 정답은 없다. 오직 나에게 맞는 답이 있을 뿐이다.

Big Lesson of Investing

나이도 다르고
가족 구성도 다르고
사는 곳도 다르고
원하는 바도 다르다.

그러나 모두에게 통하는 진실은 있다.

내가 나를 지키기 위해선
이런 이야기에도 귀를 기울여야 한다.

설사 각자 다른 결론을 낸다 하더라도 말이다.

나의 투자 이야기

Confessions

나는 부자가 되려고 했던 것은 아니다.
나는 그저 독립성을 갖고 싶었다.

컨설팅그룹 퍼스트 맨해튼First Manhattan을 설립한 억만장자 샌디 고츠먼Sandy Gottesman은 투자팀에 입사 지원한 사람의 면접을 볼 때 다음 질문을 했다고 한다. "당신은 무엇을 소유하고 있는가? 왜 그것을 소유하는가?"

"어느 주식이 싸다고 생각하는가?" 혹은 "어느 쪽 경제가 침체를 앞두고 있는가?"가 아니었다. 당신이 당신 돈으로 무엇을 하고 있는지 보여달라, 그뿐이었다.

내가 이 질문을 좋아하는 이유는 말이 되는 것(남들이 나에게 제안하는 내용)과 직감적으로 옳다고 생각하는 것(남들이 실제로 하는 행동)이 크게 다를 수 있음을 잘 보여주기 때문이다. 다음을 보자.

펀드평가회사 모닝스타에 따르면 미국의 모든 뮤추얼펀드 포트폴리오 매니저 중 절반은 자신의 펀드에 한 푼도 투자하지 않는다고 한다.[69] 사악하게 보일 수도 있는데, 어느 정도의 위선을 보여주는 통계임에는 분명하다.

하지만 이런 일은 생각보다 흔하다. 서던캘리포니아 대학교 의과대학의 켄 머리Ken Murray 교수는 2011년에 '의사들은 어떻게 죽는가'라는 글을 썼다. 이 글을 보면 의사들이 말년에 받는 치료 방법이 환자들에게 추천하는 방법과 매우 다르다는 것을 알 수 있다.[70]

머리 교수는 이렇게 썼다. "(의사들은) 다른 사람들처럼 죽지 않는다. 이례적인 것은 그들이 대부분의 미국인보다 훨씬 더 많은 치료를 받는 게 아니라 훨씬 더 적은 치료를 받는다는 점이다. 의사들은 남들의 죽음을 막으려고 그처럼 많은 시간을 쓰면서도 정작 자신의 죽음 앞에서는 상당히 평온한 경향이 있다. 의사들은 정확히 어떤 일이 벌어질지 알고, 어떤 선택들이 있는지 알며, 대체로 자신이 원하는 치료법은 무엇이든 이용할 수 있다. 그러나 조용히 떠난다." 암환자에게는 할 수 있는 온갖 치료법을 동원하는 의사도 정작 자기 자신을 위해서는 그저 고

통완화 처치를 선택한다.

남들이 나에게 추천하는 내용과 본인 스스로 하는 행동이 서로 다르다는 게 반드시 나쁜 일은 아니다. 그저 나와 내 가족에게 영향을 미치는 복잡하고 정서적인 문제를 다룰 때 정답은 없다는 점을 강조해줄 뿐이다. 보편적 진리란 없다. 나와 내 가족에게 맞는 진리가 있을 뿐이다. 내 마음이 편하고 밤잠을 설치지 않을 수 있는 방식으로 체크하고 싶은 칸에 표시하면 된다.

반드시 따라야 할 기본적 원칙들은 있다(이 점은 금융이나 의료나 마찬가지다). 그러나 스프레드시트나 교과서를 보면서 중요한 재무 결정을 내리지는 않는다. 중요한 재무 결정은 저녁 식탁에서 이뤄진다. 종종 수익률을 극대화하려는 의도가 아니라 배우자나 자녀가 실망할 가능성을 최소화하려는 의도로 내려진다. 이런 것들은 도표나 공식으로 요약하기가 어려우며, 사람에 따라 크게 차이가 난다. 누군가에게는 옳은 것이 다른 사람에게는 틀린 것일 수 있다.

그러니 여러분은 여러분에게 맞는 방법을 찾아야 한다. 다음은 나에게, 나의 가족에게 맞는 방법이니 참고만 하기 바란다. 저축 전략과 투자 전략 두 가지를 소개한다.

나의 저축 전략

언젠가 찰리 멍거는 이렇게 말했다. "나는 부자가 되려고 했던 것은 아니다. 나는 그저 독립성을 갖고 싶었다." 그렇다. 부자가 되는 것은 제쳐둘 수 있다. 그러나 독립성은 그럴 수 없다. 독립성은 늘 나의 경제적 목표였다. 나는 최고 수익률을 추구하거나 레버리지를 이용해 초호화 생활을 하는 데는 관심이 없다. 그 두 가지는 친구들에게 잘난 인상을 주려고 하는 게임처럼 보이고, 모두 숨은 리스크가 있다. 그냥 매일 아침 나와 내 가족이 하고 싶은 건 뭐든 할 수 있다는 사실을 알면서 잠을 깨고 싶을 뿐이다. 내가 내리는 모든 경제적 의사결정의 중심에는 이런 목표가 있다.

내 부모님이 살았던 성인기는 두 단계로 나뉜다. 찢어지게 가난했던 시기와 그런대로 잘 살았던 시기다. 나이 마흔에, 자녀가 벌써 셋일 때 아버지는 의사가 됐다. 의대를 다니며 배고픈 아이 셋을 부양하던 시절 어쩔 수 없이 생긴 검소한 생활방식은 의사 월급을 받아도 바뀌지 않았다. 부모님은 높은 저축률로 본인들이 버는 것보다 한참 못 미치는 생활을 하면서 좋은 시절을 다 보냈다. 그리고 그 덕분에 어느 정도의 독립성을 언었다. 아버지는 응급실 의사였는데, 내가 상상할 수 있는 직업 중 가장 큰 스트레스를 받으면서 주야간 교대근무를 서느라 힘든 시간을 보냈다. 그렇게 20년을 보낸 후 아버지는 그만하면 됐노라 결심했고, 일을 그만두셨다. 그리고 당신 인생의 다음 단계로 넘어갔다.

이 일은 늘 내 마음에 남았다. 언제든 준비가 됐을 때, 어느 날 아침 일어나 내 뜻대로 내가 하는 일을 바꿀 수 있는 능력이 야말로 모든 경제적 목표의 어머니의 어머니 같아 보였다. 나에게 독립성이란 일을 그만둔다는 뜻이 아니다. 원할 때 원하는 동안 좋아하는 사람들과 함께 좋아하는 일을 한다는 뜻이다.

그리고 어느 정도 독립성을 얻는 데는 의사 월급이 필요하지 않다. 중요한 것은 기대치를 낮추고 내가 가진 것보다 낮은 수준의 생활을 하는 것이다. 소득 수준이 어떻든 상관없이 독립을 좌우하는 것은 저축률이다. 그리고 소득이 일정 수준 이상일 때 저축률을 좌우하는 것은 생활양식에 대한 기대치를 낮추는 것이다.

아내와 나는 대학 시절에 만나 오랫동안 함께 살다가 결혼했다. 졸업 후에는 둘 다 신입사원으로 그 수준의 월급을 받았고 절제된 생활양식에 적응했다. 생활양식은 모두 정도의 차이다. 누군가에게는 그런대로 괜찮은 것이 누군가에게는 왕족 같을 수도 있고 빈곤일 수도 있다. 우리 소득 수준에서 그런대로 괜찮은 아파트, 괜찮은 자동차, 괜찮은 옷, 괜찮은 음식이라고 생각하는 것들을 가졌다. 편안하지만 고급과는 거리가 먼 것들이었다.

10년 이상 월급이 올랐지만(나는 금융 분야, 아내는 의료 분야) 이후 우리는 대략 그 수준의 생활양식에 머물러 있다. 그 결과 저축률은 계속해서 높아졌다. 인상된 월급은 사실상 마지막 한 푼까지 저축했고, 즉 우리의 '독립 자금'으로 쌓였다. 지금의 우리는 가진 것보다 한참 낮은 수준의 생활을 하고 있다. 남들은 우리 부부의 소득은 잘 모르겠지만, 우리가 20대 때 정한 생활양식을 유지한다는 것은 알 수 있을 것이다.

우리 가족의 재무 계획 중 자랑스러운 부분이 있다면, 젊은 나이에 세워놓은 생활양식 욕구에 대한 골대를 옮기지 않았다는 사실이다. 우리 가족의 저축률은 상당히 높은 편이지만 지나치게 아낀다는 느낌은 들지 않는다. 욕구가 크게 바뀌지 않았기 때문이다. 우리라고 해서 욕구가 없는 것은 아니다. 우리도 근사한 물건을 좋아하고 편안하게 살고 싶다. 다만 골대를 더 이상 옮기지 않을 뿐이다.

이게 모든 사람에게 효과적이진 않다. 우리 가족에게 효과가 있을 뿐이다. 왜냐하면 서로 똑같이 여기에 동의했기 때문이다. 우리 부부 누구도 상대를 위해 양보하지 않았다. 그리고 우리가 기쁨을 느끼는 일들(산책, 독서, 팟캐스트)은 비용이 거의 들지 않기 때문에 뭔가를 놓치고 있다는 기분도 별로 들지 않는다. 가끔 나는 우리 가족의 저축률에 대해 의문을 품다가도 내 부모님이 많은 저축을 통해 독립성을 확보한 일을 떠올리고는 금세 마음을 가다듬는다. 역시나 독립성이 우리 가족에게는 최고의 목표이기 때문이다.

실제 내가 누릴 수 있는 것보다 낮은 수준의 생활양식을 유지할 때의 두 번째 혜택은, 주위 사람들에게 뒤처지면 안 된다는 끝없는 심리적 압박을 피할 수 있다는 점이다. 더 많은 것에 대한 욕구 없이 내 능력보다 낮은 수준에서 편안하게 살면, 현대 선진국에서 사는 많은 이들이 굴복하고 마는 사회적 압박을 덜어낼 수 있다. 나심 탈레브는 이를 두고 이렇게 설명했다. "진정한 성공이란 극심한 경쟁의 쳇바퀴에서 빠져나와 내 활동을 마음의 평화에 맞추는 것이다." 마음에 쏙 드는 말이다.

지금까지 나는 독립성에 워낙 초점을 맞춘 나머지, 이론상으로 따지면 말이 안 되는 결정을 여럿 내렸다. 나는 대출 없이 집을 샀다. 금융과 관련해 지금까지 내린 최악의 결정이지만, 돈 문제와 관련해 내린 최고의 결정이기도 하다. 내가 집을 살 당시에는 대출 이율이 터무니없이 낮았다. 이성적인 조언자라면 누구든 저금리 대출금을 활용하고 남은 돈을 주식처럼 고수익 자산에 투자하라고 했을 것이다. 그러나 우리의 목표는 냉철하게 이성적인 것이 아니라 심리적으로 합리적인 것이다.

내 집을 소유하는 데서 오는 독립적인 기분은 내가 값싼 대출을 이용해 자산을 늘렸을 때 얻을 수 있는 금전적 이득을 훨씬 능가한다. 매달 대출금을 갚을 필요가 없다는 사실은 내 자산의 장기적 가치를 극대화하는 것보다 더 기분 좋은 일이었다.

나는 내 결정의 흠결을 지적하는 사람들, 혹은 절대 나와 같은 행동을 취하지 않을 사람들을 설득해 내 결정에 동조해달라고 하지 않는다. 이론상으로 따지면 동조하기 어려운 결정이다. 다만 우리 가족에게는 잘 맞는 결정이다. 우리는 이 결정이 마음에 든다. 이것이 중요하다. 좋은 결정이 언제나 합리적인 것은 아니다. 살다 보면 행복할 것인지 '옳을' 것인지 둘 중에 선택을 내려야 할 때가 있다.

또한 우리 가족은 대부분의 재무 상담가들이 추천하는 것보다 자산 내 현금 비중을 높게 유지한다. 주택 가치를 제외한 자산의 20퍼센트쯤 된다. 이 역시 이론상으로는 방어하기가 힘들고, 다른 이들에게 추천하지도 않는다. 그저 우리 가족에게 맞는 방식일 뿐이다.

내가 그렇게 하는 이유는 독립성에 있어서는 현금이 산소 같은 존재이기 때문이다. 더 중요한 이유는 보유한 주식을 어쩔 수 없이 파는 일이 절대 없기를 바라기 때문이다. 큰돈을 쓸 일이 생겨 어쩔 수 없이 주식을 팔아야 하는 경우를 최대한 0에 가깝게 만들고 싶었다. 아마도 우리 가족은 남들보다 위험 선호도가 낮은 듯하다.

개인금융과 관련해 배운 모든 사실을 종합해볼 때, 누구나 예외 없이 결국에는 예상 못 하게 큰돈을 쓸 일이 생긴다. 그리고 예상하지 못한 일이기 때문에 그런 지출에 대해서는 계획을 세우지 않는다. 우리 집의 재무 상태를 자세히 아는 몇몇은 이렇게 묻는다. "저축은 왜 하는 거야? 집을 사려고? 보트를 사려고? 새 차를 사려고?" 모두 아니다. 나는 돌발 변수가 더 많아질 것에 대비해 저축을 한다. 그리고 비용을 대려고 어쩔 수 없이 주식을 파는 일이 없어진다면, 우리가 보유한 주식이 최대한 오랫동안 몸집을 키울 확률도 높아질 것이다. 찰리 멍거가 멋지게 표현한 것처럼 말이다. "복리의 첫 번째 규칙은 절대로 쓸데없이 손대지 않는 것이다."

나의 투자 전략

나는 주식 추천 컨설턴트로 커리어를 시작했다. 당시 우리 가족은 개별 주식밖에 보유하지 않았다. 대부분이 버크셔 해서웨이나 P&G 같은 대형주였고, 내가 가치투자라고 생각한 중소형주가 일부 섞여 있었다. 20대를 돌이켜보면 어느 시점에서든 항상 나는 개별 주식 25개 종목 정도를 보유하고 있었다.

주식 추천 컨설턴트로서 내가 일을 잘했는지는 모르겠다. 시장수익률보다 높은 수익률을 냈을까? 확실하지는 않다. 그러려고 노력하는 대부분의 사람들처럼 나도 성적이 좋지는 않았다. 어찌됐든 나는 관점을 바꿨고, 지금은 개별 주식이 아닌 저비용 인덱스펀드에 투자한다.

적극적으로 주식을 고르는 것도 나는 반대하지 않는다. 스스로 고르든, 액티브펀드active fund(시장수익률을 상회하기 위해 적극적인 운용 전략을 펼치는 펀드-옮긴이)를 운용하는 펀드매니저에게 돈을 맡기든 상관없다. 나는 시장 평균을 능가할 수 있는 사람들도 있다고 생각한다. 다만 아주 어려운 일이고, 사람들이 생각하는 것보다 더 어려운 일일 뿐이다.

투자에 대한 내 생각을 요약하면 이렇다. '모든 투자자는 자신의 목표를 달성할 확률이 가장 높은 전략을 골라야 한다.' 그리고 내 생각에 대부분 저비용 인덱스펀드에 정기적으로 일정 금액을 계속 투자해가는 전략이 장기적으로 성공할 확률이 가장 높을 것이다.

그렇다고 해서 인덱스펀드 투자가 늘 성공적이라는 의미는 아니다. 모두에게 적합하다는 뜻도 아니다. 적극적인 주식 선정이 반드시 실패하게 되어 있다는 뜻도 아니다. 대체로 이 업계는 어느 한쪽으로 너무 치우쳐 있다. 특히 적극적인 투자에 격하게 반대하는 사람들은 말이다.

시장수익률을 이기는 것은 '당연히 어렵다'. 성공 확률은 '당연히 낮다'. 그렇지 않다면 모두가 그렇게 할 것이고, 모두가 그렇게 한다면 기회는 없을 것이다. 따라서 시장수익률을 이기려고 하는 사람들 다수가 실패한다는 사실은 놀랄 일이 아니다(통계에 따르면 2019년까지 10년 동안 대형 액티브펀드를 운용하는 펀드매니저의 85퍼센트는 S&P500지수를 이기지 못했다).[71]

시장수익률을 이기려고 하는 것은 제정신이 아니라고 생각하면서, 자녀에게는 별을 따보라고, 프로 운동선수가 돼보라고 격려하는 사람들도 있다. 사람마다 선호하는 것은 다르다. 인생은 확률이며, 우리는 누구나 확률에 대해 조금씩 다른 생각을 갖고 있다.

그동안 나는 저비용 인덱스펀드에 꾸준히 수십 년간 투자했고, 돈이 혼자서 불어나게 내버려두면 우리 가족의 모든 경제적 목표를 달성할 확률이 높다는 생각을 하게 됐다. 이렇게 생각하게 된 데는 검소한 생활양식이 큰 몫을 차지했다. 시장수익률을 능가하려고 시도하는 데서 비롯되는 추가적인 리스크를 부담하지 않고도 목표를 달성할 수 있다면, 굳이 그런 시도를 할 이유가 없다.

나는 세계 최고의 투자자가 될 필요는 없지만, 그렇다고 해서 형편없는 투자자가 돼서는 곤란하다. 그렇게 생각하니 인덱스펀드를 가지고 있기로 한 것이 우리 가족에게는 아주 쉬운 결정이었다. 모든 사람이 이런 논리에 동의하지는 않을 것이다. 특히나 시장수익률을 이기는 것이 직업인 내 친구들은 말이다. 나는 친구들이 하는 일을 존중하지만 우리 가족에게는 이게 맞다.

나는 수입이 생길 때마다 인덱스펀드에 투자한다. 미국 주식과 해외 주식이 섞여 있다. 정해진 목표 금액은 없다. 뭐가 됐든 쓰고 남은 돈을 투자한다. 나는 동일한 펀드에 은퇴자금을 최대치까지 투자하고, 아이들을 위해 세제 혜택을 받는 학자금저축에 일정액을 적립한다.

대략 이렇다. 사실상 우리 가족의 순자산은 집 한 채, 입출금이 자유로운 예금계좌, 뱅가드 인덱스펀드 몇 가지가 전부다. 우리 가족에게는 이 이상 복잡할 필요가 없다. 투자에 대한 나의 깊은 신념 중 하나는 이것이다. '투자 노력과 투자 결과 사이에는 상관성이 거의 없다.' 그 이유는 꼬리 사건들이 세상을 좌우하기 때문이다. 몇 가지 변수가 결과의 대부분을 책임진다. 당신이 투자에 아무리 많은 노력을 기울여도 당신의 전략을 크게 좌우할 두세 가지를 놓치면 좋은 결과를 얻지 못할 것이다. 그 반대도 마찬가지다. 전략이 성공하는 데 중요한 몇 가지가 확실히 포함된다면 간단한 투자 전략으로도 훌륭한 성과를 낼 수 있다.

나의 투자 전략은 투자 대상을 잘 선택하거나 다음번 경기침체 시기를 잘 포착하는 것과는 상관없다. 그저 높은 저축률과 인내심, 세계 경제가 향후 수십 년간 가치를 창출할 거라는 낙관적 시각에 의존한다. 투자를 위한 노력의 사실상 거의 전부를 이 세 가지를 생각하는 데 쏟고 있다. 특히 내가 통제할 수 있는 앞의 두 가지, 저축률과 인내심에 말이다.

나는 과거에 투자 전략을 바꾼 적이 있다. 그러니 앞으로도 당연히 투자 전략을 바꿀 가능성이 있다. 하지만 저축이나 투자 방법이야 어떻게 바뀌든 목표는 항상 독립성일 것이며, 밤에 깊이 잠들 수 있는 방법을 택할 거라고 확신한다.

이것이 나의 최종 목표다. 돈의 심리학에 통달하는 것 말이다. 그러나 사람마다 생각은 다르다. 그리고 미친 사람은 아무도 없다.

Big Lesson of Investing

우리는 스프레드시트나 교과서를 보며 재무 결정을 내리지 않는다.

중요한 재무 결정은 저녁 식탁에서 이뤄진다.

수익률을 극대화하려는 의도가 아니라
배우자나 자녀를 생각하며 결정을 내린다.

따라서 사람에 따라 다를 수밖에 없고
누군가에게는 옳은 것이 다른 사람에게는 틀린 것일 수 있다.

우리는 자신만의 투자 전략을 찾아야 한다.

돈에 대한 이 같은 생각은 어떻게 형성된 걸까

현대 소비자의 심리를 이해하고, 이것이 어디로 향할지 파악하려면 어쩌다가 여기까지 왔는지부터 알아야 한다. 우리는 다들 어쩌다가 여기까지 왔을까?

만약 당신이 1945년에 잠이 들어서 2020년에 깨어났다면 주변 세상을 알아볼 수 없을 것이다. 이 기간에 벌어진 경제 성장은 그야말로 유례가 없는 일이다. 당신이 2020년에 깨어나 뉴욕과 샌프란시스코의 부의 수준을 봤다면 충격을 받았을 것이다. 이를 디트로이트의 빈곤과 비교했다면 충격을 받았을 것이다. 주택가격, 대학 등록금, 의료비 수준을 보았다면 충격을 받았을 것이다. 평균적인 미국인이 저축과 지출 일반에 대해 어떻게 생각하는지 봤다면 충격을 받았을 것이다. 어떻게 이 모든 일이 벌어졌는지 합리적으로 이야기를 구성해보려 했다면 완전히 엇나갔을 것이다. 직관적이지 않고, 미리 내다볼 수도 없는 일이었기 때문이다.

제2차 세계대전 이후 미국에서 일어난 일은 미국 소비자의 역사다. 이 역사는 사람들이 왜 돈에 대해 지금과 같이 생각하는지를 설명하는 데 도움을 준다.

짧게 이야기하면 다음과 같다. 상황이 아주 불확실했다. 그러다가 아주 좋아졌다. 그러다가 상당히 나빠졌고, 다시 정말 좋아졌고, 다시 정말 나빴고, 지금 우리가 있는 것이다. 나는 이 모든 사건을 서로 연결해주는 내러티브가 있다고 생각한다. 상세한 설명은 아니다. 하지만 어떻게 모든 것이 맞아 들어가는지에 대한 이야기다.

이 이야기는 큰 사건들을 서로 연결해보려는 시도이기 때문에 이 기간에 일어난 수많은 세부 사항은 다루지 못한다. 누구든 빠뜨린 것이 있다고 지적한다면, 아마도 나는 동의할 것이다. 여기서 우리의 목표는 플레이 하나하나를 다 묘사하는 것이 아니다. 그저 하나의 게임이 다음 게임에 어떤 영향을 주었는지 살펴보려는 것이다.

현대 소비자는 다음과 같은 방식으로 지금에 이르렀다.

1945년 8월, 제2차 세계대전이 끝났다.

〈뉴욕타임스〉는 일본의 항복을 두고 "미국 역사상 가장 행복한 날."이라고 보도했다. 하지만 이런 말도 있다. "역사란 지독한 것 다음에 또 지독한 것이 오는 일이다." 종전의 기쁨은 금세 다음과 같은 질문과 부딪혔다. '이제 어떻게 되는 거지?'

미국 인구의 11퍼센트였던 1,600만 명이 전쟁에 동원됐다. 마지막에는 800만 명이 해외에 있었고, 그들의 평균 연령은 23세였다. 18개월 후면 150만 명을 제외한 그들 모두가 본국으로 돌아와 제복을 벗는 것이다.

그다음은 무엇인가? 그들은 무엇을 하게 되는가? 그들은 어디서 일하는가? 그들은 어디서 사는가?

이런 것들이 당시 가장 중요한 질문이 된 데는 두 가지 이유가 있었다. 첫째, 아무도 답을 몰랐다. 둘째, 빨리 답을 찾지 못하면 (많은 경제학자들이 보기에) 가장 가능성이 큰 시나리오는 경제가 다시 대공황 같은 깊은 수렁에 빠지는 것이었다.

전쟁 중에 다음과 같은 세 가지 힘이 축적됐다.

1. 주택건설이 멈춰 섰다. 그간 모든 생산 능력은 전쟁물자 공급 쪽으로 이동했다. 1943년에는 매달 1만 2,000호 이하의 주택이 건설됐는데, 이는 미국의 도시 하나당 새로 지어진

주택이 한 채도 안 된다는 뜻이었다. 귀환 용사들은 심각한 주택난에 직면했다.

2. 전쟁 중에 만들어진 특정 직업들, 예컨대 선박이나 탱크, 비행기를 만드는 직업은 전후가 되자 갑자기 필요가 없어졌다. 민간부문 기업에서는 대단히 빠른 속도로 대량 실업이 이어졌다. 군인들이 어디서 일할 수 있을지가 분명하지 않았다.

3. 전쟁 중 그리고 전쟁 직후에 결혼율이 급증했다. 군인들은 엄마의 지하실로 귀환하고 싶어하지 않았다. 그들은 당장, 훌륭한 직업을 가지고, 자기 집을 구해서, 가정을 꾸리고 싶어했다.

정책 입안자들은 이 점이 걱정됐다. 불과 5년 전에 끝난 대공황의 기억이 아직도 생생했다. 1946년 경제자문위원회가 트루먼Harry Truman 대통령에게 내놓은 보고서에서는 "향후 1년에서 4년 이내에 대규모 경제 공황이 찾아올 수 있다."고 경고했다.

이들은 별도의 1947년 보고서에서 트루먼 대통령과의 회의를 다음과 같이 요약했다.

≪≪≪≪ 우리는 일종의 경기침체 기간에 들어섰는지도 모른다. 그렇다면 경기침체를 유발하는 힘이 손을 쓸 수 없는 지경이 되지

는 않을지 상황 파악을 아주 정확히 해야 한다. (중략) 더 이상의
하락은 공황으로 가는 악순환에 빠질 위험을 증가시킬 수 있
다는 여러 전망을 간과해서는 안 된다.

이런 공포가 더욱 악화된 것은 즉각적인 수출 증대를 기대할
수 없었기 때문이었다. 가장 큰 두 경제권, 즉 유럽과 일본이 폐
허 위에서 인도주의적 위기를 맞고 있었다. 그리고 미국은 어느
때보다 많은 빚에 허덕이고 있어서 정부가 경제에 직접적 자극
을 주기도 어려웠다. 그래서 우리는 조치를 취했다.

저금리는 유지됐고, 소비자 신용 시대가 열렸다.

전후 경제가 침몰하는 것을 막기 위해 가장 먼저 한 일은 낮
은 금리를 유지하는 것이었다. 쉬운 결정은 아니었다. 병사들이
고향으로 돌아오면 옷부터 자동차에 이르기까지 온갖 물자가
부족할 것이고, 일시적으로 두 자릿수 인플레이션을 유발할 수
있기 때문이다.

1951년 전까지는 연방준비제도 이사회가 정치적으로 독립한
상태가 아니었기 때문에[72] 대통령과 이사회는 정책 협조를 이
룰 수 있었다. 1942년 연방준비제도 이사회는 전쟁 비용 마련
을 돕기 위해 단기금리를 0.38퍼센트로 유지하겠다고 발표했

다. 이후 7년간 금리는 0.01퍼센트도 바뀌지 않았다. 1950년대 중반까지 3개월 국채 수익률은 2퍼센트 미만에 머물렀다.

금리를 낮게 유지한 명시적 이유는 전쟁에 사용한 6조 달러에 이르는 자금의 비용을 낮게 유지한다는 것이었다. 그러나 저금리는 귀환 군인들을 위해 또 하나의 역할을 했다. 주택과 자동차, 장비, 물건 등을 정말로 싸게 빌릴 수 있게 해주었다. 극도로 긴장한 정책 입안자들의 시각에서 보면 이는 아주 좋은 일이었다. 제2차 세계대전이 끝난 이후 소비는 노골적인 경제 전략이 됐다.

전쟁 자금을 대기 위해 절약과 저축을 권장하던 시대는 금세 지출을 적극적으로 홍보하는 시대로 변모했다. 프린스턴 대학교 역사학자 셸던 개런*Sheldon Garon*은 아래와 같이 쓰고 있다.

> ≪≪≪ 1945년 이후 다시 미국은 저축을 홍보하던 유럽 및 동아시아의 패턴과는 다른 길을 갔다. (중략) 정치가, 비즈니스맨, 노동조합 리더 모두 경제 성장을 견인하기 위해 미국인들에게 소비와 지출을 권장했다.[73]

두 가지가 동력이 됐다. 하나는 유례없는 주택담보대출 기회를 제공한 제대군인원호법이었다. 1,600만 명의 참전 용사들은 계약금 한 푼 없이, 첫해 이자도 없이 집을 살 수 있었다. 고정

금리가 어찌나 낮은지 매달 대출상환금이 주택임차료보다 낮기도 했다.

다른 하나는 대공황 시절 규제 완화로 인한 소비자 신용의 폭발적 증가였다. 1950년에 최초의 신용카드가 도입됐다. 백화점 카드, 신용 할부, 신용 대출, 소액 대출 등등 온갖 것들이 본격 유행을 탔다. 그리고 당시에는 신용카드를 비롯해 모든 채무의 이자가 세금 공제를 받았다.

달콤했다. 그래서 우리는 과식을 했다. 간단한 이야기를 간단한 표로 나타내면 아래와 같다.

연도	미국의 총 가계부채
1945	294억 달러
1955	1,257억 달러
1965	3,312억 달러

1950년대의 가계부채는 2000년대 부채 남발 기간보다 1.5배나 빠르게 성장했다.

수요는 폭발했고, 값싼 소비자 신용으로 경제 호황이 도래했다.

1930년대는 미국 역사에서 경제적으로 가장 힘든 10년간이었다. 그런데 20년이 걸려서야 눈치챘지만 희망이 하나 있기는 했다. 대공황은 필요에 의해 자원과 생산성, 혁신을 크게 늘려 놓았다.

1930년대에는 생산성 붐에 대해 큰 관심을 쏟지 않았다. 다들 경제가 얼마나 나쁜가에만 초점이 맞춰져 있었기 때문이다. 1940년대에도 큰 관심을 쏟지 않았다. 모든 것이 전쟁에 초점이 맞춰져 있었기 때문이다. 그러다가 1950년대가 되자 갑자기 깨달았다. '우와, 놀라운 발명품들이 나왔구나. 우리가 그런 걸 정말 잘 만드는구나.' 가전제품, 자동차, 전화기, 에어컨, 전기 등.

전쟁 기간에는 수많은 가정용 제품들을 구매하는 것이 거의 불가능했다. 공장은 모두 총과 배를 만드는 곳으로 바뀌었다. 그러다가 전쟁이 끝나자 군인들은 물건에 대한 억눌린 수요를 만들어냈다. 결혼을 했고, 다시 삶을 이어나가고 싶었다. 새로 생긴 값싼 소비자 신용으로 간덩이가 커진 이들은 미국이 한 번도 보지 못했던 과소비를 이어갔다.

프레더릭 루이스 앨런은 《커다란 변화_The Big Change_》에 다음과 같이 쓰고 있다.

≪≪≪ 이 전후 기간에 농부들은 새 트랙터와 옥수수 수확기, 전기 착유기를 샀다. 이웃들과 공동으로 쓰려고 어마어마하게 많은 농기계들을 사 모았다. 농부의 아내는 늘 갖고 싶었으나

대공황기에는 여유가 되지 않아 사지 못했던 반짝이는 흰색 냉장고와 최신 세탁기, 급속 냉동기를 샀다. 교외 가정은 설거지 기계를 설치하고 전동 잔디깎기 기계에 투자했다. 도시 가정은 빨래방을 이용하고 거실에 놓을 텔레비전을 샀다. 남편의 사무실에는 에어컨이 설치됐다. 이런 식의 소비가 끝이 없었다.

소비 열풍이 얼마나 강했는지 알겠는가? 이것은 결코 과장이 아니다. 1942년부터 1945년까지 상업용 자동차와 트럭 제조는 사실상 멈춰 있었다. 그러다가 1945년부터 1949년 사이에 2,100만 대의 자동차가 팔렸다. 1955년까지는 3,700만 대가 더 팔렸다. 1940년에서 1945년 사이에 지어진 주택은 200만 호가 채 되지 않았다. 그러다가 1945년부터 1950년 사이에 700만 호가 지어졌고, 1955년까지는 다시 800만 호가 더 지어졌다.

물건에 대한 억눌린 수요에, 물건들을 만들 수 있는 새로운 능력까지 생기면서 귀환 병사들은 다시 일을 할 수 있게 됐다. 그것도 아주 좋은 일자리였다. 여기에 소비자 신용이 더해지면서 미국의 소비 여력은 폭발적으로 증가했다.

1951년 연방준비제도 이사회는 트루먼 대통령에게 다음과 같이 보고했다. "1950년까지 총 소비자지출과 주택건설을 합하면 약 2,030억 달러에 이르며 이는 1944년보다 40퍼센트 증가한 수치이다."[74]

'이 많은 군인들이 전쟁 후에 뭘 할 것인가?'라는 질문에 대한 답이 나왔다. 그들은 새로운 물건을 만드는 일로 벌어들인 돈과 값싸게 빌려주는 돈을 가지고 물건을 살 예정이었다.

부가 그 어느 때보다 평등하게 공유됐다.

1950년대 경제의 결정적인 특징은 가난한 사람들을 덜 가난하게 만들면서 나라가 부유해진 것이었다. 평균 임금은 1940년에서 1948년 사이에 두 배가 됐고, 다시 1963년까지 두 배가 됐다. 이렇게 늘어난 임금은 이전 수십 년간 뒤처져 있던 이들에게 집중됐다. 부자와 가난한 사람 사이의 격차가 이례적일 만큼 좁혀졌다.

루이스 앨런은 1955년에 다음과 같이 썼다.

≪≪≪ 경제적으로 엄청나게 앞서가던 부유한 이들과의 격차가 상당 부분 줄어들었다. 집단 단위로 보았을 때 가장 선전한 것은 산업 노동자들이었다. 예컨대 이전에는 2,500달러로 살던 철강 노동자 가족은 이제 4,500달러를 받고 있고, 이전에 3,000달러를 받던 고숙련 기계공 가족은 이제 연간 5,500달러 이상을 쓸 수 있다.

대략 1만 6,000달러 이상 집단이라고 분류할 수 있는 최상위 1퍼

센트, 즉 정말로 잘살고 부유한 이들을 보면 세후 총 국민소
득에서 차지하는 비율이 1945년까지 13퍼센트에서 7퍼센트로
내려왔다.

이는 단기적인 트렌드가 아니었다. 1950년에서 1980년 사이
에 임금 노동자 하위 20퍼센트의 실질 소득은 상위 5퍼센트와
거의 똑같은 양만큼 늘어났다.

평등은 임금에만 적용되지 않았다. 직장을 갖는 여성의 수가
기록적으로 늘어났다. 여성의 노동 참가율은 전후 31퍼센트에
서 1955년 37퍼센트, 1965년 40퍼센트까지 증가했다.

소수집단도 혜택을 보았다. 1945년 취임식 이후 영부인 엘리
너 루즈벨트Eleanor Roosevelt는 어느 흑인 기자가 자신에게 다음과
같이 말했다고 썼다.

> 12년간 무슨 일이 있었는지 아세요? 1933년 환영 파티에
> 오늘처럼 유색인종이 섞여 있었다면 온 나라 신문에 보도가 되
> 었겠지요. 지금은 그게 뉴스라고 생각조차 하지 않으니 아무도
> 언급하지 않을 거예요.

물론 여성과 소수집단의 권리는 오늘날에 비하면 여전히 형
편없었다. 그러나 1940년대 말과 1950년대에 진행된 평등을 향

한 진보는 유례가 없는 일이었다.

계층의 균등화는 생활양식의 균등화를 의미했다. 보통 사람들은 쉐보레를 몰았다. 부유한 사람들은 캐딜락을 몰았다. TV와 라디오는 계층에 관계없이 사람들이 즐기는 엔터테인먼트와 문화를 평등화했다. 우편주문 카탈로그는 사는 지역에 관계없이 사람들이 입는 옷과 사는 물건을 평등화했다. 1957년 〈하퍼스 매거진Harper's Magazine〉은 다음과 같이 썼다.

〈〈〈〈〈 부유한 사람이나 가난한 사람이나 같은 담배를 피우고, 같은 면도기로 면도를 하고, 같은 종류의 전화기와 진공청소기, 라디오, TV를 사용하며 집에는 같은 종류의 조명과 난방설비를 갖추고 있다. 목록은 끝이 없다. 부자의 자동차와 가난한 이의 자동차는 크게 차이나지 않는다. 사실상 비슷한 엔진에 비슷한 부품을 쓰고 있다. 1900년대 초에는 자동차에 위계서열이 있었다.

2016년에 프로그래머이자 벤처기업 투자가인 폴 그레이엄Paul Graham은 당시 TV 방송국이 세 개밖에 없다는 간단한 사실이 문화 평준화에 어떤 역할을 했는지에 대해 썼다.

〈〈〈〈〈 지금은 상상하기 힘들지만 밤마다 수백만 가구가 이웃들과 같은 시간에 TV 앞에 앉아 같은 프로그램을 시청했다. 지금 슈퍼볼 경기 때 일어나는 일이 매일 저녁 일어났다. 우리는 말 그대로 동기화되어 있었다.[75]

이것은 중요한 포인트다. 사람들은 자신의 웰빙을 주변 사람들과 비교해 측정한다. 1945년에서 1980년 사이 자신과 비슷해 보이는 사람들이 많았다. 대부분이 이웃 사람들과 평등하거나 적어도 주변 사람이 가늠할 수 있는 삶을 살았다. 사람들의 삶이 소득만큼이나 평등화됐다는 점은 이 이야기의 중요한 부분으로, 나중에 다시 언급할 것이다.

부채가 어마어마하게 늘어났다.
그러나 소득도 크게 증가했으므로 충격은 크지 않았다.

1947년에서 1957년 사이 가계부채는 다섯 배가 늘었다. 새로운 소비 문화와 부채 상품, 정부 보조금, 연방준비제도가 낮게 유지한 금리 등이 복합적으로 작용했다.

그러나 이 기간 소득이 워낙 크게 증가했기 때문에 가계에 미친 영향은 심각하지 않았다. 그리고 처음부터 전후 가계부채가 워낙 낮았다. 대공황이 가계부채의 많은 부분을 없애버렸고, 전쟁 기간에 가계지출이 워낙 줄어들어 있던 터라 누적 부채는 제한적이었다. 그래서 1947년에서 1957년 사이 가계소득 대비 부채 비율은 감당할 만한 수준이었다.

오늘날 가계소득 대비 부채 비율은 100퍼센트를 넘는다. 1950년대, 1960년대, 1970년대에는 이 비율이 계속 상승해도 60퍼센트 이하였다. 이런 부채 붐을 주도한 것은 주택소유 급증이었다.

1900년에 주택소유율은 47퍼센트였다. 이후 40년간 비슷한 수준이었다가 1945년에는 53퍼센트, 1970년에는 62퍼센트가 됐다. 이제는 인구의 많은 비율이 이전 세대는 이용할 수 없었던 부채를 사용하고 있었다. 그리고 대체로 그 점에 불만이 없었다.

저널리스트 데이비드 핼버스탬_{David Halberstam}은 《1950년대_{The Fifties}》에서 다음과 같이 쓰고 있다.

> 사람들은 자기 자신에 대해 그리고 자신의 미래에 대해 자신이 있었다. 더 힘든 시기에 성장한 사람들이 보기에는 충격적일 정도였다. 이들은 부모만큼 빚을 두려워하지 않았다. (중략) 이들은 소득이나 소유 측면만이 아니라 미래가 이미 도착했다고 믿는 점에서 부모들과는 달랐다. 가족 최초로 집을 소유한 이들은 흥분과 자부심을 느꼈고 가게로 가서 가구와 가전제품을 샀다. 다른 때라면 젊은 부부가 첫 자녀의 옷을 살 때나 보

였을 법한 감정들을 내비쳤다. 집을 샀다는 성취감이 너무나 큰 나머지 그 집에 넣을 물건이라면 못 살 것이 없어 보였다.

이제 점점 중요해지는 몇 가지를 서로 연결해볼 차례다.

- 미국은 호황이었다.
- 유례없이 '다 함께' 호황이었다.
- 부채를 통한 호황이 당시에는 큰 문제가 아니었다. 부채는 여전히 소득에 비하면 낮은 수준이었고, 부채가 무서운 것이 아니라는 문화가 있었다.

균열이 시작됐다.

경제가 새로운 길을 걷고 있다는 사실이 비로소 분명해진 것은 1973년부터였다. 이 해에 시작된 경기침체는 1930년대 이후 가장 높은 실업률을 몰고 왔다. 물가가 폭증했다. 그러나 전후와 달리 높은 수준에서 내려올 줄을 몰랐다. 1973년에는 단기 금리가 8퍼센트를 찍었다. 10년 전보다 2.5퍼센트나 오른 수치였다.

이 모든 것은 베트남 전쟁, 폭동, 마틴 루터 킹Martin Luther King 과 존 F. 케네디, 로버트 케네디Robert Kennedy의 암살 속에 자리

잡은 큰 공포라는 맥락에서 보아야 한다. 암울했다.

전후 20년간 미국은 세계 경제를 지배했다. 여러 강대국의 제조 설비가 폭격으로 폐허가 됐다. 그러나 1970년대가 되면서 상황은 바뀌었다. 일본이 호황이었다. 중국 경제가 일어나고 있었다. 중동은 산유국으로서 힘을 과시하고 있었다.

미국은 운 좋게도 경제적 이점을 누리며 위대한 세대Greatest Generation(대공황을 겪고 제2차 세계대전에 참전한 세대-옮긴이)로서 같은 문화를 공유했으나(그리고 대공황을 통해 단단해지고 전쟁을 겪으며 체계적 협력이 자리 잡았다), 베이비붐 세대가 성인기에 도달하면서 상황은 바뀌고 있었다. 새로운 세대는 무엇이 정상인지에 대해 이전 세대와는 다른 관점을 갖고 있었고, 지난 20년간 지속된 경제 순풍은 끝나고 있었다.

금융에 관한 모든 것은 '기대치라는 맥락 내'에 있는 데이터다. 경제라는 바람이 이리저리 방향을 바꾸어 불기 시작했을 때 20세기의 가장 큰 변화 중 하나가 일어났으나, 사람들의 기대치는 아직도 전후 평등 문화에 뿌리내리고 있었다. 반드시 소득의 평등을 뜻하는 것은 아니었지만 그도 포함됐고, 생활양식과 소비 기대치의 평등에 대한 생각이 있었다.

50번째 백분위수의 소득을 버는 사람이 사는 삶은 80번째 혹은 90번째 백분위수의 삶과 크게 다르지 않아야 한다고 생각했다. 99번째 백분위수의 소득을 버는 사람이 더 나은 삶을 살 수는 있지만, 50번째 백분위수의 소득을 버는 사람이 여전히 이해할 수 있는 수준의 삶이어야 했다. 1945년에서 1980년까지 대부분의 기간 동안 미국은 그런 식으로 움직였다. 당신이 이걸 도덕적으로 옳다고 생각하느냐, 그르다고 생각하느냐는 중요하지 않다. 그런 일이 실제로 있었다는 것이 중요하다.

기대치는 언제나 현실보다 느리게 움직인다. 1970년대 초부터 2000년대 초까지 경제 성장은 지속됐으나 고르게 분포되지 않았다. 그런데도 내 삶이 주변 사람들과 비슷해야 한다는 사람들의 기대치는 바뀌지 않았다.

다시 호황이 시작됐으나 이전과는 달랐다.

1984년 로널드 레이건Ronald Reagan 대통령은 '미국의 아침 Morning in America' 광고에서 다음과 같이 선언했다.

≪≪ 미국에 새 아침이 밝았습니다. 이날 우리나라에서는 역사상 가장 많은 남녀가 일을 하러 갈 것입니다. 금리는 1980년 최고치의 절반가량에 불과하고 2,000가구에 가까운 가족이 새 집을 구입할 것입니다. 이는 지난 4년간 그 어떤 때보다 많은 수치입니다. 이날 오후 6,500명의 젊은 남녀가 결혼을 할 것입니다. 물가상승률이 불과 4년 전에 비해 절반에도 미치지 않는

지금, 이들은 자신 있게 미래를 기대할 수 있습니다.

　과장이 아니었다. GDP 성장이 1950년대 이후 최고치였다. 1989년이 되자 미국의 실업자는 7년 전보다 600만 명이 줄었다. 1990년대 실질 GDP 성장률의 총합은 40퍼센트로, 42퍼센트였던 1950년대와 거의 맞먹었다.

　빌 클린턴Bill Clinton 대통령은 2000년 연두교서 연설에서 다음과 같이 자랑했다.

> ≪≪≪ 새로운 세기를 시작하는 지금, 우리에게 2,000만 개의 새로운 일자리가 생겼습니다. 30년 만에 가장 빠른 경제 성장을 이뤘고, 실업률은 30년 만에 가장 낮습니다. 빈곤율은 20년 만에 가장 낮은 수준이고, 흑인 및 라틴계 인구 실업률 또한 역사상 가장 낮은 수준입니다. 42년 만에 처음으로 2년 연속 흑자를 기록했고, 다음 달 미국은 역대 최장 기간 경제 성장을 기록할 것입니다. 우리는 새로운 경제를 건설했습니다.

　여기에서 마지막 문장이 중요하다. '새로운' 경제였다. 1945년에서 1973년 사이 경제와 1982년에서 2000년 사이 경제의 가장 큰 차이점은, 성장의 크기는 동일했으나 전혀 다른 주머니로 들어갔다는 사실이다.

다음 수치를 이미 들어보았겠지만 다시 언급할 가치가 있다. 〈애틀랜틱〉은 다음과 같이 썼다.

> 1993년과 2012년 사이에 상위 1퍼센트의 소득은 86.1퍼센트 증가했으나, 하위 99퍼센트의 소득은 6.6퍼센트 증가하는 데 그쳤다.

경제학자 조지프 스티글리츠Joseph Stiglitz는 2011년 이런 글을 남겼다.

> 지난 10년간 상위 1퍼센트의 소득은 18퍼센트 증가했으나, 중산층 소득은 실제로 하락했다. 고졸 남성의 소득 하락은 가팔랐다. 25년간 12퍼센트가 하락했다.

이는 전후 일어난 평준화와 정반대에 가깝다. 왜 이런 일이 일어났는지는 경제학의 가장 지독한 논쟁거리 중 하나다. 이보다 더 심한 논쟁은 '그래서 우리가 어떻게 해야 하느냐' 하는 문제뿐이다. 다행히도 이 책의 목적을 위해서는 둘 다 중요하지 않다.

중요한 사실은 지난 35년간 극렬한 불평등이 힘의 한 축이 됐다는 것, 그리고 이 기간 미국인들은 전후 경제에 문화적으로 뿌리내린 두 가지 생각을 여전히 지니고 있었다는 점이다.

우리는 다른 미국인들과 비슷한 생활양식을 누려야 하고, 그 생활양식을 누리기 위해 빚을 내는 것이 허용된다는 생각 말이다.

'옆집에 뒤처지면 안 돼.' 현상이 무리한 소비와 대출로 이어졌다.

소수의 미국인들은 소득이 증가하면서 파격적인 생활양식을 누리게 됐다. 더 큰 집, 더 좋은 차를 사고, 더 비싼 학교를 가고, 근사한 휴가를 즐겼다. 다른 사람들은 모두 그것을 지켜보고 있었다. 1980년대와 1990년대 광고업계가 이를 부채질했고, 이후에는 인터넷이 그 역할을 했다.

몇몇 부유한 미국인들이 누리는 생활양식은 소득이 증가하지 않은 미국인들 다수의 열망을 부풀려놓았다. 1950년대부터 1970년대 사이에 생긴 '평등' 문화, '함께' 문화가 의도치 않게 '옆집에 뒤처지면 안 돼.' 현상을 낳았다. 자, 이제 문제가 무엇인지 보일 것이다.

투자 은행가인 조는 1년에 90만 달러를 번다. 조는 4,000평방피트의 집과 벤츠 두 대가 있고, 자녀 셋을 최고급 사립학교에 보낸다. 조는 그럴 능력이 된다.

피터는 은행 지점 매니저로 1년에 8만 달러를 번다. 피터는 조를 보면서 무의식적으로 자신도 비슷한 생활양식을 누릴 권

평방피트

2,500

2,250

2,000

1,750

1,500

1,250

1,000

1973   1983   1993   2003   연도

미국 신규 주택 면적의 중앙값

리가 있다고 느낀다. 피터의 부모는 각자 직업이 다르다고 해도 미국인의 생활양식은 크게 다르지 않다고 믿었고, 자식에게도 같은 생각을 주입했기 때문이다. 피터 부모가 가진 생각은 소득 분배가 한곳에 몰려 있던 그 시절에는 옳았다. 그러나 지금 피터는 다른 세상에 살고 있다. 그런데도 피터의 기대치는 부모님 시절에서 크게 바뀌지 않았다. 현실은 바뀌었는데 말이다. 그러면 피터는 어떻게 할까?

피터는 어마어마한 금액의 대출을 받는다. 카드빚이 4만 5,000달러다. 차 두 대를 리스한다. 자녀들은 무거운 학자금 대출 빚을 안고 졸업할 것이다. 피터는 조가 하는 일을 할 형편이 안 된다. 그럼에도 불구하고 피터는 조와 똑같은 생활양식을 누리기 위해 무리를 한다. 엄청난 무리다. 1930년대 사람들에게는 이런 것이 황당하게 보이겠지만 전후 75년 동안 미국인은 가계 빚을 받아들이는 문화를 키워왔다.

임금의 중앙값이 변하지 않는 동안 미국 신규 주택가격의 중앙값은 50퍼센트가 커졌다.

평균적인 미국의 신규 주택은 이제 입주자 수보다 많은 욕실을 보유하고 있다. 네 개 이상의 욕실을 가진 주택이 절반 가까이 된다. 1983년에는 18퍼센트였다.

1975년부터 2003년 사이에 물가상승률을 감안한 자동차 할부대출 금액 평균은 1만 2,300달러에서 2만 7,900달러로 두 배 이상 뛰었다. 대학등록금과 학자금대출이 어떻게 됐는지는 잘 알 것이다. 가계소득 대비 부채 비율은 1963년에서 1973년 사이까지 엇비슷한 수준을 유지했다. 그러던 것이 오르고, 오르고, 또 올라서 1973년 60퍼센트이던 것이 2007년에는 130퍼센트를 넘겼다.

1980년대 초부터 2020년까지 금리는 크게 하락했으나 소득 중 대출금 상환에 들어가는 돈의 비율은 오히려 상승했다. 소득이 낮은 집단일수록 이 비율은 더 크다. 부채 및 리스 상환에 쓰는 돈이 소득 최상위 집단의 경우에는 소득의 8퍼센트 남짓이지만, 소득 순위 50번째 백분위 이하 사람들에게는 21퍼센트가 넘는다.

지금의 부채 상승과 1950년대, 1960년대의 부채 상승 사이의 차이는 지금의 시작점이 더 높다는 점이다. 경제학자 하이먼 민스키Hyman Minsky는 부채 위기의 시작을 이렇게 설명했다. "사람들이 내가 이자를 지불할 수 있는 금액보다 더 큰 빚을 내는 순간이다." 고통스럽고 안타까운 순간이다. 이는 마치 만화 캐릭터 와일 E. 코요테가 아래를 내려다보다가 큰일 났다는 사실을 깨닫고 낭떠러지로 추락하는 것과 같다.

바로 그런 일이 2008년에 일어났다.

패러다임은 한 번 자리 잡으면 돌리기가 매우 어렵다.

2008년 이후 많은 빚이 사라졌다. 그러다가 금리가 급락했다. 소득 대비 가계부채 상환 비율은 현재 35년 만에 가장 낮은 수준이다. 그러나 2008년에 대한 대응은 (당시에는 필요했을 수도 있지만) 어떤 트렌드를 영속화시켰고, 결국 우리는 여기까지 오게 됐다.

양적완화는 경제 붕괴를 막고 자산 가격을 올려놓았다. 이는 자산 소유자들, 주로 부자들에게는 좋은 일이었다. 2008년에 연방준비제도는 기업 부채를 지원했다. 이는 부채를 보유한 사람들, 주로 부자들에게 도움이 됐다.

지난 20년간 세금 감면의 혜택은 거의 고소득층에게 돌아갔다. 고소득층은 자녀를 최고 대학에 보낸다. 그러면 그 자녀들은 다시 고소득자가 되어 나중에 연방정부가 지원해줄 기업 부채에 투자할 수 있고, 다시 다양한 정부정책 지원을 받을 주식을 소유할 수 있다. 이런 식이다.

그 자체로는 문제가 되지 않는다. 그래서 지금도 그대로 있는 것이다. 그러나 이런 것들은 1980년대 초 이후 벌어진 더 큰 현상의 징후다. 경제가 일부 사람들에게 더 유리하게 작용하는 현상 말이다. 성공은 이제 과거와 같이 능력 중심이 아니게 되었다. 성공이 허락되는 사람들은 이전보다 더 큰 이득을 보상으로 받게 됐다.

도덕적으로 옳다, 그르다 생각할 필요는 없다. 이 이야기에서 왜 이런 일이 벌어졌는지는 이번에도 중요하지 않다.

중요한 것은 '이런 일이 실제로 일어났다.'는 것이고, 그 때문에 경제가 전후 형성된 사람들의 기대로부터 멀어졌다는 사실이다. '체계적 불평등 없이 폭넓은 중산층이 존재하고, 옆집이나 저 아랫동네 집이나 이웃들은 나와 상당히 유사한 삶을 살고 있다.'는 기대 말이다.

현실로부터 멀어지고 나서도 이런 기대가 35년간이나 지속되는 이유는 뭘까. 이 기대가 충족될 경우 대단히 많은 사람들이 행복해할 것이기 때문이다. 이 정도로 기쁘고 좋은 일은 쉽게 놓기가 힘들다. 사람들은 아직 이 기대를 놓아주지 못했다. 사람들은 이 기대를 다시 돌려받고 싶어한다.

사람들은 "그만둬, 나에게 불리하잖아."라고 소리치기 시작했다.

티 파티 운동, '월스트리트를 점령하라' 운동, 브렉시트, 도널드 트럼프의 공통점이 있다. 각각 "그만 멈춰. 난 내리고 싶어."라고 소리치는 집단을 대변하는 점이다. 이들이 외치는 내용은 모두 다르다. 하지만 소리를 지르는 이유는, 적어도 그 일부는 비슷하다. 상황이 모든 사람에게 엇비슷하게 작용해야 한다는 기대치에서 볼 때, 자신들에게 불리한 것이 있기 때문이다.

트럼프의 부상을 소득 불평등하고만 연결시키는 것을 비웃어도 좋다. 당연히 그래야 한다. 언제나 이런 것들은 복합적이고 다층적이다. 하지만 중요한 것은 사람들이 '나는 내가 기대했던 세상에 살고 있지 않아. 그래서 화가 나. 다 망해버리라고 해. 너도 망해버려! 나는 다른 것을 위해 싸울 거야. 왜냐하면 이건, 뭐가 됐든 간에, 잘못되어 가고 있으니까.'라고 생각하게 만드는 동인이 무엇인가 하는 점이다.

여기에다가 남들이 어떻게 사는지 어느 때보다 예리하게 인식하게 만드는 페이스북, 인스타그램, 케이블 뉴스의 힘이 더해진다고 생각해보라. 불에 기름을 붓는 것과 같다. 베네딕트 에번스Benedict Evans는 이렇게 말했다. "인터넷이 사람들을 더 많은 관점에 노출시킬수록 사람들은 다른 관점이 존재한다는 사실에 분노한다." 이는 경제적 의견의 다양성이 크지 않던 전후 경제와 비교했을 때 아주 큰 변화다. 당시에는 실제 결과의 범위가 더 낮은 수준이기도 했고, 남들의 생각이나 생활을 보거나 알기가 쉽지 않았다.

나는 비관적인 이야기를 하려는 게 아니다. 경제학은 순환에 관한 이야기다. 오는 것도 있고, 가는 것도 있다.

현재 실업률은 수십 년 만에 가장 낮은 수준이다. 실제로 부자들의 임금보다는 저소득 노동자들의 임금이 더 빠르게 증가하고 있다.[76] 대학등록금은 보조금이 지급되면서 대체로 증가세가 멈췄다.[77] 영광의 1950년대 이후 의료, 통신, 교통, 기본권 등이 얼마나 발전했는지 안다면 아마도 그 시절로 돌아가고 싶지 않을 것이다.

그러나 내가 말하고자 하는 중심 테마는 '기대치가 현실보다 느리게 움직인다.'는 것이다. 그렇기 때문에 사람들은 이후 35년간 경제가 바뀌는데도 1950년대에 형성된 기대에 집착했다. 그리고 오늘날 중산층의 호황이 시작됐다고 해도 '제일 꼭대기에 있는 사람 빼고는 다들 불리해.'라는 생각이 여전히 지속될지도 모른다.

따라서 '이건 뭔가 잘못됐어.'의 시대가 계속될지도 모른다. 그리고 '우리는 뭐가 됐든 근본적으로 새로운 것이 지금 당장 필요해.'라는 시대도 계속될지 모른다. 어찌 보면 바로 이런 것들 때문에 제2차 세계대전을 야기한 듯한 사건들이 촉발되기도 했을 것이다. 역사란 지독한 것 다음에 또 지독한 것이 오는 것이니까 말이다.

나의 아이들에게 보내는 금융 조언

사랑하는 나의 아이들에게.

언젠가는 너희들도 금융에 대해 배워야 할 때가 올 것이다. 그때 너희들을 위해 나는 다음과 같은 이야기를 들려주고 싶구나.

살다 보면 자신이 내린 선택으로 부와 가난이 결정된다고 생각하기가 쉽다. 그리고 인생에서 우연의 역할을 과소평가하기는 더 쉽단다. 인생은 내가 겪은 경험과 내가 만난 사람들을 반영한다. 하지만 그중 많은 부분이 스스로 결정하는 것이 아니며 우연에 의해 좌우되는 법이다. 우리는 각자 다른 가치관을 가진 다른 가족에게 태어나고, 국가도 세대도 다르다. 그 과정에서 우연히도 누구를 만나느냐는 순전히도 운이 결정한다. 이런 것들은 나중의 결과에 대단히 큰 역할을 한단다.

나는 네가 열심히 노력하는 것의 가치와 그 보상을 믿었으면 좋겠다. 그러나 모든 성공이 노력의 결실도 아니고, 모든 가난이 게으름의 결과도 아님을 깨닫기를 바란다. 너 자신을 포함해 누군가를 판단할 때는 이 점을 반드시 기억하거라.

돈이 주는 가장 큰 배당금은 네 시간을 마음대로 할 수 있는 능력이다. 네가 원할 때, 원하는 일을, 원하는 곳에서, 원하는 사람과 함께, 원하는 만큼 오래 할 수 있다는 사실은 그 어떤 고가의 물건이 주는 기쁨보다 더 크고 더 지속적인 행복을 준다.

비싼 물건을 소유하면서 얻는 기쁨은 금세 사라진다. 그러나 근무 시간을 조정할 수 있고 통근에 오랜 시간이 걸리지 않는 일자리를 가진 기쁨은 질리지 않을 것이다. 넉넉한 저축이 있어 위기의 순간에 네가 적절한 시간과 선택권을 가질 수 있다면 이런 기쁨 또한 오래 지속될 것이다. 네가 원할 때, 네가 준비됐을 때 은퇴할 수 있는 기쁨 역시 대단할 것이다. 네가 모은 한 푼, 한 푼은 모두 남들 손에 맡겨질 수 있었던 네 미래 한 조각을 소유하는 것과 같단다. 우선순위가 뭐가 됐든지 말이다.

네 부모인 우리는 열심히 일해서 너를 지원하고 기회의 문을 열어줄 것이다. 하지만 너를 응석받이로 키우지는 않을 것이다. 야박하게 굴겠다는 게 아니다. 1달러가 얼마나 귀한지 경험하지 않고서는, 누구도 1달러의 가치를 배울 수 없기 때문이란다. 원하는 걸 모두 가질 수는 없다는 사실을 알아야만 필요와 욕망의 차이를 이해할 수 있다. 그래야 계획을 세우고, 저축을 하고, 이미 가진 것을 귀하게 여길 수 있는 법이다. 비참해지지 않으면서도 검소하게 살 수 있는 기술은 인생을 살아가는 데 꼭 필요한 능력이다. 이는 살면서 어쩔 수 없이 마주할 인생의 길흉화복 앞에서 아주 유용할 것이다.

나폴레옹은 전쟁의 천재란 "주변 사람들이 모두 미쳐갈 때 평범한 것을 할 수 있는 사람"이라고 했다. 돈 관리도 이와 같단다. 대단한 일을 하지 않아도 괜찮은 결과를 얻을 수 있다. 오랫동안, 꾸준히, 망치지만 않는다면 말이다. 엄청난 실수(가장 큰 실수는 빚더미에 파묻히는 것이다)만 피해라. 이것이 그 어떤 조언보다 힘이 될 것이다.

더 적은 것을 가지고 사는 법을 배워라. 이런 삶의 방식은 경제적으로 가장 큰 힘이 되는 지렛대가 될 것이다. 이것은 너의 소득이나 투자수익률보다 네가 통제하기 쉬운 부분이기 때문이다. 5만 달러를 벌지만 4만 달러만 갖고도 행복한 사람은 15만 달러를 벌면서 15만 1,000달러가 있어야 행복한 사람보다 더 부자다. 수익률이 5퍼센트여도 지출이 적은 투자자는 연간 7퍼센트의 수익률을 올려도 마지막 한 푼까지 다 써야 하는 투자자보다 더 넉넉할지 모른다.

네가 얼마를 버느냐가 네가 얼마를 갖느냐를 결정하지 않는다. 네가 얼마를 가졌느냐가 네가 얼마를 필요로 하느냐를 결정하지도 않는다.

필요하다면 중간에 마음을 바꿔도 괜찮다. 열여덟 살에 인생을 모두 파악하는 사람은 거의 없다. 그러니 네가 고른 전공이 나중에 즐겁지 않아도 되고, 네가 딴 학위가 열정을 느끼는 분야가 아니어도 된다. 어떤 직업을 가지고 있다가 다른 일을 하고 싶어져도 괜찮다. 가치관과 목표가 조금씩 바뀌었노라고 인정하는 것도 좋다. 마음을 바꾼 네 자신을 용서하는 것은 대단한 능력이다. 특히나 젊은 시절에는 말이다.

모든 것에는 대가가 있다. 단순히 가격표를 이야기하는 것이 아니다. 바쁜 직업의 대가는 가족, 친구와 떨어져 보내는 시간이다. 장기적인 시장수익률의 대가는 불확실성과 변동성이다. 자녀를 응석받이로 키우는 대가는 온실 속 화초 같은 삶이다. 가치 있는 모든 것에는 대가가 있고, 대가의 대부분은 쉽게 드러나지 않는다. 지불할 가치가 있는 대가도 많지만 그 대가는 비용이라는 사실을 절대 간과해선 안 된다. 이 점을 받아들이면 시간, 인간관계, 자율성, 창의성을 현금만큼이나 귀중한 화폐로 보게 될 것이다.

진정한 성공은 나를 사랑해줬으면 하는 사람들이 나를 사랑하는 것이다. 그리고 그 사랑을 얻는 데 압도적으로 큰 영향을 주는 것은 순자산의 수준이 아니라 네가 사람들을 어떻게 대하느냐이다. 내가 줄 수 있는 가장 중요한 금융 조언은, 너나 대부분의 사람이 진심으로 원하는 것은 돈이 가져다주지 않는다는 사실이다.

너의 세상은 나의 세상과 다를 것이다. 내 세상이 내 부모님의 세상과 다른 것처럼 말이다. 그러니 이 조언들을 받아들이지 않아도 괜찮다. 사람은 모두 다르고, 정답을 다 가진 사람은 아무도 없다. 누구의 조언이라 해도 너만의 가치관, 목표, 환경을 고려해서 받아들이길 바란다. (하지만 엄마 말은 항상 잘 들어야 한다.)

끝으로 엄마, 아빠는 너를 사랑한단다.

—모건 하우절

세상은 바뀌고 투자자는 진화한다

존 록펠러는 역사상 가장 큰 부자였던 사람이다. 미국 정부는 최고 세율이 딱 한 사람에게만 적용되도록 세법을 제정한 적이 있는데, 그 한 사람이 바로 록펠러였다. 그 정도면 누구라도 '내가 성공했구나' 싶었을 것이다.

록펠러는 세상에 존재하는 건 뭐든 살 수 있었다. 그렇지만 재미난 건, 록펠러의 살아생전에 세상에 없던 물건이 생각보다 많다는 점이다.

록펠러는 1937년에 죽었다. 그래서 애드빌Advil(이부프로펜 계열의 소염진통제)을 먹어보지 못했다. 선크림도 발라보지 못했다. 그가 죽은 해에 출시됐기 때문이다. 제트기를 타고 이동하는 것은 꿈도 꿔보지 못했다. 성인기의 대부분을 전등이나 에어컨, 선글라스 없이 살았다. '선글라스가 없다니!' 한번 생각해보라. 역사란 변화와 적응, 진보 그리고 구식 사고의 파괴에 관한 이야기다.

대부분의 분야에는 큰 법칙들이 있다. 절대로 변하지 않는 몇 가지 규칙 말이다. 그러나 우리가 사는 세상이 이처럼 많이 바뀌는 이상, 우리가 가진 신념과 전략도 수정하지 않을 수 없다. 그게 투자에 어떻게 적용되는지 살펴보자.

투자에 관해서 우리가 알고 있는 가장 기본적인 진리는 '현금흐름할인' 모형으로 요약할 수 있다. 이에 따르면 오늘의 주식 한 주는 미래현금흐름을 인플레이션과 리스크, 화폐의 시간 가치로 할인한 것과 같은 가치를 갖는다. 사실상 금융 관련 수업에서 가르치는 모든 게 이 단순한 한 가지 진리를 중심으로 전개된다.

'현금흐름할인'이라는 걸 처음으로 발견한 사람은 존 윌리엄스John Burr Williams다. 윌리엄스는 하버드 대학교 졸업논문에서 주식의 적정가치를 측정하는 방법으로 회사의 미래 배당금 총합을 현재가치로 할인하는 방법을 제안했다. 당시로서는 굉장히 혁신적인 아이디어였으나 윌리엄스의 지도교수는 제자의 제안에 일리가 있다는 걸 알아보았다. 하버드 대학교 교수진은 이 아이디어를 이용해 주식의 가치 측정이 더 이상 도박 기술이 아니라 과학인 세상을 꿈꾸었다. 존 윌리엄스는 (벤저민 그레이엄이나 워런 버핏보다 더) 투자를 합리적이고 질서정연하게 생각하는 방법을 보여준 것이다.

정말로 매혹적인 부분은 윌리엄스의 하버드 논문이 1938년에 발표됐다는 점이다. 록펠러는 이 논문에 관해 들어볼 방법이 없었다.

세상은 바뀐다. 우리 주위의 팩트들뿐 아니라, 그런 팩트를 해석하거나 의사결정을 내릴 때 우리 모두가 사용하는 '이론'들도 바뀐다. 그런 점에서 투자란 네버엔딩 스토리다. 끊임없이 업데이트되고 있다. 우리가 낙관적으로 전망하는 업종이든 혹은 우리가 의존하는 갖가지 이론이든, 변하지 않는 건 정말 거의 없다.

많이들 익숙한 것으로 한번 비유를 해보자면, 바이러스를 떠올려보라. 소아마비 백신은 한 번만 맞으면 평생 면역이 유지된다. 그러나 독감 백신은 매년 맞아야 한다. 이유가 뭘까?

소아마비 바이러스는 거의 변하지 않기 때문이다. 적어도 우리의 면역 체계가 인식해야 하는 부분은 잘 바뀌지 않는다. 소아마비 바이러스를 한번이라도 접해본 적이 있는 면역 시스템은 평생 이 바이러스를 알아볼 수 있다. 그러나 독감은 다르다. 독감 바이러스는 상황에 따라 늘 모양을 바꾸며 적응하기 때문에 이전과 모습이 달라진다. 해마다 독감 백신을 맞아야 하는 이유는 작년에 우리의 면역 체계가 공격하면 된다고 배웠던 바이러스와 올해의 독감 바이러스가 다르기 때문이다.

요점은 이것이다. 만약 투자를 소아마비 바이러스처럼 여겨도 된다면 정말 좋을 것이다. 하지만 실제로 투자는 독감 바이러스와 비슷하다. 그럼에도 우리는 솔루션(투자 테크닉, 투자 공식, 투자 패턴)을 하나 찾아냈을 때 그 효과가 영원하길 바라기 때문에, 투자를 마치 소아마비 바이러스처럼 여기려고 한다.

그러나 그런 솔루션은 거의 없다. 시장은 언제나 적응하고 모양을 바꾼다. 마치 독감 바이러스처럼 말이다. 만약 우리가 어떤 투자 솔루션이 효과가 있기를 바란다면, 변화하는 시장 상황을 따라갈 수 있게끔 그 솔루션을 계속 업데이트하고 수정해야 한다.

배당금만 하더라도 그렇다. 배당금은 장기투자 수익의 기반으로서 존 윌리엄스가 현금흐름할인 이론을 만들 때도 사용했던 도구다. 그런데 투자자들이 배당금을 바라보는 관점은 그동안 아주 극적으로 바뀌었다.

1973년 벤저민 그레이엄은 배당금을 사업 건전성의 지표로 사용하는 방법이 시간이 흐름에 따라 어떻게 바뀌었는지 다음과 같이 설명했다.

>>>>> 예전에는 남들처럼 이윤의 60퍼센트에서 75퍼센트 정도
를 배당금으로 지급하지 못하고 어쩔 수 없이 이윤을 저장해두
어야 하는 기업은 전형적으로 부실한 기업이었다. 이는 거의 항
상 주식 가격에 부정적인 영향을 미쳤다. 그런데 지금은 일부러
배당금 지급률을 낮게 유지하는 기업이 오히려 튼튼하고 성장
하는 기업일 가능성이 크다.

이런 경향은 최근 들어 더욱 만연하고 있다. 세계에서 가장 번
창하는 기업 중 일부(아마존, 구글, 페이스북)는 배당금을 아예 지
급하지 않는다. 100년 전이었다면 상상조차 할 수 없는 일이다.

투자자들이 신경 쓰는 가치평가지표도 마찬가지다. 로버트
해그스트롬Robert Hagstrom은 《현명한 투자자의 인문학Investing》에
서 한때는 효과가 있었으나 나중에는 힘을 잃은 전략들에 관
해 다음과 같이 이야기했다.

>>>>> 1930년대와 1940년대에는 장부가치할인 전략이 지배적이
었다. 제2차 세계대전이 끝나고 1950년대까지 금융계를 지배했던
두 번째 주요 전략은 배당금 모형이었다. 1960년대가 되자 투자
자들은 기존의 고배당 주식을 팔고 분기실적이 성장하는 기업

의 주식으로 갈아탔다. 1980년대가 되자 네 번째 전략이 득세했다. 투자자들은 실적 모형보다 현금흐름 모형을 선호하기 시작했다. 그리고 오늘날에는 다섯 번째 전략이 등장한 것으로 보인다. 바로 투자자본 대비 현금 회수 모형이다.

해그스트롬은 이어서 이렇게 말한다. "만약 당신이 아직도 장부가치할인 모형을 기준으로 주식을 고르고 있거나, 배당금 모형에 의존해서 주식시장이 고평가 또는 저평가됐는지 판단하고 있다면, 당신의 투자수익률은 평균 수준에도 미치지 못할 가능성이 크다."

세상이 바뀌었다. 투자자도 진화했다. 1976년 죽기 직전에 벤저민 그레이엄은 아직도 '개별 주식의 상세 분석'이라는 전략(그레이엄은 이걸로 유명해졌다)을 믿느냐는 질문을 받았다. 그는 아래와 같이 답했다.

《《《《 일반적으로 말하면 아닙니다. 저는 더 이상 더 좋은 가치 기회를 찾아내기 위해서 자세한 증권분석 기법을 사용해야 한다고 주장하지 않습니다. 40년 전에는 효과가 있었죠. 우리 교과서 《증권분석》이 출판됐던 시절이요. 그렇지만 이후 상황이 많이 변했어요.

'상황이 많이 변했어요!' 저렇게 이야기한 게 1976년이다. 그 이후 그레이엄이 고려조차 못 했던 세상의 변화가 얼마나 많이 일어났을지 한번 생각해보라.

S&P500지수에 금융주가 처음으로 포함된 게 1976년이다. 오늘날에는 금융주 비중이 10퍼센트다. 50년 전에는 기술주라는 게 사실상 존재하지도 않았다. 지금은 S&P500지수의 4분의 1 이상을 차지한다. 그동안 회계기준도 바뀌었다. 공시 기준도, 감사 시스템도, 시장 유동성도 달라졌다.

경제가 얼마나 바뀌었는지 한번 생각해보라. 지금 중국이 글로벌 경제에 미치는 영향력을 40년 전과 비교해보라. 인도의 힘은 또 어떠한가! 천지개벽이다.

상황은 변한다. 항상 변한다. 그렇다면 우리 투자자는 뭘 할 수 있을까.

~

그냥 몇 가지를 잘하는 것으로는 충분하지 않다. 몇 가지 변수에만 신경을 쓰거나, 몇 가지 정보에만 의존해서는 곤란하다.

투자를 하기 위해서는 여러 가지를 잘해야 한다. 성공하는 데 필요한 기술들은 해마다, 세대마다, 지역에 따라 바뀌기 때문이다. 구체적으로 예를 하나 들어보겠다. 최근 들어 직업 투자자들이 크게 당황했던 일이다.

노벨경제학상 수상자 로버트 실러는 '경기조정 주가-수익 비율'CAPE이라고 하는 주식시장 가치평가법을 개발했다. 이 방법은 주식시장의 가치를 10년간 주식시장의 평균 수익(인플레이션 조정 후)과 비교해서 측정한다. 이 방법은 단순히 직전년도가 아니라 장기간에 걸친 기업의 이윤을 살핌으로써 경기의 영향을 배제하고 주식시장의 가치를 볼 수 있게 설계됐다.

훌륭한 경제학자일 뿐 아니라 훌륭한 역사학자이기도 한 실러는 경기조정 주가-수익 비율을 계산하기 위해 1871년까지 거슬러 올라가 데이터를 수집했다. 이처럼 깊이 있는 데이터가 있으면 긴 역사에 걸쳐 주식시장이 어떻게 평가되어 왔는지를 볼 수 있다.

1871년부터 2019년까지 경기조정 주가-수익 비율은 대략 평균이 16이었다. 즉 미국 주식시장은 인플레이션 조정 후 10년 평균 수익의 대략 16배에 거래됐다.

오랫동안 투자자들은 이 숫자, 즉 경기조정 주가-수익 비율 16이라는 숫자를 이용해서 주식시장 과대평가 여부를 판단했다. 무엇보다 실러가 노벨상을 탔지 않은가! 게다가 무려 100년이 넘는 기간의 데이터를 가지고 이 이론을 뒷받침했고 말이다!

그러나 무언가 바뀌었다. 1990년에서 2021년 사이의 기간을 보면(거의 30년의 투자 역사다), 미국 주식시장은 경기조정 주가-

수익 비율의 역사적 평균보다 높은 가격에 거래된 경우가 95퍼센트 이상이었다. 95퍼센트!

과거에는 경기조정 주가-수익 비율이 주식시장의 가치평가 수준과 미래 수익률을 판단하는 데 훌륭한 지표였다. 그러나 무슨 이유에서인지는 몰라도, 더 이상은 아니다.

이 현상을 보고 95퍼센트의 경우에 주식시장이 과대평가되어 있다고 결론을 내릴 수도 있을 것이다. 아니면 좀 더 합리적인 생각으로, 경기조정 주가-수익 비율이 틀린 지표일 수 있고, 더 이상 선호되지 않으며, 기껏해야 시장 상황을 판단하는 수많은 도구 중 하나로 사용하는 게 낫다고 결론을 내릴 수도 있다.

시장가치를 측정할 방법은 많다. 채권 대비 배당수익률, 매출 성장, 미래 수익 추정 이외에도 수십 가지가 더 있다. 달걀을 모두 경기조정 주가-수익 비율이라는 한 바구니에 담는다면, 당신은 시장에서 30년 정도 뒤떨어져 있을 가능성이 크다.

현금흐름에서 배당수익까지 여러 요소를 고려해야 한다. 시간이 흐르면 글로벌 경제가 변동하는 만큼 이런 폭넓은 시야는 매우 중요하다.

세상이 바뀌고 적응하고 진화하는 걸 생각하면, 나는 세 가지 특징이 눈에 들어온다. 더 좋은 투자자가 되려고 할 때 누구나 생각해볼 수 있는 요소들이다.

1. 예상은 많이 하고, 전망은 줄여라.

만약 내가 "다음번 경기침체는 2024년에 시작됩니다."라고 말한다면, 이는 전망이다. 만약 내가 "경기침체는 대략 5년에서 10년 주기로 일어납니다."라고 말한다면, 이는 예상이다. 둘은 비슷해 보이지만, 아주 다르다.

전망은 무슨 일이 언제 일어날지 안다고 생각하는 것이다. 그러나 세상이 계속 바뀌는데, 앞으로 무슨 일이 생길지 알기는 매우 어렵다.

예상은 정확히 무슨 일이 언제 일어날지 단언하지는 않으면서도 어떤 일이 발생할 가능성이 높음을 인정하는 것이다.

예상은 잘못된 '정확성'을 제거하고 미래에 대한 비전을 제공하기 때문에 전망보다 건강하다. 언젠가는 경기침체가 시작될 거라고 인지하고 있다면, 실제로 그게 언제 시작되든 크게 놀라지는 않을 것이다. 이는 엄청난 이점이다. 그렇지만 정확히 언제 경기침체가 시작될지 안다고 여긴다면, 지나친 자신감으로 온갖 위험한 행동을 하고 싶어진다. 그리고 예견한 시간이 지났는데도 당신이 예측한 일이 (아직) 일어나지 않으면 충격을 받게 될 것이다.

쓸모 있는 예상이란 이런 것이다. 10년에 한두 번은 시장이 붕괴되는 일이 생길 것이다. 언제, 어디서, 어떻게, 그런 일이 벌어져 누구에게 영향을 미칠지는 모른다. 그러나 그런 일이 언젠가 생길 것이라 예상하고, 전망할 수 없는 사건들에 미리 대비한다면 실제로 그 일이 닥쳤을 때 시나리오를 완전히 다시 쓸 필요가 없다. 당신은 듬직한 완충장치와 '실수의 여지'를 확보해두려고 할 것이다.

남들이 "뭘 그렇게 대비하는 거야?"라고 물으면, 당신은 이렇게 말하게 될 것이다. "역사를 보면 세상은 끊임없이 성장하기도 하지만 뜻밖의 고통을 안겨주기도 하거든." 늘 바뀌는 바로 그 세상에 대비하는 것이다.

2. 세상은 바뀌는데 내 생각이 영원하기를 바라지 마라.

〈월스트리트 저널〉의 제이슨 츠바이크는 이렇게 말했다. "'한 번 맞히는 것'은 '계속 맞히는 것'의 적敵이다. 왜냐하면 한 번 맞히고 나면, 세상이 어떻게 돌아가는지를 까먹게 되기 때문이다."

어느 투자 개념이나 투자 이론이 시의성을 잃은 것으로 보일 때 다른 개념이나 이론으로 옮겨가는 것은 투자에서 아주 중요한 기술이지만, 츠바이크가 말한 것처럼 매우 어려운 기술이기도 하다. 과거에 효과가 있었던 방법을 버리는 건 믿기지 않을 만큼 어렵다.

나는 늘 '강력하게 믿되, 약하게 쥐고 있어라.'라는 철학을 아주 좋아했다. 어떤 트렌드나 개념을 마음껏 확신해도 좋지만 시의성을 잃었다면, 즉 한때 그것을 뒷받침해주었던 요인들이 더 이상 존재하지 않는다는 걸 알아차렸다면, 언제나 기꺼이 놓아줄 수 있어야 한다. 말은 쉬워도 실행은 쉽지 않다. 어느 트렌드가 언제 멈췄는지는 오직 지나간 후에 명백해진다. 그러나 한쪽 방향으로 증거가 치우친다면 이제는 놓아줄 때다.

나도 최근에 생각을 바꾼 게 있다. 나는 연방준비제도가 경제에 기꺼이 수조 달러를 들이부을 의향만 있다면, 경기침체나 약세장의 기간을 줄이거나 그 강도를 약화시킬 수 있다고 새롭게 믿게 됐다. 물론 이 책에서 이야기했던 것처럼 그게 경기 침체나 약세장을 완전히 제거할 수는 없겠지만, 호황이나 불황과 연방준비제도 사이의 현재 관계가 1970년대와 같다고 가정하는 건 어리석다. 이제 연방준비제도는 완전히 새로운 도구를 여럿 구비하고 있고, 언제 어떻게 그 도구들을 활용할지에 대한 철학도 완전히 바뀐 것으로 보인다. 10년 전의 나라면 연방준비제도가 경제 호황과 불황의 역학을 근본적으로 바꿀 수는 없다고 말했을 것이다. 하지만 상황은 달라졌고, 내 생각도 바뀌었다.

3. 투자는 '금융에 대한 연구'가 아니라, 돈과 관련한 '사람에 대한 연구'임을 깨달아라.

앞서 보았듯이, 이게 바로 이 책의 전제다.

경제적 성공이란 투자에 성공하는 것만으로 이뤄지지 않는다. 돈을 잘 벌고, 저축을 잘하고, 잘 쓰고, 각자의 성격에 맞는 적절한 장기 목표를 가질 줄 알아야 한다. 경제적 성공은 수학과 숫자만 가지고 도달할 수도 없다. 심리학, 사회학, 역사, 생물학, 정치를 이해해야 한다. 또한 자신감과 회의적 태도가 모두 필요하다. 리스크를 감수할 용기와 보수적 마음이 모두 필요하다. 참을성이 필요하지만, 너무 완고해서는 안 된다.

금융만큼 모든 사람에게 필요하면서도 세상에 대한 다양한 이해가 요구되는 분야도 없을 것이다. 한 가지를 아주 잘할 필요는 없다. 다양한 것들을 합리적인 수준으로 해낼 수 있으면 된다.

금융에서 요구되는 지적 다양성은 변화하는 세상에 대비하는 최선의 방법이기도 하다. 금융을 금융 교과서라는 단일한 렌즈로 보게 되면, 경직된 몇몇 개념과 신념에 매달리게 된다. 여러 분야의 렌즈를 통해 돈에 관해 생각한다면, 세상이 적응과 창조적 파괴, 사회 진화, 선호 변화 등을 통해 진보한다는 걸 깨달을 수 있을 것이다.

세상은 같은 상태로 오래 머물지 않는다. 네버엔딩 스토리다.

감사의 글

그동안 수많은 사람들의 도움이 없었다면 이 책은 나오지 못했을 것이다. 여기에 모두 나열할 수는 없지만, 특히 몇 분의 도움이 컸다.

브라이언 리처드Brian Richards는 그 누구보다 먼저 나의 가능성을 믿어 주었다. 크레이그 샤피로Craig Shapiro는 그럴 필요가 없었음에도 나의 가능성을 믿어 주었다. 그레천 하우절Gretchen Housel은 흔들림 없는 지지를 보내주었다. 제너 아브두Jenna Abdou는 아무런 대가 없는 도움을 주었다. 크레이그 피어스Craig Pearce는 격려하고 안내하며 기초부터 알려주었다.

제이미 캐더우드Jamie Catherwood, 조시 브라운Josh Brown, 브렌트 비쇼어Brent Beshore, 배리 리트홀츠Barry Ritholtz, 벤 칼슨Ben Carlson, 크리스 힐Chris Hill, 마이클 배트닉Michael Batnick, 제임스 오손James Osorne은 귀중한 의견을 내주었다.

모두에게 감사드린다.

1   J. Pressler, "Former Merrill Lynch Executive Forced to Declare Bankruptcy Just to Keep a $14 Million Roof Over His Head," New York magazine (April 9, 2010).

2   위와 같음.

3   L. Thomas Jr., "The Tale of the $8 Million 'Bargain' House in Greenwich," The New York Times (January 25, 2014).

4   U. Malmendier, S. Nagel, "Depression Babies: Do Macroeconomic Experiences Affect Risk-Taking?" (August 2007).

5   "How large are 401(k)s?" Investment Company Institute (December 2019).

6   R. Butler, "Retirement Pay Often Is Scanty," The New York Times (August 14, 1955).

7   "Higher education in the United States," Wikipedia.

8   K. Bancalari, "Private college tuition is rising faster than inflation .... again," USA Today (June 9, 2017).

9   "How Many People Die Rock Climbing?" The Rockulus.

10   A. T. Vanderbilt II, Fortune's Children: The Fall of the House of Vanderbilt (William Morrow Paperbacks, 2012).

11   D. McDonald, "Rajat Gupta: Touched by scandal," Fortune (October 1, 2010).

12   "Did millionaire Rajat Gupta suffer from billionaire envy?" The Economic Times (March 27, 2011).

13   J. Nicas, "Facebook Connected Her to a Tattooed Soldier in Iraq. Or So She Thought," The New York Times (July 28, 2019).

14   T. Maloney, "The Best-Paid Hedge Fund Managers Made $7.7 Billion in 2018," Bloomberg (February 15, 2019).

15   S. Weart, "The Discovery of Global Warming," history.aip.org/climate/cycles.htm (January 2020).

16   S. Langlois, "From $6,000 to $73 billion: Warren Buffett's wealth through the

ages," MarketWatch (January 6, 2017).

17   D. Boudreaux, "Turnover in the Forbes 400, 2008–2013," Cafe Hayek (May 16, 2014).

18   M. Pabrai, www.youtube.com/watch?time_continue=200&v= YmmIbrKDYbw.

19   "Art Dealers: The Other Vincent van Gogh," Horizon Research Group (June 2010).

20   www.collaborativefund.com/uploads/venture-returns.png

21   "The Agony and the Ecstasy: The Risks and Rewards of a Concentrated Stock Position," Eye on the Market, J.P. Morgan (2014).

22   L. Eadicicco, "Here's Why You Probably Won't Get Hired At Google," Business Insider (October 23, 2014).

23   "What is the offer acceptance rate for Facebook software engineering positions?" Quora.com.

24   W. Fulton, "If You Want to Build a Great Team, Hire Apple Employees," Forbes (June 22, 2012).

25   J. Berger, "How to Change Anyone's Mind," The Wall Street Journal (February 21, 2020).

26   D. Sivers, "How I got rich on the other hand," sivers.org (October 30, 2019).

27   N. Chokshi, "Americans Are Among the Most Stressed People in the World, Poll Finds," The New York Times (April 25, 2019).

28   Russell Sage Foundation—Chartbook of Social Inequality.

29   D. Thompson, "Why White-Collar Workers Spend All Day at the Office," The Atlantic (December 4, 2019).

30   "Rihanna's ex-accountant fires back," News24 (March 24, 2014).

31   B. Mann, "Want to Get Rich and Stay Rich?" The Motley Fool (March 7, 2017).

32   "U.S. energy intensity projected to continue its steady decline through 2040," U.S. Energy Information Administration (March 1, 2013).

33   Julius Wagner-Jauregg—Biographical, nobelprize.org.

34   J. M. Cavaillon, "Good and bad fever," Critical Care 16:2 (2012).

35   "Fever—Myths Versus Facts," Seattle Children's.

36   J. J. Ray, and C. I. Schulman, "Fever: suppress or let it ride?" Journal of Thoracic

Disease 7:12 (2015).

37 A. LaFrance, "A Cultural History of the Fever," The Atlantic (September 16, 2015).

38 J. Zweig, "What Harry Markowitz Meant," jasonzweig.com (October 2, 2017).

39 L. Pleven, "In Bogle Family, It's Either Passive or Aggressive," The Wall Street Journal (November 28, 2013).

40 C. Shapiro and M. Housel, "Disrupting Investors' Own Game," The Collaborative Fund.

41 www.bylo.org

42 Washington State University, "For pundits, it's better to be confident than correct," Science Daily (May 28, 2013).

43 "Daniel Kahneman's Favorite Approach For Making Better Decisions," Farnham Street January 2014).

44 W. Buffett, Letter to the Shareholders of Berkshire Hathaway Inc. (2008).

45 W. Buffett, Letter to the Shareholders of Berkshire Hathaway Inc. (2006).

46 B. Plumer, "Only 27 percent of college grads have a job related to their major," The Washington Post (May 20, 2013).

47 G. Livingston, "Stay-at-home moms and dads account for about one-in-five U.S. parents," Pew Research Center (September 24, 2018).

48 D. Gilbert, "The psychology of your future self," TED 2014.

49 J. Zweig, "What I Learned From Daniel Kahneman," jasonzweig.com (March 30, 2014).

50 J. Ptak "Tactical Funds Miss Their Chance," Morningstar (February 2, 2012).

51 R. Kinnel, "Mind the Gap 2019," Morningstar (August 15, 2019).

52 M. Desmond. "Accounting Tricks Catch Up With GE," Forbes (August 4, 2009).

53 A. Berenson, "Freddie Mac Says It Understated Profits by Up to $6.9 Billion," The New York Times (June 25, 2003).

54 "U.S. Home Flipping Rate Reaches a Nine-Year High in Q1 2019," Attom Data Solutions (June 4, 2019).

55 A. Osborn, "As if Things Weren't Bad Enough, Russian Professor Predicts End of U.S.," The Wall Street Journal (December 29, 2008).

56 "Food in the Occupation of Japan," Wikipedia.

57   J. M. Jones, "U.S. Stock Ownership Down Among All but Older, Higher-Income," Gallup (May 27, 2017).

58   E. Rauchway, The Great Depression and the New Deal: A Very Short Introduction (Oxford University Press, 2008).

59   L. R. Brown, Plan B 3.0: Mobilizing to Save Civilization (W. W. Norton & Company, 2008).

60   FRED, Federal Reserve Bank of St. Louis.

61   "U.S. Crude Oil Production—Historical Chart," Macro Trends.

62   "Thomas Selfridge," Wikipedia.

63   www.nhlbi.nih.gov

64   D. Walsh, "The Tragedy of Saudi Arabia's War," The New York Times (October 26, 2018).

65   B. Pisani, "Active fund managers trail the S&P500 for the ninth year in a row in triumph for indexing," CNBC (March 15, 2019).

66   2019 Investment Company Factbook, Investment Company Institute.

67   "Minutes of the Federal Open Market Committee," Federal Reserve (October 30–31, 2007).

68   www.nasa.gov

69   A. Ram, "Portfolio managers shun investing in own funds," Financial Times (September 18, 2016).

70   K. Murray "How Doctors Die," Zócalo Public Square (November 30, 2011).

71   B. Pisani, "Active fund managers trail the S&P500 for the ninth year in a row in triumph for indexing," CNBC (March 15, 2019).

72   "Treasury-Fed Accord," federalreservehistory.org.

73   S. Garon, "Beyond Our Means: Why America Spends While the World Saves," Federal Reserve Bank of St. Louis (July 1, 2012).

74   "Economic Report of the President," FRASER, St. Louis Federal Reserve (1951).

75   P. Graham, "The Refragmentation," paulgraham.com (2016).

76   P. Davidson, "Jobs in high-wage industries are growing fastest," USA Today (December 14, 2019).

77   R. Channick, "Average college costs flat nationwide, at just under $15K, as universities increase grants," Chicago Tribune (October 16, 2018).

옮긴이 | 이지연

서울대학교 철학과를 졸업 후 삼성전자 기획팀, 마케팅팀에서 일했다. 현재 전문 번역가로 활동 중이다. 옮긴 책으로는 《인간 본성의 법칙》, 《룬샷》, 《제로 투 원》, 《위험한 과학책》, 《아이디어 불패의 법칙》, 《아웃퍼포머》, 《기하급수 시대가 온다》, 《빅데이터가 만드는 세상》, 《만들어진 진실》, 《방귀학개론》, 《빈곤을 착취하다》, 《리더는 마지막에 먹는다》, 《시작의 기술》, 《평온》, 《다크 사이드》, 《포제션》 외 다수가 있다.

돈의 심리학
당신은 왜 부자가 되지 못했는가

초판 1쇄   2021년 1월 13일
초판 69쇄   2024년 12월 20일

지은이 | 모건 하우절
옮긴이 | 이지연

발행인 | 문태진
본부장 | 서금선
편집 1팀 | 한성수 송현경

기획편집팀 | 임은선 임선아 허문선 최지인 이준환 송은하 김광연 이은지 원지연
마케팅팀 | 김동준 이재성 박병국 문무현 김윤희 김은지 이지현 조용환 전지혜
디자인팀 | 김현철 손성규   저작권팀 | 정선주
경영지원팀 | 노강희 윤현성 정헌준 조샘 이지연 조희연 김기현
강연팀 | 장진항 조은빛 신유리 김수연 송해인

펴낸곳 | ㈜인플루엔셜
출판신고 | 2012년 5월 18일 제300-2012-1043호
주소 | (06619) 서울특별시 서초구 서초대로 398 BnK디지털타워 11층
전화 | 02)720-1034(기획편집) 02)720-1024(마케팅) 02)720-1042(강연섭외)
팩스 | 02)720-1043   전자우편 | books@influential.co.kr
홈페이지 | www.influential.co.kr

한국어판 출판권 ⓒ ㈜인플루엔셜, 2021

ISBN 979-11-91056-37-2 (03320)